Jens Balzer

Schmalz und Rebellion

Jens Balzer

Schmalz und Rebellion

Der deutsche Pop und seine Sprache

Dudenverlag
Berlin

Für Katrin Fichtner (1972–1995)

INHALT

PLAYLIST ZUM BUCH

Dieses Buch will eine Geschichte der Sprache (und Sprachen) im deutschen Pop von 1946 bis heute erzählen. Aber dabei will es auch Lust zum Musikhören machen: Es gibt so viele Songs aus dieser Zeit, die es wert sind, wiederentdeckt zu werden – weil sie etwas aussagen über die gesellschaftlichen Verhältnisse, denen sie entstammen, aber auch, weil die Texte so interessant, irre, befremdlich, lustig, erstaunlich sind. Ich hatte beim Schreiben jedenfalls viel Spaß damit, und nicht selten dachte ich: Herrje, singen die das jetzt gerade wirklich? Darum habe ich eine kleine Playlist zusammengestellt, zwei oder drei Songs aus jedem Kapitel, von Caterina Valente bis Rammstein, von Freddy Quinn bis Blumfeld, von Nina Hagen bis zu den Flying Lesbians. Sie findet sich unter diesem QR-Code – vielleicht kann sie beim Lesen ja noch zusätzlich Erkenntnis und Vergnügen stiften.

Jens Balzer

Autor und Verlag distanzieren sich von allen rassistischen, sexistischen und diskriminierenden Inhalten.

DURCH DAS FREMDE ZU SICH SELBST FINDEN

Eine Sprachgeschichte des deutschen Pop

»Wann, tuu, zriee, forr, läts go.« Ein junger Mensch steht vor einem Spiegel und versucht, die Posen einzuüben, die er oder sie sich bei einem bewunderten Popstar abgeschaut hat: die Coolness, den Glamour, die Souveränität. Vielleicht ist dies eine der Urszenen des deutschen Pop. Man versucht, sich in eine fremde Subjektivität hineinzufühlen, die einem größer, interessanter, weltläufiger als die eigene erscheint. Das geschieht überall auf der Welt, wo junge Menschen großen Popstars nacheifern. Aber in Deutschland gehört zu dieser Einübung fast immer auch die Verwendung einer fremden Sprache. Denn cooler, glamouröser Pop wird nicht auf Deutsch gesungen, sondern auf Englisch. Oder in einer Variante des Deutschen, die sich von der Sprache des täglichen Lebens unterscheidet – durch ihr Vokabular, ihren Akzent, ihre Vermischung mit anderen Sprachen, Dialekten, Soziolekten. Wer sein will wie ein Popstar, möchte aus seinem eigenen Leben heraustreten. In Deutschland heißt das auch: Wer sein will wie ein Popstar, möchte aus seiner ganzen Kultur heraustreten und aus der Sprache dieser Kultur.

Zum Pop gehört wesentlich das Aufbegehren gegen die Elterngeneration; es ist typisch für jene biografische Zwischenphase, die man heute als Teenagerzeit bezeichnet, in der die Menschen keine Kinder mehr sind, aber auch noch nicht die Verantwortungslast des Erwachsenenlebens tragen. In dieser Phase kann man sich ausprobieren und auch darüber nachdenken, welchen Platz man in der Welt einnehmen möchte – zu welchem Menschen man werden will. Im deutschen Pop bedeutet dies oft auch: Man eignet sich andere Sprachen an, um die eigene Fremdheit in der Welt zu formulieren.

Das Eigene im Pop ist das Fremde. Oder anders gesagt: Im Pop soll das Fremde zu etwas Eigenem gemacht werden. Dass dies in Deutschland insbesondere auch für die Sprache gilt, ist schon so seit den Anfängen der deutschen Popmusik nach dem Zweiten Weltkrieg so – bloß dass es damals noch nicht die englischsprachige Popkultur war, an der man sich orientierte. In den 1950er- und frühen 1960er-Jahren wurde im deutschen Pop ausschließlich auf Deutsch gesungen, doch handelte es sich dabei um ein Deutsch, das von nichtdeutschen Wörtern, Sätzen, Redewendungen und von fremdländischen Akzenten durchsetzt war. Die gebürtige Italienerin und spätere Wahlfranzösin Caterina Valente verkündete mit kokettem französischem Akzent »Ganz Paris träumt von der Liebe« und erzielte damit einen der größten Hits des Jahrzehnts. Später forderte sie mit spanischen Anklängen »Spiel noch einmal für mich, Habanero« und sang italienisch angehaucht »Tschau tschau Bambina«. In ihrem erstaunlichsten Song »Tipitipitipso« wurde aus der Vermischung verschiedener Sprachen sogar eine Art dadaistisches Patois.

Der deutsche Pop nach 1945 war vom Fernweh geprägt. Er handelte davon, dass man nach Italien reisen wollte oder nach Frankreich. Darin spiegelte sich das Streben der Wirtschaftswunder-Generation nach ökonomischem Aufstieg ebenso wider wie das Bedürfnis der Deutschen, nach dem verlorenen Krieg wieder in die Gemeinschaft der zivilisierten Staaten aufgenommen zu werden und alles, was vor 1945 geschehen war, möglichst schnell und komplett aus dem Gedächtnis zu streichen. Der österreichische Sänger Franz Eugen Helmuth Manfred Nidl gab sich das englisch klingende Pseudonym Freddy Quinn und wurde mit dem von afrokubanischen Rhythmen getragenen Lied »La Paloma« berühmt. Sein vorrangiges Thema war die Sehnsucht nach der Ferne, aber auch der Wunsch, aus der Fremde wieder nach Hause zurückzukehren: »Heimweh«, »Heimatlos«, »Junge, komm bald wieder«, so hießen Freddy Quinns Lieder. Der Jazzsänger Bill Ramsey wurde mit seinem starken US-amerikanischen Akzent zu einem der beliebtesten Schlagerinterpreten der frühen 1960er-Jahre, und die größten Stars der englischsprachigen Musik sangen für das deutsche Publikum ihre Lieder auf Deutsch: Elvis Presley coverte das Volkslied »Muss i denn, muss i denn zum Städtele hinaus«. Die *Beatles,* die ihre Karriere im Star-Club in Hamburg begannen, coverten sich selbst und machten aus »She loves you / yeah, yeah, yeah« mit sonderbarem, weich gedehntem Akzent »Sie liebt dich / yeah yeah«.

Anfang der 60er begannen auch die ersten deutschen Beatgruppen damit, auf Englisch zu singen, etwa *The Lords* und *The Rattles.* Sie wollten die Muttersprache ablegen, um ihren britischen Vorbildern nachzueifern, aber auch, um damit zu etwas anderem zu werden als das, was ihnen vorgegeben schien. Sie wollten ihre Identität abstreifen, die sie sowohl als individuelle als auch als nationale verstanden. Wenigstens den rebellischen, mit der Gesamtsituation unzufriedenen Teilen der Jugend galt das Deutsche nun erstens als Sprache einer provinziellen, uncoolen, abgehängten, unkreativen Kultur, als Sprache der Spießer und zweitens als Sprache der Väter- und Müttergeneration, die in die Verbrechen des Nationalsozialismus verstrickt gewesen war. Dass man auf Englisch sang, bedeutete, aus der Enge der spießigen Verhältnisse auszubrechen, in der sich die restaurative Kultur des Wirtschaftswunders bewegte. Die Sprachkompetenz war jedoch noch so begrenzt, dass man stets merkte: Hier sangen Menschen in einer Sprache, die ihnen letztlich fremd war. »When I was born you know / I couldn't speak ›I'll go‹ / My mother worked each day / And she learned me to say / [...] Life is so hard each day«, heißt es in »Poor Boy«, dem ersten Hit der *Lords*. Offensichtlich hatte sich vor der Veröffentlichung kein Englischlehrer gefunden, um den Text zu korrigieren.

In den 1960er-Jahren wurde die Wahl der Sprache zu einer politischen Entscheidung: Wer auf Englisch sang, wollte sich damit »entnazifizieren« und zum Teil der kosmopolitischen Kultur des Westens werden. Dabei provozierte man aggressive Reaktionen der Protagonisten jener Kultur, von der man sich absetzen wollte. Von diesen wurde alles, was auf Englisch gesungen wurde, als »Negermusik« oder als »Hottentottenmusik« verfemt. Schon am Ende des Jahrzehnts kehrten freilich die ersten Künstler, die sich ausdrücklich als politisch verstanden, zur deutschen Sprache zurück: Liedermacher wie Franz Josef Degenhardt und Hannes Wader sangen auf Deutsch, um ihre Botschaften besser zu den Hörern und Hörerinnen zu bringen – ohne die Verständnisschwierigkeiten, die durch die Übersetzung ins Englische entstehen konnten. Politisch motivierte Rockgruppen wie *Ihre Kinder* und *Floh de Cologne* übersetzten die politischen Pamphlete der 68er-Generation in agitatorischen Rock. Der Westberliner Gruppe *Ton Steine Scherben* gelang es dann schließlich, die intellektuelle Kälte und Abstraktheit dieser Agitation in persönlich gefärbte Emanzipationslyrik zu verwandeln: In Liedern wie »Wir müssen hier raus!« wurde das Politische tatsächlich mit dem Privaten versöhnt.

Der sogenannte Krautrock der 70er-Jahre wollte den Bruch mit der deutschen Kulturgeschichte und Tradition noch verschärfen. Es wurde vor allem ohne Gesang und Sprache – also instrumental – musiziert. Oder es sangen, etwa bei der Gruppe *Can*, nichtdeutsche Musiker wie der Japaner Damo Suzuki, der das Englische als Material für seine jeglichen Sprachsinn zerschlagenden Improvisationen verwendete. Lediglich eine Gruppe, die in der Mitte des Jahrzehnts aus der Krautrockszene herauswuchs, sang auf Deutsch: *Kraftwerk* warfen die traditionellen Rock-Instrumente weg und arbeiteten mit Synthesizern. Dazu inszenierten sie sich als Roboter und sangen in einer maschinenhaft kühlen, auf wenige Schlagworte und lyrische Fragmente reduzierten Sprache. Damit wurden sie im englischsprachigen Ausland zum Inbegriff der sonderbaren, nostalgisch klischierten und futuristischen Deutschen. Bei *Kraftwerk* kehrte das Deutsche als Fremdes zurück, das gerade dort, wo man alles Deutsche fremd fand, wieder zum Inbegriff der deutschen Eigenheit wurde.

Alles musste fremd werden, um zu etwas Neuem zu finden: Das war eine Seite des popmusikalischen Avantgardismus der 1970er-Jahre. Die andere Seite aber war – und sie wird in der Rückschau auf dieses Jahrzehnt gerne übersehen – die Wiederaneignung einer deutschen Tradition, die im Weltbild der 68er, bei den Kindern von Marx und Coca-Cola, schlicht nicht mehr vorkam. Gruppen wie *Hölderlin, Novalis* und *Ougenweide* wollten wieder an die deutsche Kulturgeschichte vor dem Nationalsozialismus anschließen: Sie vertonten Minnelyrik und sangen auf Alt- und Mittelhochdeutsch, sie spielten auf mittelalterlichen Instrumenten und suchten inmitten der gesellschaftlichen Modernisierung nach einem Weg zurück in die Tradition. Auch wurden Mundarten, Dialekte und verschwindende Sprachen wieder genutzt – nicht zuletzt als politische Widerstandsgeste gegen die Vereinheitlichung der Kultur und der Sprache. Ein musikalischer Einsatz für mehr Diversität! Liedermacher wie Hannes Wader und Knut Kiesewetter begannen auf Plattdeutsch zu singen; Achim Reichel, der mit seiner Gruppe *The Rattles* zu den ersten Protagonisten der englischsprachigen Beatmusik gehörte, wurde mit Shantys und Seemannsliedern erfolgreich; der österreichische Liedermacher Wolfgang Ambros nahm mit »Der Watzmann ruft« das erste mundartliche Konzeptalbum auf. Am Ende des Jahrzehnts gründete sich schließlich in Köln die Gruppe *BAP*, die den kölschen Dialekt, der bis dahin ausschließlich in Karnevalsliedern verwendet wurde, politischen Themen zuzuführen versuchte – am prominentesten in dem Lied »Kristallnaach« aus dem Jahr 1982.

In den 70ern wurde die deutsche Sprache im Pop entweder verworfen oder man suchte nach dem sprachlich Eigenen in einer fremd gewordenen Form. In dieser Zeit entstand aber auch – von der deutschen Mehrheitsgesellschaft weithin unbemerkt – die erste deutsche Popmusik, die weder auf Deutsch noch auf Englisch gesungen wurde, sondern auf Türkisch. Es war die Musik der ersten und zweiten Generation der damals »Gastarbeiter« genannten türkischen Arbeitsmigranten und -migrantinnen – Lieder, die von der Sehnsucht nach der verlorenen Heimat handelten und von der Enttäuschung darüber, dass die Deutschen die gerufenen Gäste nur als Arbeitskräfte ansahen und nicht als Menschen. Künstler wie Metin Türköz, Ata Canani und Cem Karaca verwoben deutsches und türkisches Vokabular miteinander und wurden damit zu Pionieren jener migrantisch geprägten Musik, die sich ab den 90er-Jahren vor allem im Hip-Hop auszubilden begann: Es waren Crews wie *Fresh Familee* oder *Advanced Chemistry*, deren Song »Fremd im eigenen Land« 1992 erstmals die Diskriminierungserfahrungen und Identitätszweifel der zweiten Generation von Migrantinnen und Migranten einem größeren Publikum kenntlich machte.

In den 1980ern erschien es vielen plötzlich selbstverständlich, dass man auf Deutsch sang. Das galt für den Punkrock ebenso wie für die Neue Deutsche Welle. Das hieß jedoch nicht, dass das Deutsche auch selbstverständlich war. Es wurde mit

Anglizismen durchsetzt und grammatisch zerschlagen; bei vielen Bands sollte es nun klingen wie eine Sprache, die man gerade neu erlernt hatte. Oder wie eine Sprache, die eigentlich gar nicht zu der Musik passte: Die Gruppen der Hamburger Schule wie *Blumfeld* und *Die Sterne* verkomplizierten die Grammatik und das Vokabular, bis ihre Lieder klangen wie Traktate der Dekonstruktion. Oft meinte man, Menschen zuzuhören, denen die Sprache im Weg war und die sich selbst im Weg standen beim Ausdruck ihrer Gefühle und ihrer Unzufriedenheit mit der Welt. Die Sprache wurde sperrig und ironisch, man wollte politische Botschaften kommunizieren und zugleich nicht zurückkehren zu der Position der älteren linken Liedermacher, deren Texte allzu selbstgewisse Gesellschaftsanalysen transportierten: »Eins zu eins ist jetzt vorbei«, hieß es 2002 in dem Song »Neues vom Trickser« der Gruppe *Tocotronic*.

Auf sonderbare Weise gilt dies auch für die erfolgreichste deutsche Rockgruppe, die in den 90er-Jahren entstand: *Rammstein* präsentierten sich als Karikaturen des Deutschseins, sie spielten mit Symbolen totalitärer Ästhetik und montierten ihre Videoclips zum Beispiel aus Leni-Riefenstahl-Filmen. Dazu intonierte Sänger Till Lindemann seine Texte, die er aus dem Vokabular einer deutschen Fantasieromantik montierte, mit rollendem »R«. Er sang von »Herzeleid«, »Laichzeit«, »altem Leid«, es ging um den »Meister«, die »Mutter« und um die »Sonne«. Das konnte man als ironische Brechung und Anverwandlung der deutschen Lyrik- und Sprachtradition werten. Es war in seiner herrisch-überwältigenden, hypermaskulinen Darbietungsform aber auch für den Rechtsrock anschlussfähig, der sich in den 80er-Jahren aus dem Punkrock entwickelte, und an die Musik der »Neuen Deutschen Härte«, die in den 90ern entstand.

Nach der Jahrtausendwende wurde die deutsche Musik immer diverser und insbesondere im Deutschrap waren so viele migrantische Stimmen zu hören wie nie zuvor. So wurde auch die Sprache diverser. Sie ist nun von einer Vielzahl von migrantisch geprägten Soziolekten durchzogen – eine große emanzipatorische Leistung, die wesentlich auch zum Sprachwandel der letzten Jahre beigetragen hat. Andererseits war und ist gerade der Deutschrap in weiten Teilen sexistisch, homophob, rassistisch, antisemitisch. Er hat vielen jener Verschwörungstheorien erstmals zum Ausdruck verholfen, die heute unter den »Querdenkern« kursieren, und man findet in ihm viele ideologische Elemente, die es auch bei Rechtspopulisten gibt. Im Deutschrap ist die Sprache so roh und verletzend geworden wie nie zuvor in der Geschichte der deutschen Popmusik. Die Selbstermächtigung migrantischer Minderheiten wird begleitet von einer konsequenten Erniedrigung anderer marginalisierter bzw. diskriminierter Gruppen. Es ist die Sprache des neoliberalen Kampfs aller gegen alle, und das ist die Kehrseite der emanzipatorischen Kraft des Deutschrap. Am Ende ist es auch hier wieder so, wie es schon am Anfang der deutschen Popgeschichte war: Die weißen Mittelschichtskinder stehen vor dem Spiegel und versuchen, die Posen und die Sprache einzuüben, die sie bei bewunderten Popstars abgeschaut haben, die nicht ihre eigene Sprache sprechen. Nur dass sie jetzt nicht mehr »Wann, tuu, zriee, forr, läts go« singen, sondern »Chabos wissen, wer der Babo ist / Attention mach bloß keine harakets / Bevor ich komm und dir deine Nase brech« (Haftbefehl).

Popmusik in Deutschland und die deutsche Sprache – das ist immer ein kompliziertes, spannungsreiches Verhältnis gewesen, eines, an dem man viel ablesen kann über die Gesellschaft und ihre Veränderung. Eine Sprachgeschichte des deutschen Pop ist auch eine Geschichte der deutschen Gesellschaft und Kultur. Zu dieser Wechselbeziehung möchte ich im Folgenden einige Anmerkungen machen.

1 »WENN BEI CAPRI DIE ROTE SONNE IM MEER VERSINKT«

Die Schlager der 1950er-Jahre: Zwischen Fernweh und Verdrängung

Zu Beginn der deutschen Popgeschichte nach 1945 ging erst einmal die Sonne unter. Sie versank vor der Insel Capri im Mittelmeer: »Wenn bei Capri die rote Sonne im Meer versinkt / Und vom Himmel die bleiche Sichel des Mondes blinkt / zieh'n die Fischer mit ihren Booten aufs Meer hinaus / Und sie legen im weiten Bogen die Netze aus.« So sang es der Tenor Rudi Schuricke mit schmelzender Stimme und rollendem »R« und malte ein idyllisches, leicht exotisches Landschaftsbild, eine Szenerie der Sehnsucht. Man wollte gern mit ihm aufs Meer unter die bleich blinkende Sichel hinausfahren, auch wenn ja das Schicksal der Fischer durchaus eine unerfreuliche Seite hatte. Sie müssen zum Fischen jede Nacht aufs Meer, ob sie wollen oder nicht, und müssen daher auch immer wieder fürchten, dass ihre Frauen ihnen untreu werden. So heißt es im Refrain geradezu flehend: »Bella, bella, bella Marie / Bleib mir treu, ich komm zurück morgen früh / Bella, bella, bella Marie / Vergiss mich nie.«

»Capri-Fischer« war die meistverkaufte Schellackplatte des Jahres 1946. Auch der dazugehörige Notendruck wurde bis zum Ende des Jahrzehnts über eine Million Mal abgesetzt. Dabei war das Stück schon zu Kriegszeiten entstanden; eine erste Version mit der Sängerin Magda Hain kam 1943 auf den Markt und etwas später im selben Jahr die Interpretation von Schuricke. Damals wurde der Erfolg zunächst dadurch getrübt, dass die mit dem NS-Staat kooperierende Achsenmacht Italien 1943 ihre Kapitulation erklären musste. Die Insel Capri wurde von US-amerikanischen Streitkräften besetzt und taugte in NS-Deutschland mithin nicht mehr als Sehnsuchtsort. Umso größer war die Reiselust nach 1945, sofern es die wirtschaftlichen Umstände erlaubten. Man war sich sicher, dass man von den gerade noch verbündeten Italienern und Italienerinnen freundlich empfangen werden würde. Zudem schien sich in der Sorge der Capri-Fischer um die Treue der Ehefrauen auch die Sorge der deutschen Soldaten zu spiegeln, die gerade aus dem Krieg nach Hause zurückgekehrt waren und sich oft in die Nachkriegsverhältnisse nicht mehr einfügen konnten. Sie fühlten sich ihren Familien entfremdet, und viele Frauen waren nach dem alleinerziehend durchgestandenen Krieg auch nicht mehr bereit, die Rolle des Haushaltsvorstands an die Männer, die so lange abwesend gewesen waren, zurückzugeben. Der Historiker Harald Jähner hat diese Situation in seinem Buch »Wolfszeit« eindrucksvoll beschrieben.[1]

Die ersten Jahre nach 1945 waren auch die Zeit einer – wenngleich nur vorübergehenden – Infragestellung traditioneller sexueller Rollenmodelle und eine Zeit der zerbrochenen und traumatisierten Familien. »Nach Kriegsende war die Scheidungsrate auf das Doppelte des Vorkriegsniveaus gestiegen und hatte 1948 den Höhepunkt erreicht.«[2] Wenn man genauer hinhört, klingen aus dem scheinbar so idyllischen Text der »Capri-Fischer« auch unbehagliche Ambivalenzen hervor. Und noch etwas anderes ist interessant: Das rollende »R«, auf das Rudi Schuricke in seiner Interpretation so gerne zurückgreift, wurde kurz zuvor noch mit dem »Führer« und seinen Ansprachen verbunden. Nun aber hatte es sich in den Bestandteil einer melancholisch-exotisierenden, irgendwie undeutschen Aussprache verwandelt. Man könnte auch sagen: Das Eigene kehrte hier als Fremdes zurück, und das Fremde überschrieb die Gespenster, die dem Eigenen anhafteten.

Das Entscheidende an diesem Lied war jedoch etwas anderes, nämlich der Wechsel vom Deutschen ins Italienische im Refrain: »Bella, bella, bella Marie«. Viele Schlagertexte nach 1945 waren voller fremdsprachiger Wörter und Sätze – so sollte Weltläufigkeit und Internationalität demonstriert werden. Schon der Klang der fremden Sprache sollte die Hörerinnen und Hörer aus ihrem Alltag in eine Welt entführen, die wärmer, idyllischer, friedlicher als die eigene war. »Buona Notte, Angelo Mio«, hieß eine der erfolgreichsten Schellackplatten des Jahres 1949, gesungen von René Carol. »Buona notte, angelo mio / Träume selig vom Glück, wo immer du bist«, lauteten die ersten Zeilen. Hier diente das Italienische als Sprache der Liebe und Zärtlichkeit, während der französisch klingende Name des Sängers eine Art erotische Kompetenz signalisieren sollte, die – so das Klischee – jene des durchschnittlichen deutschen Mannes übertraf. René Carol hieß eigentlich Gerhard Tschierschnitz und kam aus Berlin. Er hatte im selben Jahr, in dem »Buona Notte, Angelo Mio« erschien, noch einen weiteren Hit mit dem Lied »Im Hafen von Adano«: »Im Hafen von Adano, am blauen Meer / Da ist heut einem Mädel das Herz so schwer / Sie wartet in Adano am blauen Meer / Auf einen, der so gerne jetzt bei ihr wär.« Das schloss deutlich an die Motivik der »Capri-Fischer« an, nur dass diesmal aus der Perspektive des wartenden – und offenkundig treuen – Mädchens aufs Meer geblickt wurde. Und es im Unterschied zur Insel Capri die Hafenstadt Adano gar nicht gibt – was aber nicht auffiel, da das Publikum ohnehin kaum eine Möglichkeit hatte, nach Italien zu reisen und den Gehalt dieser Fantasien an der Realität zu überprüfen.

Vico Torriani, Gitta Lind: Sehnsucht nach der Fremde

Zu dieser Zeit verstand das deutsche Publikum zum allergrößten Teil kein Italienisch und auch keine anderen Fremdsprachen. Deswegen blieben die nichtdeutschen Sprachanteile im Pop der späten 40er- und frühen 50er-Jahre zunächst auf wenige Wörter begrenzt, deren Bedeutung sich entweder von selbst erklärte oder aus dem Zusammenhang zu erschließen war. Im Laufe des Jahrzehnts bewiesen die Liedtexter allmählich mehr Wagemut, bis sie sich in einigen Fällen sogar zu einer Art deutsch-italienischem Hybrid-Slang verstiegen: »Still liegt erhellt vom Mond / Santa Lucia / Wo arm der Fischer wohnt / In seiner Casa / Doch jeder Fischersmann / In der Barchetta / Lacht dich hier freundlich an / Grüßt: ›Buona Sera‹«, so sang es der aus der Schweiz stammende Vico Torriani 1956 in dem Stück »Santa Lucia«, und weiter: »O dolce Napoli, Santa Lucia / Grüßendes Capri, Isola Bella / Im hellen Mondenschein / Singen die Fischer / Vom Boot und ihrem Heim / Erklingen Lieder / Santa Lucia, barce tamila / Santa Lucia, barce tamila.«

Generell wirkte das musikalische Schaffen von Torriani wie eine einzige Variation über das Fernweh der Deutschen, in thematischer wie in sprachlicher Weise. Andere seiner Songs aus den 50er-Jahren hießen »Bella Bella Donna«, »Bella Venezia«, »Addio, Donna Grazia« und »La Pastorello«. Er wagte sich aber auch in Territorien vor, die noch weiter entfernt von den Reisemöglichkeiten und der Vorstellungskraft seines Publikums lagen. Manches wirkte wie Erdkundeunterricht: »Kalkutta liegt am Ganges / Paris liegt an der Seine / Doch dass ich so verliebt bin / Das liegt an Madeleine«, erläuterte Torriani in dem Stück »Kalkutta liegt am Ganges«. »Pedro aus Caracas in Südamerika / Handelt mit Ananas, Ananas«, hieß es in »Ananas aus Caracas«: »Olé, olé, kauft Ananas / Olé, olé, aus Caracas /

Olé, olé, kauft Ananas / Olé, olé, olé, oléi, aus Caracas.« Und in »Schön und kaffeebraun« ging die Reise sogar bis in die Karibik: »Schön und kaffeebraun sind alle Frau'n in Kingston Town / Schön und kaffeebraun sind die Jamaica Frau'n«, doch Vorsicht: »Der Jimmy, der Johnny, die gingen in die Bananabar / Der Jimmy, der Johnny, die ahnten keine Gefahr / Calypso Küsse und Rum / Nein, das geht nicht gut, das haut einen um.«

Anfang der 1950er-Jahre wurde dann Frankreich zum bevorzugten Sehnsuchtsort für die Deutschen. Eine knappe Dekade zuvor hatte man das Land noch überfallen und zerbombt. Nun wurde Paris wieder als Stadt der prächtigen Boulevards und der Liebe gefeiert: »Im Café de la Paix in Paris / Sitzt ein Mädel, wie Honig so süß«, so sang Gitta Lind 1950 in dem Lied »Im Café de la Paix in Paris«. »Hand in Hand mit einem netten jungen Mann / Und sie schauen sich so verliebt und glücklich an / Die Musik spielt ganz leis': Je vous aime / Und es gibt für die zwei kein Problem / Er ist jung, sie ist süß / Und die Welt ein Paradies / Im Café de la Paix in Paris«, was nicht zuletzt wegen der Reimtechnik bemerkenswert war: So selbstverständlich, wie Gitta Lind hier »aime« auf »Problem« reimte, könnte man meinen, dass das Deutsche und Französische gerade dabei waren, zu ein und derselben Sprache zu verschmelzen. In der Sehnsucht nach dem Fantasie-Paris aus der Zeit vor der deutschen Okkupation spiegelte sich auch der Wunsch, sich aus der Rolle der Besatzungsmacht zu befreien und zu einem gleichberechtigten Mitglied der Völkerfamilie zu werden – mit einer einheitlichen Sprache, bei der es nichts mehr ausmachte, wenn sich Deutsches auf Französisches reimte. Dabei war es aber auch immer noch selbstverständlich, »Paris« so deutsch auszusprechen, dass es gut auf »Paradies« klingt. Und auf »süß«.

Caterina Valente: Charmante Fremdheit

Eines stand jedenfalls für das deutsche Publikum fest: »Ganz Paris träumt von der Liebe.« Dieser weitere große Hit des Jahrzehnts erschien im Jahr 1954 und wurde gesungen von Caterina Valente. »Ganz Paris träumt von der Liebe / Denn dort ist sie ja zu Haus«, erfahren wir darin. »Wer verliebt ist in die Liebe / Kommt nach Paris zurück.« Dieses Lied kam ohne französisches Vokabular aus, doch es war auf eine andere Art als Sehnsuchtsfantasie gekennzeichnet, nämlich durch den Akzent der Sängerin, der sich in schwer zu fassender Weise zwischen dem Französischen und Italienischen bewegte. Caterina Valente wurde in Paris geboren, doch stammte sie aus einer italienischen Familie von reisenden Zirkusartisten. Ihre musikalische Karriere hatte sie Anfang der 50er-Jahre in der Big Band des deutschen Jazzmusikers Kurt Edelhagen begonnen. »Ganz Paris träumt von der Liebe« war eine deutschsprachige Coverversion des Cole-Porter-Stücks »I Love Paris«, später unter anderem interpretiert von Ella Fitzgerald, Frank Sinatra und Doris Day. Caterina Valente beherrschte die Techniken des Jazz- und des Scat-Gesangs, also der lautmalerischen Improvisation über den melodischen Linien ihrer Begleitmusiker. Sie benutzte ihre »Stimme als Material«, wie es 1955 in einem Porträt im *Spiegel* hieß.[3] Vor allem setzte sie aber auch unterschiedliche Akzente und sprachliche Färbungen ein und verband sie zu einer Art kosmopolitischem Gesang, der eine gewisse Fremdheit suggerierte, ohne sich einem bestimmten Land zuordnen zu lassen. In »Ganz Paris träumt von der Liebe« wirkt es, als ob die Sängerin sich sicher, aber doch mit Anspannung in einer ihr fremden Sprache bewegt. Sie dehnt die Vokale in leicht tremolierender Weise und setzt die einzelnen Wörter voneinander ab, als würde sie sich bei jedem Wort von Neuem an dessen Bedeutung erinnern. Hyperkorrektur nennt man diese Technik in der Linguistik. Passt man seinen Sprachgebrauch an eine als vorbildlich eingestufte Norm an und spricht dabei korrekter, deutlicher und distinguierter als die Muttersprachler und -sprachlerinnen, ist man gleichwohl als fremd zu erkennen, da die natürlichen Verschleifungen und die angeborene Lässigkeit fehlen.

Caterina Valente intonierte »hyperkorrekt«, was den besonderen Charme, die Koketterie und auch den erotischen Reiz ihres Gesangs ausmachte. Sie wirkte fremd, ohne dass man eine Herkunft aus einem bestimmten Land hätte identifizieren können; vielmehr war diese Fremdheit aus der Struktur ihres Deutschsingens herauszuhören. 30 Jahre später hätte man diese Ästhetik als postmodern-eklektizistisch bezeichnet. Es ist jedenfalls interessant – und wird in der Rückschau auf den Pop der 50er-Jahre viel zu wenig gewürdigt –, dass in der Hochzeit der nachkriegsdeutschen Begeisterung für fremde Sprachen und Exotik eine solche Art des Eklektizismus derart erfolgreich wurde: eine sprachliche Exotik zweiter Ordnung.

Die folgenden Hits von Caterina Valente hießen »Fiesta Cubana«, »Komm ein bißchen mit nach Italien« oder »Tschau Tschau Bambina«. In »C'est si bon« sang sie auf Englisch, aber mit übertriebenem französischem Akzent. In dem Film »Und abends in die Scala« von 1958 imitierte sie in ihrem Hit »Spiel noch einmal für mich, Habanero« Elvis Presley, Maurice Chevalier und Charlie Chaplin. Sie verkörperte unterschiedliche Rollen, so wie sich ihre Musik und ihre Sprache durch die verschiedensten Stile bewegten. In ihrer Musik verbanden sich Stilelemente der Operette und des Belcanto, des gesanglich zurückgenommenen Folk und des dramatischen Kunstlieds. Man fand wuchtige Big-Band-Bläser-Einsätze neben schwelgenden Streichern, Bossa-Nova-Rhythmen wie auch das für den Schlager der frühen 50er typische Walzer-Geschunkel.

Ihr erstaunlichstes Stück, »Tipitipitipso«, erschien im Jahr 1957 und wurde wiederum vom Kurt Edelhagen Orchester begleitet. In »Tipitipitipso« verkehrte Caterina Valente die Hyperkorrektheit ihrer sonstigen Aussprache in einen grammatisch rundum unkorrekten Slang. Sie sang wie jemand, der gerade erst die deutsche Sprache zu lernen beginnt – oder wie jemand, der in einem Umfeld aus Nicht-Muttersprachlern aufgewachsen ist und deren fehlerhafte Grammatik zu einer eigenen Sprechweise ausgebaut hat: »Coco kauft sich bittesehr / Eines Tages Schießgewehr / Weil ein Mexicano das / Macht so großen Spaß / Coco zielt, schießt sogar / Loch in Wand von Billys Bar / So entsteht ganz nebenbei / Schöne Schießerei / Tipitipitipso / Beim Calypso / Ist dann alles wieder gut / Ja das ist mexikanisch / Tipitipitipso / Beim Calypso / Sind dann alle wieder froh / Im schönen Mexiko.« Die gleichen Versöhnungsstrategien funktionieren auch, wenn der kleine Coco sich im weiteren Verlauf die groß gewachsene »Braut von Don Pedro« ansieht und von diesem deswegen zunächst »durchs Fensterglas / Rein auf Schreibtisch von Kanzlei / Bei der Polizei« geworfen wird, oder wenn er wegen der plötzlichen Lust auf »gut gebrat'nes Beefsteak« kurzerhand »großes Pferd« aus »Billys Stall« stiehlt und filetiert. In »Tipitipitipso« wird die Liebe zur inhaltlichen und sprachlichen Exotik zu einem artifiziellen Slang. Wenn man dieses Stück heute spielt, dann hört man, wie die beliebteste Sängerin jener Zeit die Sehnsüchte und Wünsche ihres Publikums befriedigte und dabei zugleich über sie lachte: Sie nimmt die Sehnsucht der Menschen nach der Ferne an und die damit verbundenen Klischees des Fremden – und spielt damit in einer Weise, in der diese Klischees zwar einerseits kenntlich werden, aber andererseits nicht so, dass das Publikum beim Blick in den Spiegel seiner weltanschaulichen Verzerrungen vor sich selber erschrecken müsste.

2 »ES HÄNGT EIN PFERDEHALFTER AN DER WAND«

Exotische Träume und der Einfluss der US-Kultur

Die deutsche Popmusik der frühen 1950er-Jahre war noch geprägt vom Fernweh nach Frankreich und Italien, doch es wuchs die Sehnsucht nach dem Reisen überhaupt. Auch weiter entfernte Urlaubsziele lockten und förderten andere Arten des Exotismus. Heute weitgehend vergessen ist die damalige Begeisterung für das ferne, nahezu unerreichbare und deshalb umso mehr mit Mythen beladene Hawaii. Das *Hula Hawaiian Quartett* reüssierte 1953 mit dem Lied »Vaya con dios«, einer in die Südsee verlegten Variante der »Capri-Fischer«. »Weiße Boote legen ab vom steilen Ufer«, hieß es darin. »Und im Mondlicht auf dem Fels / Da steh'n die Rufer / Vaya con Dios, so klingt es / Weit übers nächtliche Meer / Denn im blassen Fackelschein / Fährt zu den Riffen / Der verlor'nen Fischer Schar / Auf ihren Schiffen / Vaya con Dios, so klingt es / Hinter den Perlfischern her.« Zu dem melancholisch-süßlichen, leicht leiernden Chorgesang wimmert eine Pedal-Steel-Gitarre und verschafft dem Song damit das gewünschte Südsee-Flair. Warum sich die Perlenfischer vor den Stränden Hawaiis ausgerechnet auf Spanisch »Vaya con dios« hinterherrufen lassen, blieb freilich das Geheimnis des deutschen Quartetts und seiner Texter.

Weitere Songs des *Hula Hawaiian Quartetts* hießen »Dort in Hawaii« (ihre Debüt-Schellacksingle aus dem Jahr 1951), »Heimweh nach Hawaii (wenn die Gitarre von der Südsee singt)«, »In Honolulu an der Hafenbar«, »Wenn Matrosen Abschied nehmen von Hawaii« oder auch »Roter Mond von Haiti«. Ihren größten Erfolg erzielten sie 1954 mit der Single »Jim, Jonny und Jonas«, die sich über ein Jahr lang auf den vorderen Plätzen der Hitparade halten konnte. »Jim, Jonny und Jonas / Die fahren an Java vorbei«, erfahren wir darin. »Jim, Jonny und Jonas / Die fahren direkt nach Hawaii / Jim, Jonny und Jonas / Die haben so viel schon gesehen / Doch nirgendwo leuchten die Sterne / Die Sterne der Liebe so schön« – womit Hawaii hier also Paris als der Welthauptstadt der Liebe Konkurrenz zu machen beginnt. Die vier Mitglieder des Quartetts, zwei Frauen und zwei Männer, waren sämtlich Deutsche. Eine der beiden Frauen, Barbara Kist, sang unter anderem mit dem bereits erwähnten Italienfreund René Carol 1952 das Lied »Rote Rosen, rote Lippen, roter Wein« und hatte 1957 ihren größten Soloerfolg mit einer deutschsprachigen Coverversion des Doris-Day-Stücks »Que sera, sera«. Der außergewöhnliche, fremdländische Eindruck des Gesangs wurde vom *Hula Hawaiian Quartett* nicht durch einen sprachlichen Akzent hergestellt, sondern durch die klischeehafte Dehnung der Intonation. Freilich rief der Erfolg dieser Musik zahlreiche Nachahmer auf den Plan – unter anderem die *Hilo Hawaiians*, deren Mitglieder tatsächlich von Hawaii stammten und die mit »Domingo, Santo Domingo« 1955 einen Nummereins-Hit in Deutschland hatten.

Der Song »Jim, Jonny und Jonas« vom *Hula Hawaiian Quartett* ist aber auch noch aus einem anderen Grund interessant: Es war einer der ersten erfolgreichen deutschen Popsongs nach 1945, dessen Protagonisten nicht wahlweise deutsche, französische oder italienische Namen trugen, sondern englisch klingende. Im Wechsel der Perspektive auf den Exotismus der Südsee zeigte sich erstmals auch jene Neuorientierung nach Westen und in den englischsprachigen Teil der Welt, der die deutsche Popmusik der folgenden Jahrzehnte wesentlich prägen sollte.

Wer die Soldatensender der amerikanischen und britischen Alliierten empfing, konnte damals schon deren Popmusik hören. Die dazugehörigen Singles gab es in Deutschland allerdings noch nicht zu kaufen, und auch wenn die westdeutsche Gesellschaft das Streben des ersten Bundeskanzlers Konrad Adenauer nach politischer Westbindung unterstützte, so lehnte die noch im Dritten Reich sozialisierte Generation den Import der US-amerikanischen Kultur mehrheitlich ab. Man fürchtete sich vor Überfremdung und dem Verlust des Eigenen (nur deswegen konnte die nächstfolgende Generation in der Orientierung an amerikanischen Sounds ja eine Quelle des Rebellionsausdrucks finden).[4]

Kilima Hawaiians, Bruce Low und Pierre Brice: Melancholische Cowboys und Indianer

Um diese Ambivalenz aus politischer Identifikation und kulturellem Ressentiment aufzulösen, begann man sich ersatzweise für mythisierte Bilder des englischsprachigen Westens zu begeistern, in denen dieser gleichsam im Rahmen der durch die deutsche Kultur klischierten, also vertrauten und für das »Eigene« ungefährlichen Bildern verblieb. Neben der sonderbaren Faszination für Hawaii diente dazu vor allem das Klischee des »Wilden Westens« mit seinem Personal aus Cowboys und Indianern. So wechselte die dritte bedeutende Hawaii- und Tiki-Combo dieser Zeit in ihrem Repertoire denn auch praktischerweise zwischen Südsee- und Cowboy-Romantik hin und her: Die *Kilima Hawaiians* kamen zwar aus den Niederlanden, sangen aber auf Deutsch. Bei ihren Konzerten traten sie abwechselnd in Hawaii-Kostümen mit Blumengirlanden und in Wildwest-Cowboy-Verkleidungen auf. Ihre Lieder hießen »King Kamehameha«, »Märchen von Tahiti« oder »Wenn in Hawaii die Liebe blüht«

– aber auch »Cowboys Heimweh« und »Ein Pferd kehrt heim«. Ihren größten Erfolg in Deutschland hatten sie 1953 mit dem Stück »Es hängt ein Pferdehalfter an der Wand«, einer Coverversion des Stücks »Bridle Hanging on the Wall« des US-Countrysängers Carson Robinson.

Die popmusiktypischen Motive des Abschieds und der Trauer bezogen sich hier nicht auf einen geliebten Menschen oder eine verlorene Heimat, sondern auf ein Tier. Offenkundig war gerade das Pferd jenes Cowboys verblichen, der hier als lyrisches, singendes Ich fungiert: »Es hängt ein Pferdehalfter an der Wand / Und der Sattel liegt gleich nebenan / Fragt ihr mich, warum ich traurig bin / Schau ich nur zum Pferdehalfter hin.« Man kann diese Zeilen als eskapistische Wildwestfantasie abtun. Man kann das Lied aber auch als politische Allegorie lesen, wie es André Port le roi in seinem Buch »Schlager lügen nicht« getan hat. Ihm zufolge lässt sich das tote Pferd als Metapher für einen im Krieg gefallenen Kameraden verstehen und der singende Cowboy als ein Wehrmachtsveteran.[5] Auffällig ist die generelle Faszination für Pferde im Schlager der 50er- und auch noch der 60er-Jahre: »Mein Schimmel wartet im Himmel« hieß etwa ein Lied des aus New York stammenden, mit starkem amerikanischen Akzent singenden Gus Backus aus dem Jahr 1963. Darin geht es um eine verstorbene Schimmelstute namens Mary, mit der das lyrische Ich eine mehr als innige Beziehung pflegte. Jedenfalls erinnert der Pferdebesitzer sich in der zweiten Strophe an folgende Begebenheit: »Wir ritten nach Süden / Da gab's eine Bar / Die Frau dort hieß Mary / Und war wunderbar / Ich küsste sie heiß / Doch sie lachte mich aus: / Dein Herz gehört Mary / Doch der vor dem Haus.« Der Sänger Martin Lauer, ein ehemaliger Leichtathlet, reüssierte ein Jahr später mit dem Stück »Sein bestes Pferd«: »Sein bestes Pferd braucht keine Zügel / Es läuft auch so nach Idaho / Es kennt den Weg nach Malawalah / Und den Forts von Idaho / Run, Run, Runny / Oh, Sun, Sun, Sunny / So Fun, Fun, Funny / Ist dieser Ritt.« In diesen »Pferdeliedern« schien also einerseits eine eskapistische Vorstellung von Freiheit und Ungebundenheit auf und andererseits eine Form der Bewältigung von Trauer und Traumata. Man hört darin, so André Port le roi in »Schlager lügen nicht«, gleichermaßen die politische »Überidentifizierung der Westdeutschen mit ihrem Beschützer USA« am Beginn des Kalten Kriegs wie das Ressentiment gegen die US-amerikanische Kultur, wegen dessen man die »Weiten der Prärie« einstweilen bloß als Ort für die »groteske Übertragung der Schemata des Heimat- und Südseeschlagers« zu akzeptieren vermochte.[6]

»Es hängt ein Pferdehalfter an der Wand« blieb auch in den 1960er-Jahren ein Schlüsselsong des deutschen Schlagers. Noch erfolgreicher als in der Version der *Kilima Hawaiians* wurde er 1961 in der Interpretation des ebenfalls niederländischen Sängers Ernst Gottfried Bielke, der schon in den frühen 50ern als erster Popmusiker mit einem englischsprachigen Pseudonym vor das deutsche Publikum getreten war: Bruce Low. Bielke alias Low sang mit einer tiefen, sonoren Baritonstimme und – ähnlich wie Caterina Valente – mit einer hyperkorrekten Aussprache. Er gab den weit gereisten Abenteurer und »Westmann«, aber auch den einsamen Wolf. »Bin nur ein Jonny, zieh durch die Welt« hieß eines seiner ersten Stücke aus dem Jahr 1953: »Bin nur ein Jonny / Zieh um die Welt / Tanze für Money / Singe für Geld / Heimat, wann werd ich dich wiedersehen«. Bruce Low sang von »Heimweh nach Virginia« und »Leise rauscht der Missouri«. Seinen ersten Erfolg hatte er 1952 mit dem Lied »Tabak und Rum«: »Tabak und Rum braucht ein Cowboy / Tabak und Rum, die liebt er sehr / Nur einen Kuss seiner Jenny / Liebt ein Cowboy noch mehr«; 1955 coverte er den Country-Song »This Ole House« unter dem Titel »Das alte Haus von Rocky Docky«.

Bald begann sich Bruce Low bei seinen Auftritten auch als Cowboy zu kostümieren. Dieses Image passte gut zu der schon in der Vorkriegszeit existierenden, aber in den 50er-Jahren wieder aufblühenden Begeisterung der Deutschen für das Cowboy-und-Indianer-Spiel. So wurden etwa die im schleswig-holsteinischen Bad Segeberg abgehaltenen »Karl-May-Spiele« ab 1952 zu großen Publikumserfolgen.[7] In den 60ern erreichte die Karl-May-Welle mit den »Winnetou«-Filmen einen weiteren Höhepunkt. Die Filmmusik von Martin Böttcher stand ganz oben in den Charts und der Winnetou-Darsteller Pierre Brice sang, allerdings mit etwas unpassendem französischen Akzent, einige Singles ein, unter anderem »Ich steh allein« über die Einsamkeit des Indianerhäuptlings. In dieser Zeit übernahm Bruce Low bei den Aufführungen der »Winnetou«-Romane in der Deutschlandhalle in Westberlin die Rolle des Karl-May-Helden Old Shatterhand.

In der Begeisterung für die Karl-May-Variante des Cowboy-und-Indianer-Spielens zeigte sich noch etwas anderes als die Annäherung an die Kultur der US-amerikanischen »Befreier« oder – je nach Perspektive – »Besatzer«. Denn die größte Faszination ging in diesem Kosmos ja nicht von den Cowboys aus, sondern von den Indianern. Pierre Brice als edler Apatschenhäuptling Winnetou wurde zum größten Teenie-Held der frühen 60er-Jahre; sein Porträt fand sich so oft wie kein anderes auf dem Cover der 1956 gegründeten Zeitschrift *Bravo*. Er wurde aber nicht nur als Symbolfigur einer exotischen Fantasiewelt angehimmelt, sondern auch als Repräsentant eines Volkes, das authentisch, naturverbunden und von allen entfremdenden Tendenzen der modernen Zivilisation unbeeinflusst schien. In der Indianerbegeisterung drückte sich daher auch die Sehnsucht nach einer Welt aus, die von der Zivilisation und der Technisierung – generell von den Zumutungen der

Nachkriegsmoderne – noch unangefochten war, ähnlich wie in den Heimatfilmen der frühen 1950er: »Schwarzwaldmädel«, »Grün ist die Heide« oder »Der Förster vom Silberwald«. Wer sich mit den Indianern identifizierte, der identifzierte sich zusätzlich mit einer ethnischen Gemeinschaft, die von einem Genozid bedroht war. Als »Indianer im Geiste« oder jedenfalls deren »Blutsbrüder« konnten die Deutschen, die selbst erst einen Genozid verübt hatten, gewissermaßen aus der Rolle der Täter in jene der Opfer wechseln. Wobei die guten Cowboys und »Westmänner« bei Karl May ja immer Deutsche im Ausland sind, die als strahlende Helden den bedrängten Indianern beistehen. Eine Win-win-Situation: Man befindet sich, egal in welche Kostüme man schlüpft, auf der richtigen Seite der Geschichte und kann sich von der eigenen historischen Verantwortung exkulpieren.

Bruce Low, Leila Negra, Billy Mo und Roberto Blanco: Zwischen Exotismus und Rassismus

Müßig zu sagen, dass die jüngste deutsche Geschichte in der Schlagermusik der 1950er- und 1960er-Jahre explizit keine Rolle spielte. Die Erfahrung des Zweiten Weltkriegs erschien hier nur in Form von Heimweh-Motiven, also wenn traurige Männer sich in der Ferne (das heißt übertragen: als Soldaten an der Front oder später in der Gefangenschaft) nach der Liebsten daheim zurücksehnen. Wenn so etwas wie rassistische Diskriminierung zum Thema wurde, dann als eine Anklage der US-Amerikaner wegen ihrer Massenversklavung Schwarzer Menschen. So gehörte zu den ersten Stücken, mit denen der spätere Cowboy-Darsteller Bruce Low reüssierte, das »Negerwiegenlied«, das im Jahr 1951 als B-Seite der Single »Leise rauscht der Missouri« erschien: »O, mein Liebchen, / Mein schwarzgelocktes

Bübchen, / Nun singen wir ein Liedchen fein / Und schläfern dich ein / O, mein Liebchen / Mein kleines Negerbübchen / Dein Vater schafft im Baumwollfeld / Und plagt sich für den Herrn.« Es handelte sich dabei um die Coverversion des 1897 erschienenen Stücks »My curly-headed baby« von George Howard Clutsam. Der deutsche Text wurde erstmals 1933 von dem Operetten- und Operntenor Richard Tauber gesungen. Hier wird in sentimentaler Weise um Menschen getrauert, die wegen ihrer Herkunft und Hautfarbe diskriminiert und ausgebeutet wurden – aber eben nicht von der eigenen, deutschen Gesellschaft, Politik und Kultur, sondern von jenen US-Amerikanern, die gegenüber den Deutschen als »Befreier« (oder eben auch: »Besatzer«) auftraten. So konnte man sich des Umstands versichern, dass es Rassismus schon immer und überall auf der Welt gab und nicht nur in Deutschland, das – wie die gleich nach Kriegsende schon wieder in die Opferpose rückenden Kräfte der Restauration klagten – deswegen überall auf der Welt angeklagt wurde. Zugleich erschien als Opfer der hier besungenen Diskriminierung ein »Negerbübchen«, also ein Kind, das schon wegen seiner kindlichen Unschuld leicht Beschützerinstinkte zu wecken vermochte.

Eine weitere Version des »Negerwiegenlieds« erschien ebenfalls im Jahr 1951. Diese wurde gesungen von Marie Nejar, die unter dem Pseudonym Leila Negra auftrat. Nejar war die erste dunkelhäutige Sängerin in der deutschen Popmusik. Geboren 1930 als Tochter einer Halb-Kreolin und eines Ghanaers, wuchs sie auf Hamburg-St. Pauli auf und musste als Kind zunächst Zwangsarbeit leisten.[8] Später wurde sie in den Ufa-Filmen »Münchhausen« (1943) und »Quax in Afrika« (1943/44) als Darstellerin afrikanischer »Buschvolk«-Mädchen engagiert. Nach dem Krieg begann sie eine Karriere als Sängerin. Ihr größter Erfolg war ein Duett mit dem jungen Peter Alexander: »Die süßesten Früchte fressen nur die großen Tiere.« Wie in diesem Fall wurden ihr vor allem solche Lieder auf den Leib geschrieben, die sie als niedliches und aufgrund ihrer geringen Körpergröße kindlich scheinendes »Negermädchen« charakterisierten, darunter »Zwölf kleine Negerlein«, »Ein kleines Negerlein im Schnee« und »Ein kleiner Negerjunge träumt von einer Schneeballschlacht«. In Letzterem hieß es: »Ein kleiner Negerjunge träumt von einer Schneeballschlacht / Und wie der Urwald aussieht, wenn es schneit / Doch hier, wo nur die Sonne lacht / Gibt's keinen Wald im Winterkleid.« Von seiner Mutter wünscht sich der kleine Negerjunge nur eines: »Kauf mir einen Sack voll Schnee / Dann machen wir 'ne Schneeballschlacht / Doch die Mami sagt: Das geht doch nicht / Und hat ihn nur ausgelacht.«

Auch die Inszenierung von Leila Negra bediente den Wunsch des nachkriegsdeutschen Publikums nach Exotismus, jedoch nicht durch einen sprachlichen Akzent. In Deutschland geboren und aufgewachsen, sang sie ihre Lieder in makellosem Hochdeutsch. Dies stand für das Publikum in reizvollem Kontrast zu ihrer »fremdländischen« und kindlichen Erscheinung. Es konnte sich zudem an der Vorstellung erfreuen, dass die »kleinen Negerjungen im Urwald« voller Sehnsucht nach Deutschland schauten, wo es den »Wald im Winterkleid« gibt und wo – so die letzte Strophe – »zehn kleine Negerjungen« eine »richtige Schneeballschlacht« machen könnten, wenn sie es eben nur könnten. Die Sehnsucht der Deutschen nach der Ferne wurde gewissermaßen umgedreht, und man freute sich daran, dass Menschen in der Ferne sich nach Deutschland sehnten, weil es dort viel schöner ist als in ihrer Heimat. Das passte zu der »Wir-sind-wieder-wer«-Stimmung, die sich ab Mitte der 50er-Jahre mit dem »Wirtschaftswunder« auszubreiten begann. Sie gipfelte in dem Erfolg des aus Trinidad stammenden Schwarzen Jazzsängers Billy Mo, eigentlich Peter Mico Joachim, der ab 1958 mit Coverversionen von Schlagern der 1920er- und 30er-Jahre – »Das Fräulein Gerda«, »Wenn die Elisabeth« – erste Erfolge feierte, bis ihm schließlich 1962 mit »Ich kauf mir lieber einen Tirolerhut« eins der erfolgreichsten Stücke der 60er gelang. »Ich kauf' mir lieber einen Tirolerhut / Der steht mir so gut / Der steht mir so gut / Dann mach' ich Sonntag Abend Blasmusik / Immer nur dasselbe Stück.« Ein farbiger Sänger, der sich nichts Schöneres vorstellen kann, als mit einem Tirolerhut auf dem Kopf Blasmusik zu machen: Hier wurden sämtliche Fantasien eines Publikums miteinander verbunden, das glaubte, durch seine von aller Welt geschätzte und beneidete Kultur sich über die Stigmatisierung als nationalsozialistisches Tätervolk erheben zu können.

Als Billy Mo die Bühne betrat, hatte sich Marie Nejar alias Leila Negra bereits aus dem Schlagergeschäft zurückgezogen, frustriert von jenen Rollenzuweisungen, aus denen sie während ihrer ganzen Karriere nicht ausbrechen konnte. Noch im Alter von 27 Jahren, schreibt sie in ihrer Autobiografie, wollte man sie »in eine bestimmte Schublade« packen, »und diese Schublade hieß: Du bist ein Kind und bleibst ein Kind. Denn obwohl ich älter und erwachsener wurde, musste ich immer noch mit einem dicken, großen Teddybär im Arm auf der Bühne stehen.«[9] Die rassistische Zuschreibung, der sie nicht entkommen konnte, betrachtete Schwarze Menschen als prinzipiell kindlich: als unterentwickelte Menschen oder bestenfalls als Opfer, die man beschützen wollte, von denen man sich aber nicht vorstellen konnte, dass sie zu einer eigenen Souveränität kommen könnten. 1957 begann Nejar eine Ausbildung als Krankenpflegerin und lebt heute, inzwischen über 90 Jahre alt, immer noch auf Hamburg-St. Pauli.

Ebenfalls 1957 betrat ein weiterer farbiger Schlagersänger die Bühne – einer, dessen Karriere allerdings bis in die Gegenwart dauert. Roberto Zerquera Blanco, 1937 in Tunis geboren, debütierte unter dem Namen Roberto Blanco mit einer deutschsprachigen Coverversion des Jazzstandards »Georgia On My Mind« von Hoagy Carmichael, in den 30ern unter anderem von Louis Armstrong interpretiert. Auf der B-Seite der Single fand sich ein eigens für ihn geschriebenes Lied, komponiert und getextet von Heino Gaze, der drei Jahre später auch das schon erwähnte Stück »Kalkutta liegt am Ganges« für Vico Torriani dichten sollte. Sein Lied für Roberto Blanco trug den Titel »Ob schwarz, ob weiß« und war in den 1950er-Jahren – soweit ich sehe – das erste neu geschriebene Lied, das sich mit rassistischer Diskriminierung befasste. Zu dramatischem Big-Band-Sound sang Roberto Blanco mit hörbarem Akzent, der die Vokale tief und weich ausschwingen ließ und zugleich die Konsonanten pointierte sowie das »R« rollte: »Ein Kind kam zu der Mutter und sagte zu ihr / Die Kinder auf der Straße, die spielen nicht mit mir / Mein Vater wär ein Neger, und Neger wär'n schlecht / Sag Mutter, ist das gerecht?« Die Mutter tröstet den Jungen und singt ihm vor: »Mein Kind, Du musst nicht weinen / Du kannst nichts dafür / Die ander'n sind nicht besser / Nur schlechter als wir«, denn, so der Refrain: »Ob schwarz, ob weiß / Die Menschen sind alle gleich / Ob alt, ob jung / Ob arm, ob reich.«

Für Roberto Blanco sollte dies das einzige Lied bleiben, das sich mit Diskriminierung befasste. In den 1960er- und 70er-Jahren reüssierte er mit lustigen Stimmungsschlagern wie »Heute so, morgen so«, »Ein bisschen Spaß muss sein« oder »Der Puppenspieler von Mexiko«. In seiner Autobiografie kommt »Ob schwarz, ob weiß« nur in einer Randbemerkung vor. Und alle Versuche, in späteren Jahren mit ihm über Rassismus zu reden, blockte er mit der Aussage ab, er habe so etwas in Deutschland nie erlebt.[10]

3 »MISTER PATTON AUS MANHATTAN«

Heimatschnulzen und erster Rock 'n' Roll

Das Thema des Fernwehs in der Popmusik der 1950er-Jahre fand sein Pendant in der Klage über eine Existenz in der Fremde, wie exotisch diese auch sein mochte: Es gab Musiker und (seltener) Musikerinnen, die darüber sangen, auf große Fahrt zu gehen und daran zu leiden, in der Fremde zu leben, sich aber nichts sehnlicher zu wünschen, als nach Hause zurückzukehren. Die meistverkaufte Single jener Zeit erschien im Jahr 1956 und war der Beginn einer großen Karriere. »Heimweh« hieß das Lied, mit dem Freddy Quinn seinen ersten Erfolg feierte; es handelte sich um eine Coverversion des von Dean Martin bekannt gemachten Stücks »Memories Are Made of This« – allerdings mit einem vollständig neu geschriebenen Text, der nichts mehr mit den »süßen Erinnerungen« des Originals zu tun hatte.

Stattdessen sang Freddy Quinn mit zitterndem und schmelzendem Bariton: »Brennend heißer Wüstensand / Fern, so fern dem Heimatland / Kein Gruß, kein Herz, kein Kuss, kein Scherz / Alles liegt so weit, so weit.« Er schien beim Singen zu schluchzen, es klang so, als würde er gleich zu weinen anfangen. Tatsächlich brachte er ja auch fast keine ganzen Sätze heraus, sondern nur wenige, abgehackt wirkende Worte. Die nächste Strophe lautete: »Viele Jahre schwere Fron / Harte Arbeit, karger Lohn / Tagaus, tagein kein Glück, kein Heim / Alles liegt so weit, so weit.« Das war im deutschen Schlager dieser Zeit – der sich sonst ja sehr um das Erzählen von Geschichten bemühte und dies in ganzen Sätzen, die oft über eine Strophe hinwegreichen – eine neue Syntax und ein neuer Ton. Für die Hörer und Hörerinnen war das offenbar auch nur dadurch zumutbar, dass der vierköpfige Hintergrundchor in konventionellerer Prosa den sprachlichen und erzählerischen Zusammenhang stiftete: »So schön, schön war die Zeit / So schön, schön war die Zeit.« Mit dieser unermüdlich wiederholten Zeile schunkelten sich die begleitenden Horst-Wende-Tanzsolisten schon in das Lied hinein, bevor Freddy Quinn selbst zu schluchzen begann, und zwischen zwei von ihm gesungenen Strophen erläuterten sie die Ursachen seiner existenziellen Verzweiflung: »Dort, wo die Blumen blüh'n, dort, wo die Täler grün / Dort war ich einmal zu Hause / Wo ich die Liebste fand, da liegt mein Heimatland / Wie lang bin ich noch allein?«

Zunächst interessierte sich niemand für die Schellacksingle; wochenlang lagen die fertigen Pressungen im Kontor der Plattenfirma Polydor herum, bis ein Moderator des Bayerischen Rundfunks das Stück in seiner Sendung als »schlimmste Schnulze« des Jahres schmähte und die Platte bei offenem Mikrofon zerbrach (die damals gerade noch üblichen Schellackplatten brachen weit leichter als das neue Material Vinyl, das sich Mitte der 50er durchzusetzen begann). Daraufhin interessierte sich das Publikum plötzlich für »Heimweh«, und zwar in enormen Ausmaßen: Das Stück wurde zur meistverkauften Single des Jahres und schließlich sogar – mit den folgenden Vinyl-Nachpressungen – des Jahrzehnts.

Was war das Geheimnis dieses Erfolgs? Der zitternd vorgetragene, nur aus Satzfragmenten bestehende Text artikulierte eine Dringlichkeit und Authentizität, die es in den offenkundig und selbstverständlich artifiziellen Schlagern der Nachkriegszeit bis dahin nicht gegeben hatte. Freddy Quinn reüssierte mit einer Pose, die man später eher Singer-Songwritern zusprechen sollte und noch später dem Gangsta-Rap: Er schien mit seiner Performance, seiner Persönlichkeit und Biografie zu beglaubigen, was er vortrug; Kunst und Leben schienen eins zu sein. Sein Komponist und Textdichter Lotar Olias zögerte nach dem ersten Erfolg nicht lange und schrieb ihm eine Lebensgeschichte auf den Leib, die zu dieser Pose passte. »Angelehnt an die eine oder andere Begebenheit aus dem wirklichen Leben des Österreichers Manfed Nidl, fertigt der heimliche Autor eine leicht verdauliche Legende«, erläutert Elmar Kraushaar in seiner Freddy-Quinn-Biografie, wobei Lotar Olias 30 Jahre später bekannte: »Es stimmt alles nicht [...] Ich wusste, es stimmt alles nicht.«[11] Nach der von ihm gestrickten Legende verbrachte Freddy Quinn seine Kindheit und Jugend zwischen Österreich und den USA, ungeliebt von seinen Eltern, zwischenzeitig in einem Heim für schwer erziehbare Kinder geparkt, schließlich als Akrobat und Seiltänzer in einem Zirkus, als Matrose und als Sänger bei der Fremdenlegion in Algerien tätig. Dazu passte die erste Strophe des Songs, in der Freddy Quinn im »brennend heißen Wüstensand« steht, »fern, so fern dem Heimatland«. Diese Erzählung von einer schwierigen, zerrissenen Kindheit und vom Vagabundenleben zwischen Ländern und Kontinenten wurde vor der Presse ausgiebig und mit Erfolg ausgebreitet. Freddy Quinn geriet zum ersten Künstler, dessen Musik mit einem dazu passenden Image in Deckung gebracht wurde. Und in den Texten, die man für ihn schrieb, schlug sich dieses Image in einer reduzierten, nicht erzählenden, nur auf wenige Triggerwörter beschränkten Sprache wieder.

Seine nächsten Songs hießen »Heimatlos« (»Keine Freunde, keine Liebe / Keiner denkt an mich das ganze Jahr / Keine Freunde, keine Liebe / Wie es früher, früher einmal war«) oder auch »Unter fremden Sternen (»Fährt ein weißes Schiff nach Hongkong / Hab ich Sehnsucht nach der Ferne / Aber dann in weiter Ferne, hab ich Sehnsucht nach zu Haus«). In »Der Legionär« beschrieb er den Kummer des einsamen Soldaten, wiederum scheinbar passend zu seiner Biografie: »Der Weg nach Haus ist schwer / Für einen Legionär / Und viele sehen die Heimat / Die Heimat niemals mehr / Fremd ist die Erde, fremd der Himmel / fremd sind die Reden / fremd die Lieder / fremd sind die Herzen / und keines schlägt für ihn.« In seinem größten Hit der 60er-Jahre, »Junge, komm bald wieder«, wechselte er schließlich zwischen der Perspektive des fernwehsüchtigen Jungen und jener von dessen Mutter, die ihn ums Zurückkommen bittet: »Junge, komm bald wieder, bald wieder nach Haus / Junge, fahr nie wieder, nie wieder hinaus / Ich mach mir Sorgen, Sorgen um Dich / Denk auch an morgen, denk auch an mich.«

Diese Pose der Entwurzelung, des Heimwehs und der Melancholie stieß nicht nur bei den Angehörigen der Kriegsgeneration auf Resonanz, sondern auch bei ihren Kindern. André Port le roi zitiert in seinem Buch »Schlager lügen nicht« die Zuschrift eines zwölfjährigen Mädchens an den Schulfunk von Radio Bremen aus dem Jahr 1960: »Am liebsten höre ich Freddy. Alles, was er singt, ist so wahr. Er ist so einsam, dass ich ihn trösten möchte.«[12] Auf dem Cover der Zeitschrift *Bravo* war er bis Ende der 1960er-Jahre 23-mal zu sehen, meist mit melancholischem, von Weltschmerz geprägtem, an den Betrachtern und vor allem den Betrachterinnen vorbei in die Ferne gerichtetem Blick. In den dazugehörigen Geschichten im Heft wurde er als Seemann in einer Takelage gezeigt oder als Dompteur beim Kampf mit einem Zirkuslöwen. Sein Schiff heiße »Freiheit«, so erfahren wir, weil er »selbst immer frei sein will, nur seinen Millionen Verehrern ergeben«[13], und zum zehnjährigen Jubiläum des »Heimweh«-Debüts lautete die Titelzeile: »Auf der Höhe seiner Karriere bleibt Freddy seinem alten Grundsatz treu: Ich gehe meinen Weg allein.«[14]

So fand die Verwendung der Fernwehmotive in der deutschen Popmusik der 50er-Jahre bei Freddy Quinn ihren Höhepunkt – aber in gewisser Weise auch ihren Schlusspunkt. Denn ein Jahr nach dem Erscheinen der Single »Heimweh« bahnte sich 1957 in den Charts bereits etwas Neues an.

Renée Franke, Bill Haley und Horst Buchholz: Das Entstehen einer neuen Jugendkultur

Die Sängerin Renée Franke, geboren 1928 unter dem Namen Gisela Bayer, die mit Stücken wie »Heimatglocken«, »In Paris wohnt das Glück« oder »Das Mädchen aus der Normandie« ihre Karriere begonnen hatte, wandte sich Ende der 50er einem moderneren Sound zu: Sie interpretierte die US-amerikanische Musik in einer Weise, wie man es in Deutschland bis dahin nicht kannte. »Mister Patton aus Manhattan« hieß das Stück, das von einem musikverrückten Amerikaner handelte, der die deutsche Jugend mit einer endlosen Party bis morgens früh um acht amüsiert: »Mister Patton aus Manhattan / Hat 'nen Tick für die Musik«, heißt es im Refrain, »Mister Patton aus Manhattan / Ist ganz außer sich vor Glück.« Die Party ist wild: »In der vierten Morgenstunde ist der Trubel schon komplett / In der vierten Morgenstunde geht es rund auf dem Parkett / Und es springt der Mister Patton / Einem Ober aufs Tablett.« In der nächsten Strophe und weitere vier Stunden später dann: »In der achten Morgenstunde hört man alle Leute schreien / Mister Patton aus Manhattan legt ein Schlagzeugsolo ein / Und er haut mit ein paar Takten / Alle Stühle kurz und klein.«

»Mister Patton aus Manhattan« ist eine Coverversion von »See You Later, Alligator«. Dieser Song gehörte neben den Hits »Rock Around the Clock« und »Shake, Rattle and Roll« zu den Titeln, mit denen der US-amerikanische Sänger und Gitarrist

Bill Haley den frühen Rock 'n' Roll prägte. In Deutschland wurde er 1955 durch den Film »Blackboard Jungle« (deutsch: »Die Saat der Gewalt«) bekannt, wo »Rock Around the Clock« in der Eröffnungsszene erklingt. Der Film handelt von aufsässigen Jugendlichen, die sich der Autorität der Erwachsenen widersetzen – und den Versuchen eines Englischlehrers (Glenn Ford), sie wieder zurück auf die richtige Bahn zu führen. Bis dahin gab es – wie schon erwähnt – jenseits der alliierten Radiosender in Deutschland keinen Rock 'n' Roll zu hören. Aber dank des Films wurde »Rock Around the Clock« zur einzigen englischsprachigen Single, die es in den 50ern auf den ersten Platz der Hitparade schaffte (Elvis Presley, Chuck Berry oder Little Richard gelang das nicht). Bill Haley stieg zur Galionsfigur der »Halbstarken« auf, die sich nun auch in Deutschland firmierten. Es waren vornehmlich männliche Jugendliche, die sich auffällig – meist schwarz und in Leder, nach dem Vorbild des Schauspielers Marlon Brando in dem Film »Der Wilde« (im Original »The Wild One«) – kleideten, in Gruppen auftraten und durch ihr aufsässiges, leistungsverweigerndes Verhalten auffielen. Mit dem Film »Die Halbstarken« von 1956 mit Horst Buchholz in der Hauptrolle wurde diese erste Jugendkultur nach dem Zweiten Weltkrieg auch in Deutschland zu einem gängigen Begriff.

Die Halbstarken frisierten ihre Haare wie Bill Haley zu Tollen und Entenschwänzen und tanzten zu Rock-'n'-Roll-Musik. Es ging ihnen um den gruppenerzeugten Exzess, wie er in »Mister Patton aus Manhattan« beschrieben wird – also das Gegenmodell zu der melancholischen, auf den einsamen Sänger und Mann bezogenen Innerlichkeit, wie sie zur gleichen Zeit von Freddy Quinn populär gemacht wurde. Statt Vereinzelung beschwor man hier Vergemeinschaftung. Mit dem Rock 'n' Roll begann sich Popmusik auch in Deutschland als Medium kollektiver Selbstfindung zu etablieren und als Soundtrack für den

Protest und Widerstand gegen die Generation der Eltern. Popmusik wurde Teil der Jugendkultur, in der es vor allem darauf ankam, dass die Eltern einen nicht verstanden und man sie mit Verstößen gegen ihre Vorstellungen von anständigem Verhalten und Aussehen provozierte.

Was die ersten Auftritte von Bill Haley in Deutschland betrifft, so hatte die letzte Szene im Song von Renée Franke – am Ende haut Mister Patton alles »kurz und klein« – geradezu visionären Charakter. Von Haleys Konzert im Berliner Sportpalast am 26. Oktober 1958 berichtete die Zeitung *B.Z.*: »Als Bill Haley sein Konzert nach 40 Minuten beendete, war die Hölle los. Tausende drängten mit Schlagwaffen in den Händen auf die Bühne. Sie schoben die Saalordner vor sich her und versuchten, die Künstlergarderoben zu stürmen. Mit Wasserfontänen aus zwei Feuerwehrschläuchen mussten Haley und seine Musiker geschützt werden. Mit Gummiknüppeln räumten Bereitschaftspolizisten schließlich den Sportpalast. Zurück blieb ein Trümmerfeld. Tausende von Stühlen, die technische Einrichtung der Lautsprecheranlage zerstört, ein großer Konzertflügel kurz und klein gehackt.«[15] Es handelte sich also mit anderen Worten für alle Beteiligten um einen sehr großen Spaß.

Nicht anders als in den USA wurde der Rock ’n’ Roll zum Ausdruck der Rebellion gegen die vorige Generation. Dass diese Entwicklung überhaupt möglich war, lag wesentlich daran, dass in der prosperierenden Nachkriegsgesellschaft die »Teenager« nicht mehr nur als eine eigenständige Alterskohorte wahrgenommen wurden, sondern auch als eine neue Gruppe von Konsumenten und Konsumentinnen, die von ihren Eltern Taschengeld bekamen. Das versetzte sie in die Lage, sich Schallplatten zu kaufen und in Konzerte zu gehen: Die Popmusik wurde somit zu einem Medium dieser Jugendkultur und der generationellen Distinktion.[16]

In Deutschland kam allerdings eine Besonderheit hinzu: Hier war das Entstehen der neuen Jugendkultur nicht nur mit der Ablehnung der Eltern verbunden, sondern mit der ihres gesamten kulturellen Erbes und der damit verbundenen Traditionen. Wer in der zweiten Hälfte der 50er-Jahre zu rebellieren begann, der tat es, indem er oder sie sich an amerikanischen Vorbildern orientierte und alles »Deutsche« ablehnte. Diese Ablehnung betraf die restaurative Geschäftigkeit des Wirtschaftswunders ebenso wie die dahinter verborgene Verdrängung der kollektiven Schuld und Scham angesichts der Verbrechen des »Dritten Reichs«, der Shoah und des Vernichtungskriegs. Die Amerikanisierung der Popkultur dieser Zeit war also auch eine Art der Entnazifizierung.

Darum ist der Text von »Mister Patton aus Manhattan«, geschrieben von Carl Ulrich Blecher, so interessant: Denn jener Mister Patton, den er zitiert, ist natürlich der US-amerikanische General George S. Patton, der als Befehlshaber der 3. US-Armee 1944 an der Landung in der Normandie beteiligt war und im April 1945 das Konzentrationslager Buchenwald befreite. Danach zwang er 1000 Bewohner aus dem nahen Weimar, sich die Stätte der Vernichtung, die Verbrennungsöfen, die ausgemergelten Überlebenden anzusehen, und ließ Präsident Eisenhower Vertreter der internationalen Presse nach Buchenwald schicken. Deren Berichte und Fotografien prägten noch vor der endgültigen Kapitulation der Nationalsozialisten das Bild von den deutschen Verbrechen gegen die Menschlichkeit.

Ob die Wahl von Pattons Namen für den eingedeutschten Rock-’n’-Roll-Song einer politischen Absicht folgte oder lediglich den Grund hatte, dass er sich auf »Manhattan« reimte, ist heute nicht mehr zu rekonstruieren. Auch sind keine Reaktionen von Zeitgenossen und Zeitgenossinnen auf dieses historische Zitat bekannt. Dennoch fanden mit diesem Song erstmals die Geschehnisse der jüngeren deutschen Vergangenheit – auf ihre Art – Eingang in die Popkultur der 50er-Jahre und damit die Erinnerung an die deutsche Schuld. Es gibt Indizien dafür, dass die US-amerikanische Kultur zu diesem Zeitpunkt nicht mehr nur durch die mythisierend-klischeehafte Brille der Cowboy-und-Indianer-Romantik betrachtet, sondern als kulturelle Kraft im Hier und Jetzt wahrgenommen wurde, als eine Kultur, in der junge Menschen zusammenkommen und zu einer eigenen Sprache finden. Diese Sprache sollte in Deutschland in den folgenden Jahren nicht mehr die deutsche sein, sondern die englische.

4 »SIE LIEBT DICH, YEAH, YEAH, YEAH!«

Rock, Pop und Beat: Im Kampf gegen die Eltern und im Kampf mit dem Englischen

Englisch wurde zur Sprache der Rebellion gegen die Elterngeneration und gegen das Deutschsein. Mitte der 50er-Jahre begannen denn auch die ersten deutschen Musiker damit, auf Englisch zu singen. Zu ihnen gehörte Peter Kraus, 1939 geboren, der schon als Teenager seine ersten Erfolge als Schauspieler feierte. Mit 15 übernahm er eine Hauptrolle in der Erich-Kästner-Verfilmung »Das fliegende Klassenzimmer«, mit 17 sang er in einer Band frühe Rock-'n'-Roll-Stücke nach, etwa »Blue Suede Shoes« von Carl Perkins und »Rock-A-Beatin' Boogie« von Bill Haley. Seinen ersten öffentlichen Auftritt absolvierte er 1956 als Gastsänger beim *Orchester Hugo Strasser,* das eigentlich Swing und Jazz spielte, aber in München die erste »Teeny-Party« zu beschallen hatte. Danach wurde Peter Kraus wegen seines lässigen Auftretens und wilden Gesangs als »der deutsche Elvis« gefeiert und er erhielt seinen ersten Plattenvertrag: Dieser verpflichtete ihn allerdings dazu, die von ihm geliebten Rock-'n'-Roll-Stücke in deutschen Versionen zu singen, ganz so wie Renée Franke es schon getan hatte, als sie »See You Later, Alligator« in »Mister Patton aus Manhattan« verwandelte.

Peter Kraus, Connie Froboess und Peter Alexander: Braver deutscher Rock 'n' Roll

Kraus' erste Single war »Tutti Frutti«, im Original 1955 von Little Richard gesungen. Die lautmalerischen Passagen des englischen Texts wurden von ihm (bzw. von seinem Textdichter Hans Raster) übernommen: »Tutti frutti, oh rootie / Tutti frutti, oh rootie / Tutti frutti, oh rootie / Wop-bop-a-loo-lop a-lop bam boo«. In den neu geschriebenen deutschen Strophen allerdings tilgte man die sexuellen Anspielungen des Originals. Während sich Little Richard bis zum Wahnsinn von seinen Gespielinnen Daisy und Sue »rocken« – also vögeln – lässt, preist Peter Kraus lediglich die Vorzüge einer »Comfort Bar«, in der man »Rock 'n' Roll« tanzt; und zwar – wie schon im Fall von Mister Patton aus Manhattan – bis morgens um acht: »In der Bar sah ich Lou / Und war verliebt im Nu / Denn so einen Swing, den gab's noch nie / Kein Mädel rockt und rollt wie sie.« Wobei die überwiegende Mehrheit des deutschen Publikums weder verstanden haben dürfte, dass »rocken und rollen« als Synonym für den Geschlechtsverkehr diente, noch dass »tutti frutti« eine Bezeichnung für große prächtige Frauenbrüste war. Generell wurde in diesen Jahren im Schlager der Sound des Rock 'n' Roll zwar aufgegriffen, doch zunächst von Komponisten, Textern und Produzenten, die schon lange im Geschäft tätig waren und ein Interesse an der Entschärfung der Musik und der Inhalte hatten, um im gegenüber der US-amerikanischen Popkultur immer noch reservierten Deutschland kommerziell erfolgreich zu sein. So war die Peter-Kraus-Version nicht nur weniger, sondern überhaupt nicht sexuell aufgeladen und auch langsamer und weniger wild.

Das Publikum zeigte sich trotzdem begeistert – es hatte auch weiterhin wenige Möglichkeiten, an die originalen Rock-

’n’-Roll-Platten heranzukommen. Peter Kraus feierte in den folgenden Jahren große Erfolge mit weiteren Coverversionen. Aus dem »Bluejean Bop« von Gene Vincent machte er den »Susi-Rock«; »Don’t Be Cruel« von Elvis Presley wurde in eine Art musikalische Mathematikstunde verwandelt: »Zwei mal zwei ist vier / Doch leider nicht bei dir / Immer glaubst du nur / Das Schlechteste von mir / O wie gut, dass ich dich liebe.« Nach und nach wurde das Image von Peter Kraus immer weicher und publikumsfreundlicher, er orientierte sich im Sound und in seinen Texten nun vor allem an den gefühligen langsamen Schnulzen, die es im Rock ’n’ Roll jener Jahre ja auch schon gab. Zeitgleich interpretierte etwa der schon seit den 1940ern tätige Schlagersänger Gerhard Wendland »Love Me Tender« von Elvis, textlich nicht weit entfernt vom Original, als »Immer wieder lieb’ ich dich«. Peter Kraus brachte 1958 mit dem gerade zum Teenie gereiften ehemaligen Kinderstar Conny Froboess (»Pack die Badehose ein« hieß ihr erster Erfolg aus dem Jahr 1951) das Lied »Teenager-Melodie« heraus: »Teen-Teen-Teenager-Melodie / Teen-Teen-Teenager-Melodie / Nehmt euch für die Party heute frei / Conny und auch Peter sind dabei«, heißt es darin, und es werden Anweisungen für den richtigen Partydress erteilt: »Zieht euch nur die flachen Schuhe an / Weil man damit besser tanzen kann / Die Pullis blau und gelb und rot / Zum Rock den neuen Petticoat / Kinder, das wird heute wieder schick.«

Aus den Rock ’n’ Roll hörenden Halbstarken waren fröhliche Jugendliche geworden, die lediglich ein bisschen harmlosen Spaß haben wollen und vor denen sich niemand fürchten muss. In dem dazugehörigen Film »Wenn die Conny mit dem Peter« (1958) sah man das neue Traumpaar der deutschen Popmusik mit strahlendem Lächeln rhythmisch schunkeln und mit den Hüften wackeln. Nur gelegentlich gingen sie zu Paartanz-Einlagen über, in denen allerdings auf jede eventuell sexuell auslegbare Berührung verzichtet wurde. Die deutschen Teenager der 50er-Jahre waren offenbar genau so romantisch und züchtig wie vermeintlich die Generationen vor ihnen. »Wenn Teenager träumen, es küsst sie ein Mann / Das ist für sie schöner als der schönste Roman«, hieß es in dem Stück »Wenn Teenager träumen«, das Peter Kraus ebenfalls 1958 veröffentlichte, und am Ende wurde den Hörerinnen und Hörern versichert: »Es scheint heute genauso wie früher zu sein / Wenn Teenager träumen, große Damen zu sein.«

Man kann es so zusammenfassen: Im selben Jahr, als Bill Haley bei seinen ersten Deutschlandkonzerten amtliche Saalschlachten zu entfachen verstand, wurden Typus und Begriff des Teenagers im deutschen Schlager mit Erfolg als Gegenmodell zu den gefährlichen Halbstarken etabliert. Zwar musste sich auch die konservative Mehrheitsgesellschaft damit abfinden, dass moderne junge Menschen in Deutschland ihre Musik mit englischen Wörtern versetzten. Doch musste dies nun nicht mehr als bedrohlich für die »eigene« Kultur empfunden werden, da hinter den sprachlichen Innovationen die alten deutschen Sitten und Moralvorstellungen durchschienen. Selbst der betont biedere Schlagersänger Peter Alexander leistete sich unter solchen Bedingungen ein wenig sprachliche Hybridität. In seinem Song »Das tu' ich alles aus Liebe« aus dem Jahr 1957 sang er: »Das tu ich alles aus Liebe zu dir! / Oh one and two, three, four, five and six / I do, do, do, do die tollsten Tricks / Oh yes, oh yes, yes, yes, oh yes my baby / Ich bin ein Ritter des Glücks.«

Elvis, die *Beatles* und Cliff Richard: Deutsche Songs fürs deutsche Publikum

Die Rock-'n'-Roll-Welle flaute bereits an der Wende zu den 1960er-Jahren ab – trotz aller Begeisterung, die etwa bei der

Zeitschrift *Bravo* der Deutschlandaufenthalt von Elvis Presley auslöste. Freilich hatte sich Elvis zu dieser Zeit vom wilden Ungestüm seiner ersten Aufnahmen weitgehend verabschiedet und spielte sich etwa mit einer englischen Version des alten deutschen Volkslieds »Muss i denn zum Städtele hinaus« in die Herzen des hiesigen Publikums. In den mit »Wooden Heart« betitelten Song hatte er auch eine – ob des starken Akzents freilich kaum verständliche – deutschsprachige Passage eingeflochten: »Muss i' denn, muss i' denn / Zum Städtele hinaus / Städtele hinaus / Und du mein Schatz bleibst hier«, womit er bruchlos an die Fern- und Heimwehromantik von Freddy Quinn anschließen konnte.

Damit eröffnete Elvis einen Trend, der bis Mitte der 60er-Jahre anhalten und einige der erstaunlichsten Erzeugnisse der Popmusik hervorbringen sollte: Viele englischsprachige Interpreten sangen ihre Lieder nun auch für den wachsenden deutschen Markt auf Deutsch ein. Die *Beatles* begannen ihre Karriere 1962 im Star-Club in Hamburg, und als sie im folgenden Jahr zu internationalen Stars aufstiegen, kamen ihre Songs »She Loves You« und »I Want To Hold Your Hand« auch in deutscher Sprache heraus. Getextet hatte diese Versionen der Radiomoderator Camillo Felgen: »Sie liebt dich / Yeah, yeah, yeah«, hieß es nun: »Sie liebt dich / Yeah, yeah, yeah, yeah / Du glaubst, sie liebt nur mich? / Gestern hab' ich sie gesehen / Sie denkt ja nur an dich / Und du solltest zu ihr gehen.« Oder: »Oh, komm doch, komm zu mir / Du nimmst mir den Verstand / Oh, komm doch, komm zu mir / Komm, gib mir deine Hand.« Der britische Rock-'n'-Roll-Sänger Cliff Richard erzielte 1963 mit einer deutschsprachigen Version seines Songs »Lucky Lips« einen Nummer-1-Hit. Allerdings fügte Richard sich ebenso wie die beiden eingedeutschten Beatles-Songs in das harmlose, romantisch-schnulzige Rock-'n'-Roll-Image, das Peter Kraus in Deutschland etabliert hatte, ein – inklusive des Respekts vor Eltern und anderen Autoritäten. »Ich sah ein schönes Fräulein im letzten Autobus / Sie hat mir so gefallen, drum gab' ich ihr 'nen Kuss / Rote Lippen soll man küssen / Denn zum Küssen sind sie da / Heut ist das schöne Fräulein schon lange meine Braut / Und wenn die Eltern es erlauben, werden wir getraut.«

Der Trend hielt bis zur Mitte des Jahrzehnts an und wurde selbst von den Schwarzen Soul-Künstlern des Motown-Labels gepflegt. Marvin Gaye brachte 1964 seinen Song »How Sweet It Is« unter dem Titel »Wie schön das ist« auf Deutsch heraus, und aus ihrem »Where Did Our Love Go« machten *The Supremes* »Baby, Baby, wo ist unsere Liebe«. Dionne Warwick übersetzte ihr epochales Stück »Walk On By« 1965 in »Geh vorbei« – ihre Deutschlehrerin, so erinnerte sie sich später, sei niemand anders als die Schauspielerin Marlene Dietrich gewesen.

Mitte der 1960er klang diese Welle ab, weil die englischen Originale nun endlich auch in Deutschland als Singles und Alben erhältlich waren und das nachwachsende Publikum bessere Englischkenntnisse als die Generation der Eltern besaß – oder sich jedenfalls nicht mehr daran störte, wenn es die englischen Texte nicht oder nur teilweise verstand. Die deutschen Beatgruppen, die vor allem den *Beatles* als Vorbildern nacheiferten, begannen in dieser Zeit sogar, selbst auf Englisch zu singen, weil sie sich damit (im Sinne der Entnazifizierung) von der deutschen Kultur absetzen und emanzipieren wollten – ich komme im nächsten Kapitel darauf zurück.

Karel Gott, Cindy & Bert, Juliane Werding und Jürgen Drews: Coverversionen für die Hitparade

Das änderte jedoch nichts daran, dass deutschsprachige Coverversionen englischsprachiger Originale noch bis in die

1980er-Jahre zu den Standards der deutschen Popmusik gehörten. Wenn man sich eine Weile in dieses Genre versenkt, kann man darin einige der erstaunlichsten und auch bizarrsten Poptexte in deutscher Sprache finden, beispielsweise das Stück »Rot und Schwarz« von Karel Gott. Dieser stieg in den 70er-Jahren, in Fortsetzung der Begeisterung für exotische Interpreten, als »goldene Stimme von Prag« zu einem der beliebtesten deutschsprachigen Schlagersänger auf. Zu Beginn seiner Karriere (1969) coverte er jedoch den zu diesem Zeitpunkt drei Jahre alten *Rolling-Stones*-Song »Paint It, Black«, versah ihn mit feurigen Streichern und jammerte, klagte und schrie dazu auf die herzzerreißendste Weise: »Oh, sag mir doch / Was ist mit uns denn nur gescheh'n? / Warum muss ich jetzt alles / Schwarz in Schwarz nur seh'n?« Der deutsche Text stammte von dem Komponisten Heinz Korn, dem wir weitere Klassiker verdanken, etwa »Wir sind alle kleine Sünderlein«, gesungen von dem Volksschauspieler Willy Millowitsch, oder »Mit 17 hat man noch Träume« von Peggy March.

Die unangefochten irrste deutsche Version eines englischsprachigen Rocksongs brachte zwei Jahre später das Schlagerduo *Cindy & Bert* heraus. Jutta und Nobert Maria Berger, so ihre bürgerlichen Namen, interpretierten den Song »Paranoid« von der betont düsteren und sich mit satanischen Symbolen schmückenden britischen Heavy-Metal-Band *Black Sabbath* als Grusellied mit Sherlock-Holmes-Motiven. Dazu trugen sie viktorianisch anmutende Kostüme und bemühten sich, paranoid auszusehen: »Wen er anfällt / Dieser Hund von Baskerville, oh yeah, / Hat verloren / In dem Kampf um Baskerville, oh, yeah.« Dieser Song wird heute völlig zu Recht als epochale Leistung gewertet. Zur Zeit seiner Entstehung konnte er aber weder das Schlagerpublikum noch die Anhänger von *Black Sabbath* überzeugen; dazu lagen die Zielgruppen wohl doch zu weit auseinander. Der Durchbruch gelang *Cindy & Bert* erst zwei Jahre später mit einem Song, der an die Fernwehromantik der 50er-Jahre anschloss. »Immer wieder sonntags« handelte von einem amourös-interessanten Griechenlandurlaub: »Jeden Sonntag kamen sie herüber – aha / Uns're Musikanten aus Athen / Jeden Sonntag waren sie uns lieber – aha / Und das können nur wir zwei versteh'n. / Immer wieder sonntags kommt die Erinnerung / dibbedibbedibbdibb dub.«

»Der Hund von Baskerville« war zwar ein Flop, aber auch einige der größten deutschsprachigen Hits der 70er-Jahre beruhten auf englischen und US-amerikanischen Originalen, was zu dieser Zeit oft gar nicht mehr in das Bewusstsein des Publikums vordrang. So coverte die junge Sängerin Juliane Werding 1972 einen Song von *The Band,* »The Night They Drove Old Dixie Down«. Während das von Robbie Robertson getextete Original vom Ende des Amerikanischen Bürgerkriegs handelt, wird das Lied bei Werding zum ersten deutschen Popsong, der die Risiken und Nebenwirkungen des sich damals ausbreitenden Drogenkonsums thematisiert. »Am Tag als Conny Kramer starb« erzählt von dem Jungen Conny, der allmählich in der Sucht versinkt und schließlich, weil ihm niemand zu helfen vermag, daran stirbt: »Am Tag, als Conny Kramer starb / Und alle Glocken klangen / Am Tag, als Conny Kramer starb / Und alle Freunde weinten um ihn / Das war ein schwerer Tag / Weil in mir eine Welt zerbrach.«

Nicht zuletzt die Karriere des bis heute erfolgreichen Schlagersängers Jürgen Drews begann 1976 mit einer Coverversion, und zwar von dem ersten Hit der US-amerikanischen Country-Softrocker *The Bellamy Brothers,* »Let Your Love Flow«, aus demselben Jahr. Während die Band eher eine Art später Hippie-Utopie vom spirituell frei fließenden Begehren beschwor (»Just let your love flow like a mountain stream / And let your love grow with the smallest of dreams / And let your love show and you'll know what I mean / It's the season«), posierte Drews als später Nachfolger des einsamen Freddy-Quinn-Vagabunden. Er trampte als Anhalter über die Lande (»Schon seit Mittag stand ich am Straßenrand / Bei jedem Wagen, der vorüber fuhr, hob ich den Daumen«). Doch während seinen melancholischen Vorgängern auf ihren einsamen Reisen die Liebe versagt blieb, kam bei Drews' Fall prompt ein Mädchen auf einem Fahrrad vorbei, das sich von ihm willig für einen One-Night-Stand ins Kornfeld ziehen ließ: »Mit der Gitarre hab ich ihr erzählt von meinem Leben / Auf einmal rief sie, es ist höchste Zeit / Schon ist es dunkel, und mein Weg ist noch weit / Doch ich lachte und sprach / Ich hab dir noch viel zu geben / Ein Bett im Kornfeld, das ist immer frei / Denn es ist Sommer, und was ist schon dabei?«

Wie bei Juliane Werding bedienten sich die Produzenten des Songs wohl auch in diesem Fall einer englischsprachigen erprobten und bewährten Vorlage, um die Kompositionskosten zu sparen und das Erfolgsrisiko zu minimieren. Aber auch sonst blieb der deutsche Schlager in den 70er-Jahren in sonderbarer Weise an der US-amerikanischen und der britischen Popproduktion orientiert. Rückblickend wirkt es, als habe man sich auf diese Weise immer noch vom Stigma der eigenen Biederkeit und Provinzialität befreien wollen – und blieb dabei doch immer darauf bezogen.

Der Dicke Willem, Otto Waalkes, Trio, Dieter Hallervorden & Helga Feddersen: Blödeleien mit tieferem Sinn

Dieser Bezug wurde noch einmal besonders deutlich anhand der vielen »Blödel«-Versionen englischsprachiger Songs, die in der zweiten Hälfte der 1970er entstanden. Die unfreiwillige Komik, die man heute aus den Peter-Kraus- und Conny-Froboess-Varianten des Rock 'n' Roll heraushört, wurde in diesen Stücken bewusst und beherzt auf die Spitze getrieben. Wilken F. Dincklage alias »Der Dicke Willem«, der am Anfang des Jahrzehnts einer der Pioniere des Krautrock und Mitbetreiber des wichtigen »Kraut Musikverlags« war, coverte 1977 Rick Dees' »Disco Duck« unter dem Titel »Tarzan ist wieder da«. Der aufstrebende Komiker Otto Waalkes interpretierte im selben Jahr den auch von den *Rolling Stones* oft gespielten Blues »Mannish Boy« von Muddy Waters als »Schwamm-drüber-Blues«: »Steht was Falsches auf der Tafel / Geh mit'm Schwamm drüber! / Brauchst du'n Muster auf der Butter / Geh mit'm Kamm drüber!« Und die von der Schauspielbühne kommenden Dieter Hallervorden und Helga Feddersen machten ein Jahr später aus dem Disco-Hit »You're the One that I Want« von John Travolta und Olivia Newton-John »Die Wanne ist voll« und persiflierten dabei die Deutsch-Englische-Hybridsprache der späten 50er-Jahre: »I speak english, I can tanzen / And I look unheimlich gut / I have always gute Chancen / What say you denn da dazu? Häh? Höhöhöhö ... / I stimm you zu, you are echt nicht schlecht (Ach Ja? Hö) / And your Stimme ist ein Hit (Ja, nich? Ja) / I want to be deine Partnerin (Da lääst sich drüber speaken) / You sing vor and I sing mit (Okay, einer after dem anderen) / Du / Die Wanne ist voll / Juhuhu.«

So kehrte die Verklemmtheit der späten 50er in den sexuell, popkulturell, politisch und auch sonst entfesselten 1970er-Jahren scheinbar als ironisches Zitat, als Farce zurück. Doch obwohl man Lieder wie »Die Wanne ist voll« leicht als reinen Quatsch abtun kann, zeigte sich in ihnen doch auch eine Auseinandersetzung mit dem Verhältnis zwischen dem Eigenen und dem Fremden, die über die Aneignung englischsprachiger Vorbilder durch deutsche Musikerinnen und Musiker in den vorangegangenen Jahrzehnten hinausging. In den 50ern und 60ern wurde das Fremde entweder assimiliert oder wie in der Beatmusik (mit der wir uns im folgenden Kapitel beschäftigen werden) gegen die von der jüngsten Vergangenheit befleckte deutsche Sprache in Stellung gebracht. Demgegenüber zeigte sich in der komischen Sprachvermischung, wie sie etwa Hallervorden und Feddersen betrieben, eine neue Stufe der Reflexion über den Gebrauch der Muttersprache in einer sich internationalisierenden Popkultur: Es gibt kein Eigenes mehr ohne die Inkorporation eines Fremden.

Auf die Spitze getrieben wurde die Vermischung der Sprachen – in einer Form, deren Lakonie es schwierig macht zu entscheiden, ob das Gesungene komisch gemeint ist oder nicht – 1982 in dem Lied »Da Da Da ich lieb dich nicht du liebst mich nicht aha aha aha« von *Trio* (auch bekannt unter dem kürzeren Titel »Da Da Da«). Darin singt die Gruppe auf Deutsch, Englisch und mit lautmalerisch-dadaistischen Versatzstücken von einer gescheiterten Liebesbeziehung. Statt »Sie liebt dich, yeah, yeah, yeah« hieß es nun: »Ich lieb' dich nicht, du liebst mich nicht, da, da, da.« Wobei diese scheiternde Liebesbeziehung – wenn man genauer auf den Text achtet – ebenso eine zwischen zwei Menschen sein könnte wie eine zwischen dem Sänger und seiner Sprache, die sich ihm immer wieder entzieht: »Was ist los mit dir, mein Schatz? Aha / Geht es immer nur bergab? Aha / Geht nur das, was du verstehst? Aha / This is what you got to know? / Loved you though it didn't show / Ich lieb' dich nicht, du liebst mich nicht / Ich lieb' dich nicht, du liebst mich nicht … / Da, da, da / Da, da, da.«

5 »SHAKIN' ALL OVER«

Die 1960er-Jahre: Zwischen Kommerz und Rebellion

Doch zurück in die 60er. Zu Beginn des Jahrzehnts war es noch selbstverständlich, dass deutsche Musiker und Musikerinnen auf Deutsch sangen; alles andere wurde als Abweichung von der Norm wahrgenommen. Wie in den 50ern dominierten Schlager mit Fernwehmotiven und schnulzige Liebeslieder die Hitparaden; der Rock 'n' Roll war im Wesentlichen in deutschsprachigen – und entschärften – Versionen wie etwa denen von Peter Kraus in Deutschland angekommen. Was die englischsprachigen Originale anging, so blieb es für deutsche Jugendliche bis zur Mitte des Jahrzehnts schwierig, in ihren Genuss zu kommen. Abgesehen von den Soldatensendern AFN (American Forces Network) und BFN (British Forces Network), war Rock 'n' Roll im deutschen Radio nicht zu hören. Lediglich der WDR gab dem früheren BFN-Moderator Chris Howland alias Heinrich Pumpernickel eine eigene Sendung, um Platten von Elvis Presley und Bill Haley zu spielen. In den Schallplattenläden fanden sich nur kleine Ecken mit Platten aus der Rubrik »Englische Musik«. Jugendliche, die sich von ihrem Taschengeld dort eindeckten, saßen abends mit ihren Eltern im Wohnzimmer, um unter strafenden Blicken und begleitet von angewiderten Kommentaren die »Negermusik«, »Hottentottenmusik« oder – wie es in meinem eigenen Elternhaus hieß – »das englische Gejaule« auf dem einzigen Plattenspieler im Haus abzuspielen.

Die Inhalte waren für viele nach wie vor rätselhaft: In der

Elterngeneration sprach und verstand kaum jemand Englisch und auch bei den Teenagern war dies noch nicht selbstverständlich. Flächendeckender Englischunterricht setzte sich an deutschen Schulen erst in den 1960er-Jahren durch. Bei den meisten Hörern und Hörerinnen haperte es schon an der richtigen Aussprache der Songtitel. Rüdiger Bloemeke zitiert in seinem Essay »Der Anfang vom Untergang des Abendlandes – Wie die Rockmusik nach Deutschland kam« (1998) ein Rundschreiben der Werbeabteilung des Musiklabels Deutsche Grammophon an die Schallplatten-Einzelhändler aus dem Jahr 1961. Darin wurden folgende Aussprachehinweise gegeben: »In dieser Woche erscheinen die folgenden Titel: Brenda Lee (brenda li) I'm sorry (aim sorri), That's all you gotta do (dsäts ohl ju gotte du); Del Shannon (dell schännen) Runaway (rannewäi); Connie Francis (konni frahnziss) Everybody's somebody's fool (äwriboddies samboddies fuhl), Jealuos of you (dschälles off ju) ...«[17]

Bis Mitte der 1960er-Jahre wurden, wie bereits erwähnt, viele englischsprachige Titel auch auf Deutsch eingesungen – nicht zuletzt von den *Beatles*. Doch die vier Briten waren auch die erste Band, deren Originalaufnahmen in Deutschland mehr Erfolg hatten als die deutschen Versionen. Mit den *Beatles* begann sich etwas zu verändern. »Die Not hat ein Ende! Die Zeit der Dorfmusik ist vorbei.« So lautete die Reklame-Parole, mit der am 13. April 1962 der Star-Club auf der Hamburger Reeperbahn eröffnete. Mit »Dorfmusik« war der deutsche Schlager gemeint; die neue Zeit nun sollte vom Rock 'n' Roll und Beat geprägt sein. Die US-Künstler Little Richard, Bill Haley und Gene Vincent traten im Star-Club auf, auch die *Everly Brothers* und Jerry Lee Lewis. Und die damals noch kaum bekannten *Beatles* gaben hier ihre ersten Konzerte. Wenig später schon war hier die erste deutsche »Beatband« zu sehen, die sich am musikalischen Stil und am Auftreten der *Beatles* orientierte – und selbst auf Englisch sang: *The Rattles* aus Hamburg gewannen 1962 im Star-Club den ersten Wettbewerb als »Beste Beatband« aus Deutschland.

The Rattles, The Lords, The Yankees und *The Rag Dolls: Beatles*-Epigonen mit Rock-Attitüde

Ihren Namen hatten *The Rattles* der Metaphorik des Rock 'n' Roll entlehnt – wenn der Körper »rasselt«, dann befindet er sich in sexueller Erregung. So findet man es in dem von Bill Haley und Elvis Presley populär gemachten Stück »Shake, Rattle and Roll«, aber auch in Songs wie »Rattle My Bones« der Gruppe *The Jodimars* aus dem Jahr 1957. Dass das deutsche Publikum verstand, was gemeint war, ist zu bezweifeln, aber die Musik war deutlich genug. Die englischen Texte der *Rattles* waren dabei so einfach gehalten, dass sie sich auch Menschen ohne Englischkenntnisse erschlossen. In ihrem ersten Hit »La La La« heißt es beispielsweise: »Come on and get your soul / Are you ready to go now / Come on and get your girl, now she's already to go / La La La La La / La / La La La La La La La La La La La / La La La La La La La La La La.« Was »get your soul« bedeutet und dass ein Mädchen »already to go« ist, kann man erahnen – was hingegen mit »La La La La La« gemeint wird, ist wohl unmittelbar einsichtig.

Nachdem sie im Star-Club zur »Besten Beatband« gekürt worden waren, tourten *The Rattles* 1963 als Vorgruppe von *The Animals* durch Großbritannien und 1966 sogar als Vorgruppe der *Beatles* durch Deutschland. Im selben Jahr kam mit »Hurra, die Rattles kommen« der erste Beatspielfilm in deutsche Kinos – wobei die Textpassagen der Musiker wegen ihres von der Produktionsfirma als zu stark empfundenen norddeutschen Akzents hochdeutsch synchronisiert wurden. Danach musste der

Sänger und Songschreiber Achim Reichel die Band verlassen, weil man ihn zur Bundeswehr einzog; die Rattles spielten noch bis 1977 ohne ihn weiter. Reichel begann nach seiner Rückkehr eine Solokarriere. In den 70er-Jahren reüssierte er zunächst mit psychedelischen Klangexperimenten, bevor er sich dem Shantyrock zuwandte – ich komme an späterer Stelle darauf zurück.

1964 schrieb das Plattenlabel United Artist Records in Deutschland erneut einen Wettbewerb aus – diesmal mit dem Thema: »Wer spielt so wie die *Beatles*?« Die Endausscheidung fand im September wiederum im Star-Club statt; Gewinner war die aus Berlin stammende Gruppe *The Lords*. Sie hatte Ende der 50er-Jahre als Skiffle-Band begonnen (Skiffle imitiert einen aus den 1920er-Jahren stammenden, dem Blues und Boogie-Woogie verwandten Stil, wobei die Musiker oft auf improvisierten Instrumenten spielen) und unter dem Namen *Skiffle Lords* bereits Preise wie das »Goldene Waschbrett« gewonnen. Anfang 1964 benannten sich die Musiker um und veränderten Sound und Aussehen. Sie trugen nun durchweg schmal geschnittene Anzüge und an die *Beatles* angelehnte lange Ponyfrisuren, die vorn bis über die Augen reichten. Bei ihren Auftritten bewegten sie sich rhythmisch synchron, indem sie abwechselnd das rechte Bein nach links und das linke Bein nach rechts schwangen. Wenn sich die Gelegenheit dazu bot, brachen die Gitarristen und der Schlagzeuger aus ihren Spielroutinen aus und rissen die Arme eckig in die Luft. Das hatte etwas Roboterhaftes, sollte aber auch gefährlich wirken.

Auch *The Lords* sangen auf Englisch; sie waren die erste deutsche Band, die es mit einem englischsprachigen Titel in die Hitparade schaffte: »Shakin' All Over« kam noch vor dem Triumph beim *Beatles*-Ähnlichkeitswettbewerb im August 1964 auf den elften Platz. »When you move in right up close to me / That's when I get the shakes all over me«, heißt es darin: »Quivers down my back bone / I've got the shakes down the knee-bone / Yeah havin' the tremors in the thighbone / Shakin' all over.« Wie *rattle* war auch *shakin'* ein sexuell konnotiertes, gern gebrauchtes Schlüsselwort im frühen Rock 'n' Roll. Es ist uns schon bei »Shake, Rattle and Roll« begegnet, und einer der Interpreten dieses Lieds, Elvis Presley, hatte 1957 einen weiteren Hit mit dem Titel »All Shook Up«. »Whole Lotta Shakin' Goin' On«, sang auch Little Richard 1957. »Well, shake it up, baby, now (shake it up, baby)«, so eröffnen die *Beatles* ihren Hit »Twist and Shout«: »Well, shake it up, baby, now (shake it up, baby) / Twist and shout (twist and shout).« Und schon in einem der ersten Songs, die sie 1962 im Star-Club darboten, »Hippy Hippy Shake«, im Original von dem US-amerikanischen Rock-'n'-Roll-Sänger Chan Romero, spielte das Shaken eine zentrale Rolle: »For goodness sake / I got the hippy hippy shake / I've got to shake / Who the hippy hippy shake.«

Wie *rock 'n' roll* und *rattle*, so wurde auch *shake* im Original als Umschreibung für die Bewegungen des Körpers bei der Kopulation gebraucht. Die *Lords* entschärften diese Metaphorik freilich: In »Shakin' All Over« wird beschrieben, wie die Nähe einer begehrten Frau den singenden Mann zum wohligen Erzittern bringt. Der Sänger und Texter der Gruppe, Ulli Günther alias Lord Ulli, war offenkundig in seinem Englisch-Wörterbuch auf die Suche nach Synonymen von *shake* gegangen. Er fühlte also nicht nur *shakes* überall in seinem Körper, sondern auch *quivers* in seinem Rückgrat sowie *tremors* in seinem Oberschenkelknochen. Dies lässt sich zwar nun doch als sexuelle Anspielung lesen, doch die physiologischen Details stehen stärker im Mittelpunkt, als man es bei der Beschwörung ausgelassenen Geschlechtsverkehrs erwarten würde. Bei den *Lords* geht es – so scheint es – zuvorderst nicht um Sex, sondern um die menschliche Anatomie.

The Lords und *The Rattles* erzielten bald landesweite Erfolge. Dazu trug sicherlich der Umstand bei, dass sie in der neuen TV-Musiksendung »Beat Club« auftraten. Diese erlebte im September 1965 ihre Premiere und war die erste Sendung im deutschen Fernsehen, in der auch englischsprachige Bands zu sehen und zu hören waren. Vor der Premiere sprach der junge Fernsehmoderator Wilhelm Wieben darum etwas aus, das man heute als »Trigger Warning« bezeichnen würde: »Guten Tag, liebe Beat-Freunde. Nun ist es endlich so weit. In wenigen Sekunden beginnt die erste Show im deutschen Fernsehen, die nur für Euch gemacht ist. Sie aber, meine Damen und Herren, die Sie Beat-Musik nicht mögen, bitten wir um Ihr Verständnis: Es ist eine Live-Sendung mit jungen Leuten, für junge Leute.« Das habe er völlig ironiefrei gemeint, so erinnerte sich die Moderatorin Uschi Nerke später. Durch ihr selbstbewusstes Auftreten und ihren Stil sollte Nerke die bis 1972 ausgestrahlte Sendung wesentlich prägen – eine der wenigen Frauen, die zu dieser Zeit in einer solchen Position waren.

Die erste Band, die im »Beat Club« zu sehen war, sang noch auf Deutsch. Sie kam aus Bremen und nannte sich *The Yankees*. Ähnlich wie *The Lords* und *The Rattles* traten auch sie in Uniformen auf. Sie waren echten Militäruniformen nachempfunden, nämlich jenen der Nordstaatenarmee im Amerikanischen Bürgerkrieg. Im Unterschied zu den sie umgebenden *Beatles*-Epigonen schlossen *The Yankees* an die Rock-'n'-Roll-Ästhetik der späten 50er-Jahre an. Das erste Lied, das sie im »Beat Club« spielten, trug denn auch das inzwischen schon fast veraltete Wort »halbstark« im Titel: »Halbstark, oh Baby baby / halbstark, oh Baby Baby / halbstark / Halbstark nennt man sie / yeah, yeah, yeah, yeah!« Die erste Strophe lautete folgendermaßen: »Sie rasen / bi-du-wa, bi-du-wa / durch die Straßen / bi-du-wa, bi-du-wa / Und die Gassen / bi-du-wa, bi-du-wa / sie sind menschenleer /

wop-wop / Blonde Bienen / bi-du-wa, bi-du-wa / mit Bändern in den Haaren / bi-du-wa, bi-du-wa / Und in schwarzem Leder / bi-du-wa, bi-du-wa / das sie tragen / wop-wop.«

Das heißt: Auch wenn *The Yankees* auf Deutsch sangen, waren ihre Texte doch – ähnlich wie jene der anderen Beatbands – mit Lautmalereien durchsetzt, die von englischsprachigen Vorbildern übernommen wurden. Silbenfolgen wie »bi-du-wa« und »wop-wop« stammten aus der Tradition der US-amerikanischen Doo-Wop-Gruppen der 50er- und frühen 60er-Jahre, vier- bis fünfköpfigen Vokalensembles in der Tradition der Gospel- oder Bluesmusik. Dort diente der ausgiebige Gebrauch von Melismen – auf einer Silbe gesungenen Tonfolgen – und Nonsens-Silben dazu, den Sängern und Sängerinnen mehr Freiheit bei der Kreation ihrer komplexen Chor-Harmonien zu verleihen. Da man zum Verständnis keine tieferen Sprachkenntnisse brauchte, wurden Anfang der 60er-Jahre besonders in Deutschland gerne Songs wie »Rama Lama Ding Dong« von der US-Band *The Edsels* oder »Who Put the Bomp« von Barry Mann gehört. Hier heißt es: »When my baby heard / Bomp bah bah bomp bah bomp bah bomp bah bomp bomp / Every word went right into her heart / And when she heard them singin' / Rama lama lama lama, rama ding dong / She said we'd never have to part.«

Nach einem Song der Doo-Wop-Gruppe *Four Seasons,* »Rag Doll«, benannte sich die erste ausschließlich aus Frauen bestehende Beatband: *The Rag Dolls* gründeten sich 1965 in Duisburg und brachten im folgenden Jahr ihre erste und einzige Single heraus: »Yakety Yak« war die Coverversion eines Lieds der Gruppe *The Coasters*; auf der B-Seite aber fand sich das selbstgeschriebene Stück »He Has Gone«. Das Cover der Single zeigte die vier Musikerinnen auf einem Podest posierend, an dessen Stirnseite der Name ihrer Band prangte, allerdings in der leicht abweichenden Schreibweise »The Rag Doll's«. Über den richtigen Gebrauch des Apostrophs in der englischen Sprache herrschten damals noch größere Unklarheiten als heute; viele Schallplattenfächer in jener Zeit waren mit der Buchstabenfolge »LP's« etikettiert.

The Monks: Beat als avangardistisches Kunstprojekt

Aber zurück zur Lust an der Lautmalerei. Auf die Spitze trieb sie eine Band, die in der zehnten Folge des »Beat Club« im Juli 1966 zu sehen war: *The Monks*. Sie traten in eng geschnittenen schwarzen Hosen und Hemden auf, um den Hals trugen sie kleine weiße Galgenstricke. Und wie Mönche ließen sie sich Tonsuren scheren. Der »Monks Chant«, den sie im »Beat Club« darboten, bestand aus einem stoisch wiederholten, von Schlagzeug und Schellenkränzen vorgegebenen Beat und einem verzerrten E-Bass-Akkord. Dazu intonierten die fünf Mitglieder der Band langgezogene »Oh-oh-oho-ho«-Laute mit einer gelegentlich hineingestreuten, etwas heller gesungenen Silbenfolge, die man eventuell als »tschibel-du-bi-dibel-du-hab-ha« transkribieren könnte. Die Mitglieder der *Monks* kamen aus den USA, lebten aber schon seit Ende der 1950er-Jahre in Deutschland. Sie lernten einander als G.I.s kennen und spielten nach ihrem Militärdienst in einer *Beatles*-Coverband – bis schließlich zwei deutsche Werbefachleute, Walther Niemann und Karl-H. Remy, ihre neue Identität konstruierten. Die Musik- und Kunstliebhaber Niemann und Remy betrachteten *The Monks* nach eigener Auskunft als »Projekt«. In ihrer äußeren Erscheinung trieben *The Monks* die Neigung der Beatbands zur Uniformierung auf die Spitze. Ihr minimalistisches, repetitives, oftmals verzerrtes Spiel nahm rückblickend betrachtet die Ästhetiken des Krautrock und des Punk der 70er-Jahre vorweg – und insbesondere auch den musikalischen und lyrischen Stil jener Band, mit der wir das letzte Kapitel beschlossen haben: *Trio*.

Wie die Texte von *Trio* waren auch jene der *Monks* teils in dadaistischer Manier auf wenige Sätze oder gar Lautmalereien reduziert. In dem Lied »Higgle-dy Piggle-dy« hieß es lediglich »Higgle-dy Piggle-dy / Higgle-dy Piggle-dy / Higgle-dy Piggle-dy / Higgle-dy Piggle-dy / Way down to heaven, / Yeah!«, während in dem Stück »We Do Wie Du« das Prinzip der Lautmalerei dazu genutzt wurde, deutsche und englische Wörter miteinander zu vermischen: »Hey, hey, what are you gonna say? / You know we're all gonna make love today / Yay, yay, yay, yay! / We do as you, we do / We do, wie du, wie du.« *The Monks* machten die Beatmusik zu einem avantgardistischen Erlebnis.

The Earls, The Dukes, The Gentlemen, King George and his Butlers: Musik, die aus der Zukunft kommt

Die meisten Beatbands, die in der zweiten Hälfte der 60er-Jahre entstanden, orientierten sich bis zur Imitation an ihren englischsprachigen Vorbildern. Manchmal imitierten sie aber auch die deutschen Imitationen: Nach *The Lords* gründeten sich Gruppen, die zum Beispiel *The Earls* hießen (aus dem saarländischen Niederwürzbach), *The Dukes* (aus dem Siegerland), *The Gentlemen* (aus Gladbeck) oder *King George and his Butlers* (aus Wattenscheid). In der Imitation verbarg sich auch eine doppelte Entfremdung und der Keim eines neuen Umgangs mit Sprache. Die Beatbands wollten nicht mehr auf Deutsch singen, weil sie die englischsprachige Popkultur cooler, glamouröser, zeitgemäßer und auch gefährlicher fanden. Sie sangen in einer fremden Sprache, weil die eigene ihnen als nicht mehr geeignet erschien, um sich in zeitgemäßer Form darin auszudrücken – darin zeigte sich erstmals die Entfremdung der deutschen Popmusik von der deutschen Sprache. Allerdings blieb den Sängern und Textern der Beatbands aufgrund mäßiger Englischkenntnisse teils auch die Fremdsprache fremd, sodass sie bei einem – wie es der Autor Frank Apunkt Schneider in seinem Buch »Deutschpop halt's Maul« formuliert hat – »fragwürdigen, unqualifizierten, illegitimen und emphatisch (meist mit dem Wörterbuch auf dem Schoß) konstruierten Fantasie-Englisch« landeten.[18]

Für Schneider trat damit in der deutschen Beatmusik der 60er in Erscheinung, was Popmusik und Popkultur prinzipiell von allen anderen Formen der Kultur unterscheidet, nämlich dass sie sich nicht in eindeutigen Traditionslinien entwickelte, sondern immer aus Arten der Aneignung und Fehlaneignung entstand. »In der Popkultur ist Imitation kein Fehler, sondern ein Stilmittel, weil es Original und Ursprung in ihr nicht mehr gibt. An deren Stelle ist die endlose Folge der Versionen, Interpretationen, Adaptionen und Verkörperungen getreten«, schreibt Schneider: »Ihre Roots sind eigentlich Luftwurzeln, die ihre Nahrung nicht mehr aus dem Boden ziehen müssen.«[19]

In der englischsprachigen Beatmusik entstand also zum ersten Mal in Deutschland überhaupt so etwas wie eine eigenständige Popkultur, weil etwas Eigenes im Pop nur aus der (Fehl-)Aneignung von etwas Fremdem entstehen kann. Denn nur dann lässt dieses neu entstandene Eigene sich dazu nutzen, die eigene Fremdheit innerhalb der restlichen Kultur auszudrücken. Darin – und nicht in den rebellischen Gesten, den langen Haaren oder der »Gammler«-artigen Gesamtinszenierung – muss man den politisch-subversiven Gehalt der Beatmusik in den 60ern suchen: Sie präsentierte sich als Kultur ohne Ursprung. Sie kappte die Verbindungslinien zu allem, was man bis dahin »deutsche Kultur« genannt hatte. Aber nicht einfach indem sie die deutsche Sprache durch die englische ersetzte, sondern indem sie sich als Kultur aus einem kommenden Zeitalter präsentierte, in dem es keine nationalen Kulturen mehr geben würde. Beatmusik war Musik, die aus der Zukunft kommt. Darum stieß sie bei all jenen auf Unverständnis, denen es in der Kultur vor allem ums Traditionelle und um Bewahrung ging. Diese Menschen fanden sich, wie wir in den folgenden Kapiteln sehen werden, nicht nur auf der rechten, sondern auch auf der linken Seite des politischen Spektrums.

6 »GIVE DEUTSCH A CHANCE«

Protest muss verständlich sein – Liedermacher und Rocker entdecken das Deutsche wieder

In der zweiten Hälfte der 1960er-Jahre wurde Beatmusik zum Soundtrack jugendlicher Rebellion und Englisch zu ihrer Sprache. Gleichzeitig formierte sich das, was man später als Studentenbewegung oder 68er-Bewegung bezeichnen sollte. Das hieß aber nicht, dass die Beatmusik auch zum Soundtrack dieser Bewegung wurde. Vonseiten der politischen Linken gab es starke Vorbehalte gegen alles Englischsprachige und Amerikanische, denn sie nahm die USA vor allem als Hegemonialmacht wahr und deren Kultur als imperialistisch. Es war auch nicht so, dass die englischsprachige Musik – ob aus den USA, Großbritannien oder Deutschland – die deutschen Hitparaden dominiert hätte. Das erfolgreichste Lied des Jahres 1968 wurde auf Deutsch gesungen, von einem Künstler mit starkem Akzent – und es hörte sich gerade so an, als ob es aus dem Jahr 1952 stammte.

Heintje: Schlager für Spießer und Revoluzzer

»Mama« hieß dieser Hit, und sein Interpret war der damals gerade zwölfjährige Hendrik »Hein« Simons aus dem niederländischen Bleijerheide, der unter dem Namen Heintje auftrat. Er sang mit glockenheller, noch durch keinen Stimmbruch beschädigter Knabenstimme und in einem Deutsch, dem man die Anstrengung eines beflissenen Fremdsprachenschülers anhörte. Sein Lied diente dem Lobpreis und Trost seiner Mutter:

»Mama / Du sollst doch nicht um deinen Jungen weinen / Mama / Einst wird das Schicksal wieder uns vereinen / Ich wird [sic!] es nie vergessen / Was ich an dir hab' besessen / Dass es auf Erden nur Eine gibt / Die mich so heiß hat geliebt / Mama.« Die im Lied besungene Mutter ist offenbar traurig, weil ihr erwachsener Junge in die Welt hinauszieht – und er tröstet sie mit dem Versprechen, dass er sie niemals vergessen und eines Tages zu ihr zurückkehren werde. Der Schlager stammt im italienischen Original aus dem Jahr 1938 und wurde zuvor auch in Deutschland schon mehrfach interpretiert. Dass er gerade 1968 einen so enormen Erfolg hatte, kann als Ausdruck von Nostalgie gedeutet werden: Er zeigt die Sehnsucht nach einer Zeit, in der es den inzwischen offensichtlichen Riss zwischen den Generationen noch nicht gegeben hatte; nach einer Zeit, in der sich die Jugendlichen mit ihrer Musik, ihrem Verhalten und ihren politischen Ansichten noch nicht so offensiv von ihren Eltern abgewandt hatten, sondern ihnen noch Dankbarkeit, Wertschätzung und Respekt entgegenbrachten. »Mama / Ich werd es nie vergessen / Was ich an dir hab' besessen.«

Im Dezember des Jahres 1968 erhielt Heintje für »Mama«, das dazugehörige Album »Heintje« und eine Weihnachtsplatte zehn Goldene Schallplatten auf einmal. Insgesamt vier Millionen Platten wurden in diesem Jahr verkauft, und das nicht nur an konservative Spießbürger und -bürgerinnen. Der Politologe Wolfgang Kraushaar erinnerte sich 2016 in einem Interview mit der Zeitschrift *Mittelweg 36* an die musikalischen Vorlieben der prominentesten Studentenführer: »Wenn Hans-Jürgen Krahl, den die Presse damals zum ›einäugigen Revoluzzer‹ stilisiert und zum Vordenker der 68er-Revolte gemacht hatte, in Frankfurt in eine bestimmte Kneipe kam, in der eine Jukebox stand, dann hat der stets ein und denselben Song ausgewählt, nämlich ›Mama‹ von Heintje. Darauf war er abonniert, diese

Schnulze wollte er hören und sonst nichts.«[20] Tatsächlich seien die Wortführer der 68er in Deutschland ausgesprochen unmusikalisch gewesen, so Kraushaar weiter: »Rudi Dutschke hatte null Interesse an Popmusik, der hatte auch null Interesse an Rockmusik. Für ihn gab es nichts anderes als die Lieder der Arbeiterbewegung.« So etwas wie ein »Sound der Revolte« sei in seinem Kopf und seinem Habitus überhaupt nicht vorgekommen, »dafür gab es keinen Ort«.[21]

Von Dieter Süverkrüp bis *Floh de Cologne:* Der Soundtrack der 68er

Es gab aber durchaus einen »musikalischen Arm« der politischen Rebellion, der am Ende des Jahrzehnts programmatisch und strukturell eng mit der 68er-Bewegung verbunden war. Es handelte sich um die politischen Liedermacher, die seit Anfang der 60er-Jahre auf den Festivals »Chansons Folklore International« zusammentrafen, organisiert von dem Musiker und Volksliedforscher Peter Rohland in der Ruine der Burg Waldeck im Hunsrück. Hier versuchten junge (fast ausschließlich männliche) Songschreiber und Sänger wie Franz Josef Degenhardt, Reinhard Mey und Hannes Wader, die Tradition des Protestlieds aus der demokratischen nationalen Freiheitsbewegung des 19. Jahrhunderts in die Gegenwart zu überführen. Sie beklagten wie Degenhardt in »Spiel nicht mit den Schmuddelkindern« die Ungerechtigkeiten der Klassengesellschaft oder machten sich – wie der ebenfalls auf der Burg Waldeck debütierende Dieter Süverkrüp – über den deutschen Spießbürger und dessen paranoide Vorbehalte gegen Linke und Kommunisten lustig. In seinem bekanntesten Stück »Erschröckliche Moritat vom Kryptokommunisten« beschrieb Süverkrüp 1967 den Tagesablauf eines klandestin operierenden Staatsfeinds:

»Wenn die Sonne bezeichnenderweise im Osten und rot hinter Wolken aufgeht / Ja das ist dann die Zeit, da er flach wie ein Tiger aus härenem Bette aufsteht! / Er wäscht sich nur ungern und blickt in den Spiegel mit seinem Mongolengesicht / Er putzt sich die Zähne mit Branntwein und trinkt einen Wodka, mehr frühstückt er nicht!« Süverkrüp versah seine Sprache gern mit einer altertümlichen Aura, um sich in die Tradition aufklärender Bänkelsänger zu stellen und sich zugleich vom neueren US-amerikanischen Singer-Songwritertum abzugrenzen: Er sang »Erschröckliches« und von »härenem« – also aus grober Faser gewirktem – Stoff, zugleich gefiel er sich in Wortspielen, die die Jugendsprache der Gegenwart aufgriffen. Der Kommunist trägt »Unterwanderstiefel«, betreibt ein »illegales Untertagwerk« und »sieht immer agitpropper aus«, heißt es etwa in der »Erschröcklichen Moritat vom Kryptokommunisten«.

Süverkrüp war aktives Mitglied der Deutschen Kommunistischen Partei, und viele seiner Lieder dienten der Selbstvergewisserung seines Milieus im Widerstand gegen eine als paranoid und feindlich empfundene Gesellschaft. Er wollte aber auch über sein unmittelbares Umfeld hinaus wirksam sein, die Gesellschaft aufklären und agitieren, etwa mit dem Album »Vietnam«, das er 1968 mit der Kölner Rockband *Floh de Cologne* aufnahm. Dabei handelte es sich um eine Art Rock-Musical, in dem wechselnde Chöre über das Leid der vietnamesischen Bevölkerung und die Gräueltaten der US-amerikanischen Soldaten sprachen und sangen. Die musikalische Untermalung bestand teils in dissonantem Geschepper, teils in lieblichen, an Barockmusik erinnernden Melodien, zu denen die Musiker und Musikerinnen den Wahnsinn des Krieges zuerst aufzählten, um danach in irres Gelächter auszubrechen: »160.000 Tote, 700.000 Gefolterte und Verstümmelte, 460.000 Gefangene, 3.000 wurde der Bauch aufgeschlitzt, 4.000 lebend verbrannt. In der Provinz Kiên Giang wurden sieben Bauern auf dem Marktplatz getötet [hämisches Gelächter]. Man öffnet ihnen den Leib, wirft ihnen die Herzen heraus und wirft sie auf die Straße [noch lauteres, irres Gelächter]. Frauen und Kinder erleiden das gleiche Schicksal.«

Das Publikum sollte mit schockierenden Gewaltbildern und zugleich mit seiner eigenen Untätigkeit angesichts der Gräuel des Krieges konfrontiert werden. Wer all das wusste, was Süverkrüp und *Floh de Cologne* berichteten, und sich dennoch untätig zurücklehnte, verhielt sich – so der Tenor des Stücks – nicht anders als die Insassen einer Heilanstalt, die sich vor der Realität in die eigenen Wahnvorstellungen zurückzogen. Das »Vietnam«-Album zielte also auf das Wecken von Gefühlen ab, die in der deutschsprachigen Popmusik bis dahin nicht vorgekommen waren: Gefühle des Entsetzens, aber auch der eigenen Schuldhaftigkeit und der daraus resultierenden Scham. Gleichzeitig wurde an die Vernunft der Hörerinnen und Hörer appelliert: Wer vernünftig sei, könne gar nicht anders, als gegen die im Stück beschriebenen Zustände aufzubegehren. »Emotionen sind natürlich nicht grundsätzlich verwerflich«, erläuterte Dieter Süverkrüp in einem langen Text auf der Rückseite des Albums seinen ästhetisch-politischen Ansatz. »Aus der dialektischen Synthese von Emotion und kritischer Rationalität ergibt sich im Prinzip das, was man Vernunft nennt. Gerade deswegen bedienen wir uns bei der Agitation künstlerischer Mittel; Emotionen sollen mit der Vernunft verbündet werden.«

Floh de Cologne, Süverkrüps Mitstreiter bei diesem Album, hatten sich 1966 in Köln zunächst als Studentenkabarett gegründet. Ihre ersten Programme hießen »Vor Gebrauch Kopf schütteln«, »Tra-Ri-Tra-Ra, die Pest ist da« oder – im Sinne einer damals durchaus nicht unüblichen Gleichsetzung der Politik der USA mit NS-Deutschland: »simSAlabimbambaSAladUSAladim«. Wie Süverkrüp hatten auch *Floh de Cologne* sich der politischen Agitation verschrieben, was sie 1969 auch in einem Interview formulierten: »Musik ist bei uns Transportmittel für die Texte, mit denen wir agitieren wollen.«[22] Weit stärker als Süverkrup wollte die Band diese Aufklärungsarbeit aber nicht nur unter den politisch schon überzeugten inneren Kadern der DKP leisten, sondern ihre Überzeugungen in der ganzen Arbeiterklasse verbreiten und dort insbesondere Jugendliche und Lehrlinge ansprechen. Folgerichtig führten sie ihre Shows in Jugendzentren und Fabrikkantinen auf. Auf ihrem ersten Album »Fließbandbabys Beat-Show« aus dem Jahr 1970 widmeten sie sich ausdrücklich den Sorgen und Nöten der jungen Fabrikarbeiterinnen und -arbeiter. In dem Lied »Sei ruhig, Fließbandbaby« nahm der Sänger Markus Schmidt die Rolle eines verschüchterten, sich nach Freiheit sehnenden Lehrlings ein. Sein Widerpart, der stets akkurat frisiert und mit Brille auftretende Dieter Klemm, war hingegen die Stimme der entfremdenden Gesellschaft, des autoritären Charakters. Fließbandbaby singt: »Lieben tut man, so lange man jung ist. Später heiratet man. Ich will aber nicht immer nur gehorchen.« Der autoritäre Charakter antwortet: »Sei ruhig, Fließbandbaby. Heiraten!« Und wieder Fließbandbaby: »Ich will aber nicht immer das Gleiche tun.« Autoritärer Charakter: »Sei ruhig, Fließbandbaby. Familie gründen!« – »Ich will aber nicht immer arbeiten gehen und Haushalt machen.« – »Sei ruhig, Fließbandbaby. Auto kaufen!« – »Ich will aber nicht immer Kinder kriegen, arbeiten und Haushalt machen.« – »Sei ruhig, Fließbandbaby. Haus bauen!« – »Ich will aber nicht total verblöden.« – »Sei ruhig, Fließbandbaby. Fernsehen!«

So verbanden *Floh de Cologne* die Mittel der Popmusik mit jenen des Theaters und Kabaretts. Sie waren wahrscheinlich die erste deutschsprachige Rockgruppe, die in ihren Liedern und Texten Rollen unterschiedlicher Charaktere einnahm. Bis dahin hatte die Popmusik vor allem die Ich-Perspektive gepflegt: Man sollte stets glauben, dass die Sängerinnen und Sänger sich mit dem identifizierten, was sie musikalisch vortrugen, und dass ihre Lieder – wie bei Freddy Quinn – ein Spiegel der eigenen Biografie waren. Bei *Floh de Cologne* war das anders: Sie schlüpften in Rollen, die erkennbar nicht ihrer eigenen Überzeugung entsprachen. Sie durchsetzten ihre Musik und ihre Shows mit Zitaten aus Zeitungsartikeln, Kommentaren aus der »Tagesschau«, mit O-Tönen aus Interviews mit unglücklichen Jugendlichen sowie mit Sprüchen und Tönen aus der Welt der »kapitalistisch entfremdeten« Reklame. Das ästhetische Prinzip, dem sie folgten, war die Ende der 60er-Jahre auch im Theater und in der Literatur sehr beliebte Montage nach dem Vorbild Bertolt Brechts oder des Filmemachers Sergej Eisenstein. Damit entwarf die Band komplexe und innerlich zerrissene Bilder der Welt.

In gewisser Weise war der Umgang von *Floh de Cologne* mit der deutschen Sprache dem der Beatgruppen der späten 60er-Jahre nicht unähnlich: Sie sangen aus einer Position der Distanzierung heraus, gingen aber nicht so weit, dass sie vom Deutschen ins Englische wechselten. Ihnen ging es vor allem darum, von den »einfachen Leuten«, die des Englischen nicht hinreichend mächtig waren, verstanden zu werden. Insofern waren *Floh de Cologne* die erste Band, die sich von der deutschen Popmusik der Nachkriegsjahrzehnte offensiv distanzierte und trotzdem auf Deutsch sang. Sie waren somit im wahrsten Sinne des Wortes die erste Deutschrock-Band – eine Stilrichtung, die sich in den folgenden Jahrzehnten etablieren sollte. Doch blieben der Erfolg und Einfluss von *Floh de Cologne* begrenzt, auch weil sie sich konsequent allen kulturindustriellen Verwertungsmechanismen verweigerten.

Ihre Kinder: Deutsche Poetik zu Bluesrhythmen

Die erste Band, der es an der Wende zu den 1970er-Jahren gelang, mit deutschen, politischen Texten ein jugendliches Massenpublikum zu erreichen, waren *Ihre Kinder* aus Nürnberg. Auf ihrem zweiten Album »Leere Hände« (dem ersten, das bei einer richtigen Plattenfirma erschien, dem damals neu gegründeten »Kuckuck Label«) sangen sie über den »Südafrika Apartheid Express«, aber auch über die Entfremdungsgefühle, die schon *Floh de Cologne* bearbeitet hatten. Doch taten sie dies in deutlich weniger scharfer, man könnte auch sagen poetischer Weise: »Wohin ich mich wende / Ihr habt leere Hände für mich / Ich finde keine Tür / Und niemand will mich hier«, heißt es im Titelstück ihres Albums. Das lyrische Ich ist ein frisch entlassener Gefängnisinsasse: »Die Nacht ist seltsam kalt / Ich finde keinen Halt / Und das Gefängnistor / Erinnert mich ziemlich an gestern.« Die Musik von *Ihre Kinder* orientierte sich am englischsprachigen Rock und Blues jener Jahre; von den Lesern der Zeitschrift *Musikexpress* wurden sie 1970 zur »besten deutschen Blues-Band« gewählt. Ein Fernsehauftritt in der Sendung »Wünsch Dir was« verschaffte ihnen eine Öffentlichkeit, die weit über die Reichweite der politischen Liedermacher hinausging. Für ein Publikum, dem das Singen auf Deutsch mittlerweile als uncool und gestrig galt, wurden *Ihre Kinder* zum Beweis, dass man auch in dieser Sprache authentisch, gefühlvoll und politisch bewusst formulieren konnte. Die Teenie-Zeitschrift *Pop* appellierte an ihre Leserinnen und Leser: »Give Deutsch a Chance, auch wenn's anfangs schwerfällt – im Falle *Ihre Kinder* werdet ihr sicher nicht enttäuscht werden.«[23]

Die Karriere von *Ihre Kinder* war jedoch kurz. Die Band begann schon 1971 zu zerfallen, als ihr Sänger Sonny Hennig ein Soloalbum mit dem Titel »Tränengas« aufnahm. Dieses orientierte sich an den »13 unerwünschten Reportagen«, mit denen Günter Wallraff kurz zuvor als Autor kritischer Sozialreportagen debütiert hatte.[24] Vor allem das Plattencover, auf dem hungernde Menschen, Kriegsopfer, Nazi-Größen, zeitgenössische Politiker und der Papst ineinander montiert waren, sorgte für Aufsehen. Später reüssierende Deutschrocker wie Udo Lindenberg würdigten den Einfluss von *Ihre Kinder* als Pioniere der deutschen Sprache im Rock. In der zeitgenössischen Linken, auf die sie abzielten, blieb ihr Einfluss gleichwohl begrenzt. Insbesondere die nach dem Zerfall der Studentenbewegung entstehenden K-Gruppen lehnten jeden Bezug auf die US-amerikanisch geprägte Popkultur wieder kategorisch ab, da diese unter dem Totalverdacht der Massenverdummung stand. Im Kampf gegen den US-amerikanischen Imperialismus sollte die »Avantgarde des Proletariats« sich von jeglichen »Happiness-Pop-Feten« fernhalten – so die Formulierung in einem Flugblatt, mit dem die »Kommunistische Studentengruppe/ML (KSG/ML) Marburg« 1972 gegen eine Kulturveranstaltung der DKP agitierte, bei der »zwei Beatgruppen« auftreten sollten. Solche »Feten« hätten – so der Verdacht – nichts anderes im Sinn, als »im Dienste des Imperialismus die Jugendlichen zu individualisieren und in eine betrügerische Traumwelt vom kleinen Glück zu schicken«.

7 »SINGT FÜR ALLE, DIE ALLES WAGEN«

Die Beatmusik in der DDR der 1960er- und 70er-Jahre

Die Vorbehalte gegenüber der »imperialistischen Kultur« aus den USA und Großbritannien und die mit dieser verbundenen englischsprachigen Musik teilten die westdeutschen Kommunisten mit der sozialistischen Staatsführung der DDR. Nachdem am 13. August 1961 die Berliner Mauer errichtet worden war, verliefen die popmusikalischen Entwicklungen in der Bundesrepublik und der DDR getrennt voneinander. Zunächst hörte man allerdings auch in der DDR noch die englischsprachigen Folk-, Beat- und Rockkünstler der 60er-Jahre; bei dem staatseigenen Amiga-Label gab es sogar Lizenzpressungen von den *Beatles* (1965), Ray Charles (1966) und Bob Dylan (1967). Und in der ersten Hälfte des Jahrzehnts formierten sich mit Duldung der SED-Kulturpolitik zahlreiche Beatbands, die ihren Vorbildern aus dem kapitalistischen Ausland nacheiferten – wie etwa die *Sputniks* aus Ost-Berlin, die als »Beatles des Ostens« galten. Sie spielten eine am kalifornischen Surfrock orientierte Musik; meist beließen sie es dabei bei Instrumentalstücken. Gegründet wurden sie unter dem Namen *Telstars*, aber weil sich die zuständigen Kulturfunktionäre an dem Namen – nach dem ersten US-amerikanischen Kommunikationssatelliten – störten, benannten sie sich in *Sputniks* um.

Ruth Brandin, *Sputniks* und *The Butlers*: Zwischen Liberalität und Verbot

1964 veröffentlichten sie gemeinsam mit der Sängerin Ruth Brandin die Single »Mich hat noch keiner beim Twist geküsst.« In der ersten Strophe hieß es: »Mama, Papa und Onkel Hans / Können Twist nicht leiden / Warum jedoch soll ich beim Tanz / Jeden Twist vermeiden?« Und der Refrain lautete: »Mich hat noch keiner, nicht einer, beim Twist geküsst / Weil das sehr schwierig ist, beim Twist / Mich hat noch keiner, nicht einer, beim Twist geküsst […] / So ungefährlich, ganz ehrlich, ist nur der Twist / Ich hab' noch nie geküsst beim Twist.« Hier wurde also ganz unverblümt mit der Ablehnung der neuen Jugendtänze durch die Elterngeneration und auf einer zweiten, verklausulierten Ebene durch die staatliche Kulturpolitik gespielt. Diese Ablehnung ironisierte Brandin im Refrain durch die Beteuerung, dass gerade der Twist in Fragen der sexuellen Kontaktaufnahme ganz unbedenklich, geradezu züchtig sei. Tatsächlich handelte es sich beim Twist, der Anfang der 60er-Jahre populär wurde, um den ersten Tanzstil, bei dem sich die Tanzenden nicht mehr berührten. Im selben Jahr erschien das erste und letzte Album von Ruth Brandin: »Teenager-Party mit Ruth« – bemerkenswert deswegen, weil hier der englische Begriff des Teenagers erstmals in einer DDR-Produktion erschien.

Auch die neben den *Sputniks* zweite populäre Beatband der frühen 60er-Jahre musste ihren Namen ändern: *The Butlers* traten offiziell nur als die *Butlers* auf, da der Artikel *the* den Behörden zu englisch war. Die *Butlers* wurden 1964 in Leipzig von Klaus Renft gegründet, der seine musikalische Karriere schon 1958 als Schüler mit einer Rock-'n'-Roll-Band namens *Klaus Renft Quintett* begonnen hatte, mit der er unter anderem Fats Domino, Jerry Lee Lewis und Little Richard mit Originaltexten coverte. Anfang der 60er erhielt die Band Auftrittsverbot, doch mit den neu gegründeten *Butlers* genoss Renft zunächst das Wohlwollen der Staatsmacht. 1964 war die SED-Kulturpolitik kurzzeitig zu einer liberaleren Haltung und einer Öffnung nach Westen bereit, unter anderem, weil die FDJ in diesem Jahr zum ersten Mal nach dem Mauerbau zum gesamtdeutschen »Deutschlandtreffen der Jugend« nach Ostberlin einlud. Hier traten die *Butlers* auf und spielten vor allem englischsprachige Coverversionen, etwa von den *Rolling Stones* und den *Animals*, aber auch eigene Instrumentalstücke wie »Herbstlaub« und »Butlers Boogie«. Letztere fanden sich dann auch 1965 auf dem »Big Beat II«-Sampler des Amiga-Labels wieder, neben Stücken der *Sputniks* und zweier anderer ostdeutscher Beatbands, dem *Franke-Echo-Quintett* und der *Theo-Schumann-Combo*.

Im selben Jahr änderte sich die Haltung der SED gegenüber der Beatmusik jedoch fundamental. Anfang des Jahres hatte die FDJ die Beatmusik noch als »progressive Erscheinung der Tanzmusikentwicklung« gelobt. Wenig später rügte dies jedoch Erich Honecker, damals Sekretär für Sicherheitsfragen des ZK der SED, als »fehlerhafte Beurteilung«. Es werde »übersehen, dass der Gegner diese Art Musik ausnutzt, um durch die Übersteigerung der Beat-Rhythmen Jugendliche zu Exzessen aufzuputschen. Der schädliche Einfluss solcher Musik auf das Denken und Handeln wurde grob unterschätzt [...] eine hektische, aufpeitschende Musik, die die moralische Zersetzung der Jugend begünstigt«.[25] Im Oktober 1965 wurde die »Anordnung Nr. 2 über die Ausübung von Tanz- und Unterhaltungsmusik« erlassen, und im folgenden Monat wurden die *Butlers* und zahlreiche andere Beatbands verboten.[26] Im Dezember schließlich besiegelte der Staatsratsvorsitzende Walter Ulbricht das vorläufige Ende der Beatbands im Rahmen einer Rede vor dem XI. Plenum des ZK der SED mit dem bis heute gern zitierten Diktum:

»Ist es denn wirklich so, dass wir jeden Dreck, der von Westen kommt, nu kopieren müssen? Ich denke, Genossen, mit der Monotonie des Je, Je, Je und wie das alles heißt, sollte man doch Schluss machen.«[27]

Scirocco, Puhdys, Klaus Renft Combo: Harmloser Rock und »antisozialistische« Musik

Doch schon 1967 wurde die Kulturpolitik in der DDR wieder liberaler. Von 1969 bis 1972 wurde sogar eine regelmäßige Fernsehsendung mit ostdeutschen Beatbands ausgestrahlt: die »Notenbank«. Die Bands, die hier auftraten, orientierten sich wiederum an westlichen Vorbildern, inzwischen auch oft schon am härteren Rocksound der späten 60er- und frühen 70er-Jahre, etwa von *Vanilla Fudge*, *Deep Purple* und *Led Zeppelin*. Allerdings sangen sie durchweg deutsch, alles Englische blieb verboten, und die Texte waren meist von ostentativer Harmlosigkeit. So trat beispielsweise die Gruppe *Scirocco* auf, die seit 1964 unter vier verschiedenen Namen bereits viermal wegen »Verbreitung westlichen Kulturgutes und antisozialistischer Musik« verboten worden war. Nunmehr beschränkte sie sich auf unverfängliche Liebeslieder. In dem Stück »Sagen meine Tanten«, das *Scirocco* in der »Notenbank«-Sendung darbot, lautete die erste Strophe etwa: »Ich hab Dich lieb, dies Wort erklärt genug / Du bist sehr schön und außerdem noch klug / Und mir gefällt viel mehr als nur dein Haar / Ich hab' Dich lieb, seit einem ganzen Jahr.« Auch die später bekannteste Band der DDR hatte hier ihren ersten Auftritt vor einer größeren Öffentlichkeit. Die *Puhdys* hatten bis dahin nur Coverversionen englischsprachiger Lieder gespielt; für »Die Notenbank« schrieben sie ihr erstes Stück auf Deutsch: »Türen öffnen sich zur Stadt.« Den Text konnte man durchaus auch als verklausulierte Sehnsucht nach dem Ausbruch aus den engen Verhältnissen in der DDR verstehen. Zu grimmig wirkenden, verzerrten Gitarrenakkorden sangen sie: »Türen öffnen sich zur Stadt / Wo es tausend Straßen hat / Nicht jede ist leicht zu spazier'n / Jede wird Dich ein Stück vorwärts führ'n / Tiefer ins Leben hinein.«

In der »Notenbank« spielten durchweg neu gegründete Beatbands. Von jenen, die in der ersten Hälfte der 60er-Jahre reüssiert hatten, waren nach der Verbotswelle 1965 keine übrig geblieben. Auch die *Butlers* vereinten sich erst nach dem Ende der DDR im Jahr 1992 wieder – nunmehr unter dem ursprünglichen Namen *The Butlers*, nun aber ohne Klaus Renft, der sie einst begründet hatte. Renft nutzte die Phase der Liberalisierung ab 1967 zur Wiederbelebung seines *Klaus Renft Quintetts* unter dem Namen *Klaus Renft Combo*. Das Auftrittsverbot für ihn wurde aufgehoben, und bis Mitte der 70er-Jahre konnte er diverse Singles und Alben aufnehmen, wobei vor allem der regimekritische Liedermacher Gerulf Pannach die Texte verfasste. 1973 erschien das erste Album der *Klaus Renft Combo*, und schon im von Pannach getexteten Eröffnungsstück »Ketten werden knapper« wurde in kaum verhohlener Weise Kritik an der sozialistischen Diktatur geübt. »Singt für alle, die alles wagen / Für die Leute in jedem Land / Die gemeinsam den Erdenball tragen / Dass kein Mensch mehr noch steht am Rand«, lautete die erste Strophe, und im Refrain hieß es dann: »Ketten werden knapper / Und brechen sowieso / Wie junger Rhabarber / Wie trockenes Stroh / An der Hand des Riesen / Der tausend Nasen hat / Der braucht nur zu niesen / Und wendet das Blatt.« Die »Leute, die alles wagen« wurden in den folgenden Strophen als »jene in Vietnam« und »jene in Griechenland« identifiziert, also als Menschen, die sich ganz im Sinne der Politik der DDR gegen den US-amerikanischen Imperialismus oder gegen eine rechte Militärdiktatur wehrten. Doch brauchte es nur wenig Fantasie, um die »knapper werdenden Ketten« auch als Symbol des Aufbegehrens gegen die sozialistische Diktatur zu interpretieren.

In der »Rockballade vom kleinen Otto«, die 1975 erschien, wurde dann sogar Republikflucht zum Thema. Der kleine Otto ist in einem Land aufgewachsen, das den Menschen jede Selbstbestimmung verweigert. So heißt es in der ersten Strophe: »Seine Kinderjahre / Lagen ihm im Magen / Wie Steine, doch er weint nicht mehr / Manchmal sagte Otto / Leben ist wie Lotto / Doch die Kreuze macht ein Funktionär!« Der Refrain lautete: »Ob ich nach Norden / Ob ich nach Norden / Ob ich nach Norden flieh?« Dass die Flucht nicht in den Westen gehen sollte, sondern eben in den Norden, war die einzige Form sprachlicher Kaschierung, die das ebenfalls von Gerulf Pannach getextete Lied vornahm. Allerdings wurde der Norden in einer späteren Strophe mit der Stadt Hamburg identifiziert: »Als er mal ein Foto / Sah vom großen Otto / Aus Hamburg an der Reeperbahn / Schrieb dem Namensvetter / Er: Du bist mein Retter / Der mir die Freiheit kaufen kann!« Und damit nicht genug der Provokation: Ausgerechnet Otto von Bismarck, dessen Statue auf Hamburg-St. Pauli im Alten Elbpark steht, dient in diesem Stück als Symbol der Freiheit. In der offiziellen Geschichtsschreibung der DDR galt der erste Reichskanzler aber als Vertreter der politischen Reaktion: Nach der Staatsgründung wurden sämtliche Bismarck-Straßen umbenannt und 1958 auch sein Geburtshaus in Schönhausen an der Elbe gesprengt. Bei der *Klaus Renft Combo* diente er nun als Symbol des Fernwehs, wie in den Schlagern der 50er-Jahre, aber nun nicht in exotische Ferne gerichtet, sondern auf das eigentlich so nahe Westdeutschland. Mit einem Hans-Albers-Zitat hieß es: »Nimm mich mit oh Kapitän / Auf die Reise! / Nimm mich mit oh Kapitän / Durch die Schleuse!« Noch im selben Jahr wurde die *Klaus Renft Combo* verboten.

Gerulf Pannach und den Gitarristen Christian Kunert verhaftete man wegen »staatsfeindlicher Hetze« und schob sie schließlich 1977 in die Bundesrepublik ab; Klaus Renft war schon 1976 dorthin übergesiedelt.[28]

Nina Hagen: Schlagerqueen und Punkpionierin

Zur selben Zeit verließ auch Nina Hagen die DDR. Sie hatte in der ersten Hälfte der 1970er-Jahre zu den bekanntesten Schlagersängerinnen des Landes gehört. Mit der Gruppe *Automobil* war der gerade 19-Jährigen im Jahr 1974 einer der größten Hits des Jahrzehnts gelungen: »Du hast den Farbfilm vergessen«, getextet von Kurt Demmler. In dem Lied wird ein Ostsee-Urlaub am »Strand von Hiddensee« beschrieben. Die Sängerin beschwert sich im Refrain bei dem sie begleitenden Mann darüber, dass er den Farbfilm vergessen habe und es also nur Schwarzweißbilder von dieser Reise gebe: »Du hast den Farbfilm vergessen, mein Michael / Nun glaubt uns kein Mensch, wie schön's hier war haha, haha / Du hast den Farbfilm vergessen, bei meiner Seel' / Alles blau und weiß und grün und später nicht mehr wahr.« Die Sängerin selbst bezeichnete diesen Text später als Kritik an der DDR-typischen Mangelwirtschaft. In ihrer Autobiografie »Bekenntnisse« heißt es: »Es ist Schlager durch Zerstörung von Schlager. Der Farbfilm atmet im Hintergrund das giftige Grau von Bitterfeld und die Tristesse von Leipzig; es spiegelt die Trostlosigkeit der Arbeitswelten zwischen Akkordschraube und Herumlungern an kaputten Maschinen; es spielt im Milieu einer irren Sehnsucht danach, dieser Schwarzweißwelt zu entfliehen, hin zu Orten voll Farbe und Licht.«[29]

Aufmerksamkeit erhielt das Lied noch einmal fast 50 Jahre nach seiner ersten Veröffentlichung, als es sich die scheidende Bundeskanzlerin Angela Merkel zu ihrem Zapfenstreich im Dezember 2021 wünschte. Von vielen Kommentatoren und Kommentatorinnen wurde die Wahl als respektable Reminiszenz an Merkels ostdeutsche Herkunft gewertet. »Sie hat nicht vergessen, woher sie kommt«, schrieb etwa Martin Machowecz in der *Zeit*. Sie sende damit ein Zeichen, dass sie immer noch »eine von 16 Millionen« ist, eine »Bürgerin aus dem Osten« im Kanzleramt.[30] Nina Hagen zeigte sich eher irritiert: »Das ist ein Song mit Text von Kurt Demmler, und dass jedoch der Kurt Demmler ein DDR-›Staatsdichter‹ mit Sonderprivilegien war und später ein wegen systematischem Kindesmissbrauchs verurteilter Sexualstraftäter, der im Gefängnis Selbstmord beging, wird ihr hoffentlich bekannt sein«, schrieb sie auf ihrer Facebook-Seite.[31] Im Zusammenhang mit dem Zapfenstreich Angela Merkels flammte auch eine ältere Debatte noch einmal auf – ob nämlich die ersten Zeilen des Lieds nicht als Beschreibung einer Vergewaltigung interpretiert werden müssten: »Hoch stand der Sanddorn am Strand von Hiddensee / Micha, mein Micha, und alles tat so weh / Dass die Kaninchen scheu schauten aus dem Bau / So laut entlud sich mein Leid in's Himmelblau / So böse stampfte mein nackter Fuß den Sand / Und schlug ich von meiner Schulter deine Hand / Micha, mein Micha, und alles tat so weh / Tu das noch einmal Micha, und ich geh.« Zu dieser Interpretation hat sich Nina Hagen jedoch weder in ihrer Autobiografie noch an anderer Stelle geäußert.

Zwei Jahre nach dem »Farbfilm«-Erfolg verließ Nina Hagen 1976 die DDR. Sie hatte wie viele regimekritische Künstler und Künstlerinnen eine Petition gegen die Ausbürgerung ihres Stiefvaters Wolf Biermann verfasst und war dadurch zur »Unperson« geworden. Über Westberlin ging sie zunächst nach London, wo sie mit der 1976 gegründeten ersten ausschließlich aus Frauen bestehenden Punkband *The Slits* musizierte. Gemeinsam mit deren Sängerin Ari Up verfasste sie das Lied »Pank«, das sich dann auch auf dem ersten Album der *Nina Hagen Band* fand, die sie 1977 – zurück in Berlin – mit den männlichen Musikern der Band *Lokomotive Kreuzberg* gründete. »Ich schenk' dir keine Kinder zum Zeitvertreib / Leg' mir lieber Puder, Kamm und Lippenstift bereit«, heißt es darin: »Dann geh' ich mit Frau Holle auf'n Strich / Kurz gesagt, du bist mir einfach widerlich / Ich bin nicht deine Fickmaschine / Spritz, spritz / Das is'n Witz / Schätzchen, wir müssen auseinandergehen / Ciao, ciao / Du alte Sau / G-G-G-Get it?« Diese offensive Bekundung feministischer Souveränität war selbst in der Bundesrepublik, die musikalisch und subkulturell weiter fortgeschritten schien als die DDR, absolut unerhört und ging über alles hinaus, was die aus der westdeutschen Frauenbewegung hervorkommenden Musikerinnen jener Zeit texteten. Das galt insbesondere auch für das Lied »Unbeschreiblich weiblich«, das sich ebenfalls auf dem Album »Nina Hagen Band« fand. Darin beschreibt Nina Hagen erstmals in einem deutschsprachigen Songtext eine Abtreibung: »Ich war schwanger / Mir ging's zum Kotzen / Ich wollt's nicht haben, musste gar nicht erst nach fragen / Ick fress' Tabletten / Und überhaupt, Mann / Ich schaff' mir keine kleinen Kinder an / Nein, nein, nein / Warum soll ich meine Pflicht als Frau erfüll'n? [...] / Für dich nicht / Für mich nicht / Ich hab' keine Pflicht!«

Vielleicht war dies die erstaunlichste Wendung in der deutschsprachigen Popmusik der 70er-Jahre – dass die von Zensur und Unterdrückung geprägte Kultur der DDR eine Künstlerin hervorbrachte, die nach ihrer Übersiedelung in den Westen alle dort gängigen Ausdrucksformen von sexueller Rebellion übertraf. Eine ganze Generation von Künstlerinnen (und Künstlern) nahm sich Nina Hagen zum Vorbild. Man kann ihre Bedeutung für die feministische Politisierung der Popmusik gar nicht überschätzen.

8 »WIR SIND DIE ROBOTER«

Der Krautrock der 1970er-Jahre – futuristisch und kosmopolitisch

Englisch oder Deutsch – das wurde am Ende der 1960er-Jahre zu einer Art popkulturell-politischem Glaubenssatz. Es gab in dieser Zeit aber auch erste Versuche, dieser Polarität zu entkommen, indem man in anderen Sprachen sang oder in mehreren durcheinander, indem man sich aus dem Feld des traditionell verständlichen Gesangs hinausbewegte oder aber vollständig darauf verzichtete.

Amon Düül und *Amon Düül II*: Kollektivimprovisationen und Rocktraditionen

»Pater imon tois uranois / eltheto i vasileia su / os en urano ke epi tis gis / kai afes imin ta ofelimata imon«: So heißt es in einem Lied auf dem Debütalbum »Phallus Dei« der Münchener Band *Amon Düül II* aus dem Jahr 1969. Das Stück trägt den Titel »Kanaan«, und bei dem Text handelt es sich um Teile des »Vaterunser« in griechischer Sprache. Allerdings wurde er mit einem so starken deutschen Akzent vorgetragen und vom Spiel der Perkussion sowie der elektrischen Instrumente derart übertönt, dass man davon kaum etwas verstehen konnte. Das war auch bei anderen Stücken des Albums so. Das Titelstück »Phallus Dei« – auf Deutsch: der »Penis Gottes« – begann mit einer Gesangspassage, in der religiös oder spirituell klingende Phrasen aneinandergereiht waren: »Akabara now / Kalanemi then /

Seraphim choirs howl / Minotaurus ran.« Ein Kalanemi ist ein hinduistischer Dämon, Seraphim sind Engel der abrahamitischen Religionen, und der Minotaurus ist ein Stier-Mensch-Mischwesen aus der griechischen Mythologie. Was Akabara bedeutete, blieb das Geheimnis der Band, deren Name – *Amon Düül* – aus dem Namen eines ägyptischen Gottes (Amon) besteht sowie aus einem Wort, das die Mitglieder wahlweise als »türkischen Begriff für Mond«, als »türkischen Gott der Musik« oder als »frei erfundenes Nonsenswort« beschrieben. Wer will, kann darin aber auch das plattdeutsche Wort für Teufel, »Düvel«, erkennen.

Amon Düül II gehörten zu den Begründern einer musikalischen Tradition, die man später als »Krautrock« bezeichnen würde. Der Krautrock wollte sich in jeder Beziehung von allen bisherigen Spielarten der deutschen Popmusik absetzen. Der Bruch mit der Schlagermusik war unvermeidlich, weil diese als politisch und musikalisch entfremdet betrachtet wurde – und als kontaminiert. Man verband sie mit der Kultur des NS-Staates und deren Verdrängung in der westdeutschen Nachkriegsgesellschaft. Die Krautrocker wollten sich aber auch von den Beatbands absetzen, weil sie in diesen lediglich Epigonen einer angloamerikanischen Mainstream-Kultur sahen. Nicht zuletzt ging es auch um die Abgrenzung von den politischen Liedermachern, weil diese in ihrer Fixierung auf eindeutige Text- und Liedbotschaften ebenso unfrei schienen wie die Schlagermusik in ihrer Beschränkung auf Herz-Schmerz-Phrasen und konventionelle Songschemata.

Der Krautrock suchte nach einer Befreiung in jeder Hinsicht, insbesondere auch von traditionellen Songstrukturen – die man durch endlose Kollektivimprovisationen ersetzte. Darum veröffentlichten viele Krautrock-Bands ihre Musik von vornherein nicht als Singles, sondern als Alben, auf denen die jeweilige Songlänge stark variierte. So zog sich das Titelstück des *Amon-Düül-II*-Debüts »Phallus Dei« etwa über 20 Minuten hin und nahm die gesamte zweite Seite der Schallplatte ein.

Aber der Krautrock wollte auch die Sprache verändern – oder sogar zugunsten reiner Instrumentalmusik aufgeben. Die Lieder von Krautrock-Bands erzählten keine Geschichten mehr. Oft war der Text auf wenige Wörter beschränkt, die sich mantrahaft wiederholten. Teils wechselten die Texte zwischen verschiedenen Sprachen, und wenn auf Deutsch gesungen wurde, dann in einer Weise, die selbst für Muttersprachler kaum noch nachvollziehbar war. Auch auf »Phallus Dei« fanden sich zwei Stücke mit deutschem Text, allerdings waren sie durch den abwechselnd moritaten- und opernhaften Stil schwer zu verstehen. Eines war ein knapp zweiminütiges, mittelalterlich klingendes Lied, in dem die Sängerin Renate Knaup von sich selbst als »Henriette Krötenschwanz« sang – auf späteren Veröffentlichungen von *Amon Düül II* sollte sie dann auch als Renate Knaup-Krötenschwanz firmieren.

Amon Düül II gingen aus den kollektiven Musizierversuchen einer Münchner Kommune hervor: »Wir sind elf Erwachsene und zwei Kinder und haben uns entschlossen, alles gemeinsam zu machen, auch Musik«, so beschrieben die Mitglieder der Kommune 1967 ihren ästhetischen Ansatz. Und so klang die Musik zunächst auch: Ihre Gruppenimprovisationen waren chaotisch und bar jeder instrumentalen Virtuosität, sodass sie selbst bei den aufgeschlossenen Besuchern der Essener Songtage für Befremden sorgten. Dort gaben sie 1968 ihr erstes richtiges Konzert – neben politischen Liedermachen wie Dieter Süverkrüp und Franz Josef Degenhardt. Zu diesem Zeitpunkt hatten sich die Mitglieder der Kommune allerdings schon in zwei Fraktionen gespalten, *Amon Düül* und *Amon Düül II*. Während Erstere bei ihren offensiv dilettantischen Kollektivimprovisationen blieben und sich nach zwei Alben, »Amon Düül« und »Para Dieswärts Düül«, 1971 auflösten, verwandelten sich *Amon Düül II* allmählich in eine konventionelle Rockband, die sich allerdings musikalisch von den traditionellen Rocktraditionen zu entkoppeln suchte. Man griff auf arabische und indische Stilzitate und vor allem auf die improvisatorischen Spielweisen des Free Jazz jener Jahre zurück.

Guru Guru: Enthierarchisierung und Bewusstseinserweiterung

An den Free Jazz lehnte sich auch die Band *Guru Guru* an, die im Frühjahr 1968 zunächst unter dem Namen *The Guru Guru Groove* gegründet wurde. *Guru Guru* verstanden sich ausdrücklich als musikalischer Arm der 68er-Bewegung: sie spielten auf Protestveranstaltungen des Sozialistischen Deutschen Studentenbunds (SDS) oder kombinierten Konzerte mit politischen Lesungen. In ihren Texten fanden sich aber keine politischen Reflexionen oder Parolen. Den wahrhaft umstürzlerischen Charakter von *Guru Guru* sah ihr Bandleader und Schlagzeuger Mani Neumeier in ihrer Art des Musikmachens: »Bei uns gibt's keinen Führer mehr«, sagte er 1968 in einem Interview, man wolle den Leuten zeigen, dass es »möglich ist, frei zu kommunizieren«. Vor allem ging es der Band darum, »nicht autoritär« zu spielen: »Es gibt keinen Star, der auf einmal kommt, dann da ist, als Solist, als Meister.«

Die Gruppe war so versessen auf eine Enthierarchisierung und Entsubjektivierung ihrer Musik, dass sie sich bei manchen Konzerten hinter den Lautsprecherboxen verbarg, damit das Publikum sich noch besser auf den reinen »antörnenden Klang« konzentrieren konnte und dadurch auf sich selbst und die eigene Bewusstseinserweiterung fokussiert blieb. Der Inhalt spielte keine wesentliche Rolle – solange sich der Text klanglich und rhythmisch in die Kollektivimprovisationen fügte. In dem bekanntesten Stück von *Guru Guru*, »Der Elektrolurch« aus dem Jahr 1973, hieß es: »Gestatten, hier spricht der Elektrolurch / Ich wohne in der Lüsterklemme neben dem Hauptzähler / Ich sorge für Euren Saft! / Volt, Watt, Ampère, Ohm… / Ohne mich gibt's keinen Strom!« Das Subjekt dieser Erzählung war also kein lyrisches Ich, das etwas von sich erzählte, sondern vielmehr die Bedingung des Musizierens selbst. Was die Musik wirklich »zu sagen« hat, drückt sich nicht in Worten aus, wie wir in den folgenden Zeilen erfahren. »Was bedeutet eigendlich der Name Guru Guru? / Der Name Guru Guru ist zum Beispiel prähistorisch / Er soll, kann und zeigt aber nichts / Wieso macht Ihr eigentlich Musik? / Ebbes besseres als de Dod, kenne ma allemo finne!«

Can: Rituelle Klangereignisse

Die dritte prägende Band aus der Gründungsphase des Kraut rock waren *Can*; sie entstanden 1968 in Köln. Ihre Mitglieder kamen aus der Neuen Musik und dem Free Jazz, ihr Bassist Holger Czukay hatte beispielsweise im Rahmen der »Darmstädter Ferienkurse« bei dem Komponisten Karlheinz Stockhausen studiert. Sie alle waren ausgebildete Musiker mit dem Wunsch, diese einstudierte Virtuosität wieder zu verlernen, um etwas völlig Neues zu erschaffen. Es ging um Dekonditionierung: »Am Ende«, so sagte es mir (der 2017 verstorbene) Czukay im Jahr 2009 in einem Gespräch, »hat ein Musiker nur zwei Möglichkeiten: entweder die Musikgeschichte zu überbieten oder ganz von vorn anzufangen. *Can* haben sich für die zweite Variante entschieden.«[32] Ihr erstes Album »Monster Movie« erschien 1969; darauf sang der aus den USA stammende bildende Künstler Malcolm Mooney repetitive Mantras, etwa in dem

Stück »You Doo Right«: »Doo right, yoo doo right / Doo right, yoo doo right / Doo right, yoo doo right / Doo right, yoo doo right / I'm in love with my girl, she is away / Man, got to move on, man you got to move on, man.« Es klang wie eine Voodoo-Beschwörung, zu der Holger Czukay auf seinem Bass unentwegt dieselben zwei Töne spielte und der Schlagzeuger Jaki Liebezeit sein Instrument so monoton und motorisch klingen ließ wie eine Maschine. »Wenn Du Dich in das Leben einer Maschine einfühlen kannst«, so Czukay damals zu mir im Gespräch, »dann bist Du definitiv ein Meister.«

Kurz nach der Veröffentlichung von »Monster Movie« verließ Malcolm Mooney die Band. Seinen Nachfolger trafen Czukay und Liebezeit im Mai 1970 vor einem Auftritt im Münchener Club »Blow Up« in der örtlichen Fußgängerzone. Es handelte sich um den japanischen Straßenmusikanten Damo Suzuki, der dort gerade ein Konzert gab – vielleicht aber auch nur ein paar Mantras und rituelle Beschwörungen murmelte, je nachdem, welchen von den damals Anwesenden man befragte. *Can* und Suzuki arbeiteten drei Jahre lang zusammen. Sie veröffentlichten drei stilprägende Alben, »Tago Mago«, »Ege Bamyasi« und »Future Days«. Bei ihren Konzerten bewegte sich Suzuki wie ein Irrwisch zwischen seinen weitgehend unbewegten Mitmusikern hin und her und erzeugte unberechenbare Sprach- und Klangereignisse; mit denen er die anderen Mitglieder der Band dazu brachte, ihre freien Sounds und Spielweisen so weit zu bündeln, dass sie seine Unberechenbarkeit bannen konnten. Man könnte sagen: Die ritualistische Musik von *Can* hatte in Damo Suzuki ihren perfekten Schamanen gefunden, einen, in den ständig neue Geister fuhren. Umso wachsamer mussten Gitarre, Bass, Schlagzeug und Orgel sein. Ihre Freiheit endete dort, wo sie die Musik gegen Suzukis sprachliche Zentrifugalkräfte verteidigen mussten – gegen die vielen Stimmen, die aus ihm sangen, sprachen, schrien, hüstelten und röchelten.

Ein Beispiel hierfür ist das Stück »Aumgn« vom Album »Tago Mago« aus dem Jahr 1971. »Aumgn« ist das einzige Wort, das Suzuki im Verlauf dieser knapp 20 Minuten dauernden Gruppenimprovisation murrt, brummt und hechelt – wie eine magische Formel oder musikalische Beschwörung. Seine Stimme klang dabei so intensiv, als säße das Mikrofon direkt in seiner Luftröhre. Das lag nicht zuletzt an der kunstvollen Art und Weise, mit der Holger Czukay, der nicht nur als Bassist, sondern auch als Tontechniker und Produzent wirkte, die spontan improvisierten Geräusche im Nachhinein mit seiner Tonbandmaschine zerschnitt und wieder zusammenfügte. Das Technische und das Improvisierte, das Materielle und das Spirituelle wurden hierbei sonderbar ineinander verschränkt.

In ähnlicher Weise wie bei *Amon Düül II* und *Guru Guru*, aber noch kalkulierter, kunstvoller und konsequenter wurde die Sprache bei *Can* zum Material. Es kam nicht mehr darauf an, *was*, sondern *auf welche Art* gesungen wurde, und darauf, wie sich das Gesungene mit der musikalischen Begleitung verband – mit einer Begleitung, die letztlich keine mehr war, weil musikalischer Vorder- und Hintergrund miteinander verschmolzen.

Kraftwerk: Mit Maschinenmusik zum internationalen Ruhm

In scheinbar ganz anderer und doch strukturell ähnlicher Weise fand sich die Verwandlung der Sprache in musikalisches Material auch bei der bekanntesten Krautrock-Band der 70er-Jahre – *Kraftwerk* aus Düsseldorf. Auf ihren ersten drei Alben spielten sie eine rein instrumentale Musik, bei der klassische Instrumente wie Querflöte und Schlagzeug das Klangbild beherrschten. Auf ihrem vierten Album »Autobahn« aus dem Jahr 1974 entwickelten *Kraftwerk* dann jenen Sound, der sie international berühmt machen sollte: Sie ersetzten das Schlagzeug durch Sequenzer und Rhythmusmaschinen und machten den Synthesizer zum dominanten und ab dem folgenden Album »Radio-Aktivität« von 1975 einzigen Instrument. Wie *Can* suchten auch *Kraftwerk* nach einem Bruch mit kulturellen und musikalischen Traditionen: Sie wollten eine futuristische Maschinenmusik erschaffen. In der Zukunft, die sie imaginierten, würden Maschinen die Herrschaft über den Menschen und seine künstlerische Schaffenskraft übernehmen.

Sie reduzierten ihre Songtexte auf wenige Satzfragmente, in denen es um die Verheißungen und in späteren Phasen der Bandgeschichte auch um die Risiken technischer Innovation ging: »Radio-Aktivität / Für dich und mich in All entsteht«, heißt es im Titelstück des Albums »Radio-Aktivität«: »Radio-Aktivität / Strahlt Wellen zum Empfangsgerät / Radio-Aktivität / Wenn's um unsere Zukunft geht / Radio Aktivität / Für dich und mich in All entsteht.« Bei ihren Konzerten begannen die Mitglieder von Kraftwerk, sich als Roboter zu inszenieren; sie standen steif auf der Bühne und bewegten sich ruckartig in einem auf wenige Bewegungen reduzierten Repertoire. Ähnlich steif präsentierten sie sich auch sprachlich, etwa in dem Lied »Die Roboter« von dem 1978 erschienenen Album »Die Mensch-Maschine«: »Wir laden unsere Batterie / Jetzt sind wir voller Energie / Wir sind die Roboter / Wir sind die Roboter / Wir funktionieren automatik / Jetzt wollen wir tanzen mechanik / Wir sind die Roboter / Wir sind die Roboter«.

Insbesondere in den USA erzielte die Band große Erfolge – wohl auch, weil das Bild der unheimlich-unbeweglichen Deutschen in Kombination mit Begriffen wie »Autobahn«, die man dort vor allem aus Hollywood-Filmen mit Nazis kannte, beim

Publikum ein wohliges Gruseln erzeugte. So verband sich der musikalische Futurismus bei *Kraftwerk* mit der Beschwörung der deutschen Kultur – oder jedenfalls jener Klischees, die man im englischsprachigen Ausland damit verband: Autobahn und VW Käfer, aber auch der expressionistische Futurismus aus dem »Metropolis«-Film von Fritz Lang. Dass Kraftwerk die erste deutsch singende Band war, die internationale Bedeutung erlangte, lag zweifellos auch daran, dass ihre Musik, ihre Inszenierung, ihr Habitus und ihre Sprache bei einem internationalen Publikum einen ebenso futuristischen wie »typisch deutschen« Eindruck erweckten – wobei man nur mutmaßen kann, inwieweit das Publikum dieses Typische als Karikatur erkannte. Man hatte es hier gewissermaßen mit einer Umkehrung jenes Exotismus zu tun, der die deutsche Popmusik in den 1950er- und auch noch in den 60er-Jahren beherrscht hatte: Auf britische und US-amerikanische Hörerinnen und Hörer wirkten *Kraftwerk* so exotisch und nationaltypisch, wie zuvor Vico Torriani und Caterina Valente auf das deutsche Publikum gewirkt hatten.

Im englischsprachigen Ausland wurden Gruppen wie *Kraftwerk*, *Can* und *Tangerine Dream* jedenfalls bald schon als Inbegriff der deutschen Musik angesehen – und als Speerspitze der internationalen Pop-Avantgarde; mithin: als Zeichen dafür, dass diese Pop-Avantgarde sich plötzlich auch in Ländern entwickeln kann, die – wie Westdeutschland bis in die 70er-Jahre – als musikalisch unterentwickelte Popkultur-Provinz angesehen wurden. Zu den größten Bewunderern des Krautrock gehörte David Bowie, der unter anderem wegen der inspirierenden Kräfte dieser Musik Mitte der 70er-Jahre nach Westberlin zog und dort die Alben »Low«, »Heroes« und (zum Teil) »Lodger« aufnahm. Am Beispiel von Bowie lässt sich aber auch zeigen, dass die Bedeutung des Krautrock im englisch-(und zum

Teil auch französisch-)sprachigen Auslands weit höher eingeschätzt wurde als in seinem Heimatland. Zu internationalem Ruhm gelangten die Krautrock-Bands erst auf dem Umweg über Erfolge in Großbritannien und den USA; in Deutschland blieben sie auch danach noch weithin unbekannt. 1997 war David Bowie zu Gast in der TV-Show »Wetten, dass..?« und wurde von Thomas Gottschalk nach seiner Beziehung zu Deutschland befragt. Er antwortete, dass er ein großer Bewunderer von *Kraftwerk*, *Harmonia* und *Neu!* gewesen sei, und erntete dafür von dem neben ihm auf der Couch sitzenden Schauspieler Til Schweiger ratlose Blicke. Daraufhin fragte Thomas Gottschalk ins Publikum, wer denn die Band *Harmonia* kenne – schwacher Applaus. Und wie ist es mit der Band *Neu!*? Nach einem Moment des Schweigens meldet sich unter den etwa 10 000 Menschen im Saal genau einer. David Bowie freute sich: »Es gibt immerhin einen Deutschen, der *Neu!* kennt!«

9 »MIEN GOTT, HE KANN KEEN PLATTDÜÜTSCH MEHR«

Mit Mittelhochdeutsch und Dialekt zur neuen Popmusik

Rückblickend erscheinen die 1970er-Jahre im westdeutschen Pop als eine Zeit des absoluten Traditionsbruchs – eine Art »Urknall« und Beginn einer eigenständigen deutschen Popmusik, die sich von den angloamerikanischen Vorbildern ebenso distanzierte wie von deutschen Kulturtraditionen. Das galt zweifellos für jene Bands, die international bekannt geworden und dadurch auch im pophistorischen Gedächtnis geblieben sind: für die schon erwähnten *Amon Düül II*, *Can* und *Kraftwerk*, aber auch für weitgehend instrumental musizierende Gruppen und Künstler wie *Tangerine Dream*, die ihre Zukunftsbezogenheit sprachlich vor allem durch ihre Albumtitel ausdrückten: »Electronic Meditation«, »Alpha Centauri«, »Zeit« und »Atem« hießen die ersten vier Alben.

Doch dies war nur eine Seite des Krautrock der 70er-Jahre. Neben den Vertretern einer entschiedenen Abkehr vom Bekannten verschrieben sich in derselben Szene seit Anfang des Jahrzehnts auch viele Künstler und Bands gerade im Gegenteil der historischen Kontinuität und Wiederaneignung, dem Bewahren der Vergangenheit, dem Archivieren und dem Gedächtnis. Sie spielten nicht mit den neuesten elektronischen Geräten, sondern auf alten, in der Pop- und Rockmusik nicht mehr gängigen Instrumenten. Ihre Texte orientierten sich an der Literatur und Philosophie der deutschen Romantik und an der Lyrik des Mittelalters. Sie sangen auf Alt- und Mittelhochdeutsch, aber auch in historischen und regionalen Formen der deutschen Sprache wie Plattdeutsch oder Friesisch, die im Verschwinden begriffen waren oder verdrängt wurden.

Hölderlin, Novalis und *Ougenweide*: Romantischer Krautrock mit Orgel und Akustikgitarre

Zu den ersten Gruppen, die auf dem Krautrocklabel »Spiegelei« veröffentlicht wurden, gehörten *Hölderlin*, die sich nach einem deutschen Dichter der Romantik, Friedrich Hölderlin (1770–1843), benannten. *Hölderlin* hatten sich 1970 in Wuppertal gegründet und spielten anfangs vor allem Coverversionen aus dem Repertoire des »British Folk Revival« jener Zeit, also von Bands wie *Fairport Convention*, *Traffic* und *Pentangle*. Auf ihrem Debütalbum »Hölderlins Traum« aus dem Jahr 1972 sangen sie zu gefälligen Folk-Rock-Kompositionen gleichermaßen zeitkritische wie schwärmerische Texte. In dem Lied »Requiem für einen Wicht« heißt es etwa: »Es war einmal ein Land / In dem das Denken verboten / Nur ein kleiner Wicht befolgte die Gebote nicht / Er wurde bedrängt, er wurde bedroht / Denn auf das Denken stand der Tod.« Im Folgenden verkomplizierten sie ihre Arrangements und reicherten sie mit ausgiebigen Orgel- und Gitarrensoli an. Sie vertonten Texte politisch engagierter deutschsprachiger Autoren wie Bertolt Brecht, Erich Fried und H. C. Artmann. Bei der Tour zu ihrem dritten Album »Rare Birds« aus dem Jahr 1977 trat ihr Sänger Christian Noppeney in Verkleidungen als riesiger Vogel oder als Greis auf, inspiriert von den Bühnenshows der frühen *Genesis* mit Peter Gabriel.

Ein anderer Dichter der deutschen Romantik, Georg Philipp Friedrich von Hardenberg alias Novalis (1772–1801), lieh der Gruppe *Novalis* ihren Namen, die sich 1971 in Hamburg gründete. Auf ihrem Debütalbum »Banished Bridge«, das 1973 auf dem Krautrock-Label Brain erschien, spielten sie – nach eigener Definition – »romantische Rockmusik« ohne elektrische Gitarre, dafür mit ausladenden Orgelparts und englischen Texten. Auf ihrer zweiten LP »Novalis« von 1975 begann die Band, auf Deutsch zu singen. Unter anderem vertonten sie Gedichte des Namensgebers, etwa »Wunderschätze« und »Wenn nicht mehr Zahlen und Figuren« aus dem Romanfragment »Heinrich von Ofterdingen«: »Wenn nicht mehr Zahlen und Figuren / Sind Schlüssel aller Kreaturen / Wenn die, so singen oder küssen / Mehr als die Tiefgelehrten wissen / Wenn sich die Welt ins freye Leben / Und in die Welt wird zurück begeben / Wenn dann sich wieder Licht und Schatten / Zu ächter Klarheit werden gatten / Und man in Mährchen und Gedichten / Erkennt die wahren Weltgeschichten / Dann fliegt vor Einem geheimen Wort / Das ganze verkehrte Wesen fort.« Die »Tiefgelehrten« sind dabei die Vertreter der rationalen Wissenschaft, gegen welche die Weisheit der »Mährchen und Gedichte« in Stellung gebracht werden muss. Es wird hier also eine alte, romantische und sehr deutsche Haltung gegen die Technisierung und Rationalisierung des Wissens über die Welt formuliert: Mit ein paar Jahren Verspätung führten *Novalis* die Naturmystik der Hippies erfolgreich in der deutschen Rockmusik ein. Mit 300 000 verkauften Alben gehörten sie zu den erfolgreichsten westdeutschen Rockbands der 1970er-Jahre.

Die langfristig prägendste Wirkung im Feld der deutschen Traditionspflege hatte aber die 1971 gegründete Gruppe *Ougenweide*, deren Name auf die »Sommerlieder« des mittelalterlichen Lyrikers Neidhart von Reuental (um 1110–1245) zurückgeht. »Ougenweide« bedeutet so viel wie » »schöner, erfreulicher Anblick«. Mit Xylophon, Zimbeln, Gitarren, Lotusflöte, Becken und anderen bekannten oder seltenen Instrumenten vertonten sie deutsche Lyrik des Mittelalters in ihrer originalen Sprachform, also auf Mittelhochdeutsch, unter anderem des berühmtesten deutschen Minnesängers jener Zeit, Walther von der Vogelweide. Es wurden aber auch Texte von weniger bekannten Zeitgenossen wie Heinrich von Mügeln, Burkhard von Hohenfels und Dietmar von Aist ausgewählt. Mit großer Emphase intonierten ihre Sängerinnen Minne Graw und (zu Beginn noch) Renee Kollmorgen das fremd gewordene Deutsch früherer Jahrhunderte, etwa in dem Stück »Es fur ein Pawr gen Holcz«, das von Ehebruch handelt: »Es fur ein pawr gen holcz mit seiner hawen / do kam der leydig Pfaff zu seiner Frawen / Eff und iff und an an an an an / Umb und uiber dran.« Auf ihrem zweiten Album »All die weil ich mag« aus dem Jahr 1974 vertonten sie althochdeutsche vorchristliche Beschwörungsformeln, die »Merseburger Zaubersprüche« aus dem 10. Jahrhundert: »Eiris sâzun idisi / Sâzun hera douder / Suma hapt heptidun / Suma heri lezidun / Suma clûbôdun / Umbi cuoniouuidi / Insprinc haptbandun / Invar vîgandun / Invar vîgandun« – was in der Textbeilage zum Album folgendermaßen (und fehlerhaft[33]) ins Hochdeutsche übersetzt wird: »Einst setzten Idisen sich / setzten sich hierhin und dorthin / einige flochten die Fesseln / andere hemmten das Heer / manche lösten der kühnen knechtische Bande / entspringe den Banden / entfahre dem Feind.«

Achim Reichel, Knut Kiesewetter: Von englischen Beats zu plattdeutschen Shantys

Produziert wurden *Ougenweide* von dem Hamburger Musiker Achim Reichel; auf ihrem Debütalbum konnte man ihn auch an Pauken und Bass hören. Reichel war einer der Mitbegründer der *Rattles* (siehe Kapitel 5), der ersten erfolgreichen englischsprachigen Beatgruppe in Westdeutschland. Nach einer durch seinen Militärdienst bedingten Pause begann er Ende der 60er-

Jahre eine Solokarriere. Unter dem Namen *A.R. & Machines* veröffentlichte er 1971 ein Album mit dem Namen »Die Grüne Reise«, das im Wesentlichen aus Gitarrenimprovisationen bestand, die mithilfe eines Akai-330D-Tonbandgeräts zu Echoschlaufen zusammengefügt wurden, sodass Reichel allein ein ganzes Gitarrenorchester erzeugen konnte. Dieses Konzept verfolgte er parallel zu seiner Zusammenarbeit mit den Traditionalisten von *Ougenweide* weiter, bis er sich im Jahr 1976 noch einmal neu erfand: als Interpret von plattdeutschen Seemannsliedern.

Sein Debüt »Dat Shanty Alb'm« beginnt mit dem Lied »Rolling Home«: »Von Hamborg fohr so'n ohlen Kassen / Mit Namen heet he Magellon / Dor weer bi Dog keen Tied tom Brassen / Dat leet se al bit Obends stohn! / Rolling home, rolling home / Rolling home across the sea / Rolling home to di old Hamborg / Rolling home, mien Deern to di!« Es handelt wie die meisten Shantys vom harten Leben auf See und der Sehnsucht nach der Heimat – »rolling home to di old Hamborg« – und nach der Freundin oder Ehefrau – »mien Deern« –, die dort auf den Seemann wartet. Das originale englische Shanty wurde wohl im 19. Jahrhundert auf Plattdeutsch adaptiert, während– wie es für Shantys typisch ist – der Refrain weiterhin auf Englisch gesungen wurde, wobei aus dem originalen »Rolling home to dear old England« »to di old Hamborg« wurde. Vom Original nicht intendiert war natürlich die Anspielung auf Reichels Vorbilder in der Rockmusik, die *Rolling Stones*.

So wie *Ougenweide* verschwundene historische Sprachformen des Deutschen wiederbelebten, das Althochdeutsche und das Mittelhochdeutsche, so revitalisierte Achim Reichel mit dem Plattdeutschen eine Sprachform, die in den 1970ern fast, aber noch nicht ganz verschwunden war. In Norddeutschland wurde Plattdeutsch in ländlichen Gegenden und an der Küste zu jener Zeit zumindest noch von der älteren Bevölkerung gesprochen. Dass dieses Idiom bis zum Ende des 20. Jahrhunderts aus dem öffentlichen und schließlich auch aus dem privaten Leben weitgehend verschwand, war nicht allein Folge eines Sprachwandels, der auch andere Dialekte und kleine Sprachen betraf, sondern die Konsequenz politischer Entscheidungen: Seit Ende des 19. Jahrhunderts gehörte eine Standardisierung der deutschen Sprache zu den Anliegen einer deutschen Nationalbewegung. Deswegen wurde das Hochdeutsche in Orthografie und Phonetik gefördert, und mit der Rechtschreibreform auf Vorschlag von Konrad Duden wurde 1901 eine einheitliche deutsche Rechtschreibung festgelegt.

Die kulturindustriell und also auch popkulturell vorangetriebene Vereinheitlichung der Sprache im 20. Jahrhundert verstärkte diesen Trend. Insofern lässt sich der Rekurs auf das Plattdeutsche gleichermaßen als Widerstand gegen die Normierungen der Kulturindustrie verstehen wie auch als Versuch, mit der eigenen Musik die Sprache der »einfachen Leute« zu sprechen – ein Ziel, das von den politischen Liedermachern der 60er-Jahre ebenso wenig erreicht wurde wie von der Avantgarde des Krautrock.

Im selben Jahr wie »Dat Shanty Alb'm« (1976) wurde auch das Album »Leeder vun mien Fresenhof« des norddeutschen Songwriters Knut Kiesewetter veröffentlicht. Er war zuvor unter anderem als Produzent des in der kommunistischen Partei DKP engagierten Liedermachers Hannes Wader in Erscheinung getreten. Auf diesem Album, das binnen Kurzem über 500 000 Mal verkauft wurde, fanden sich durchweg neue Kompositionen von Kiesewetter, die er in plattdeutscher oder friesischer Sprache betextet hatte. Das Eröffnungsstück trägt den Titel: »Mien Gott, he kann keen Plattdüütsch mehr un he versteiht uns nicht«, und darin heißt es: »He weer ut School kam un he gung / To Stadt no de Studenten / He föhl sik wohl bi all de junge / Lüüd, de em nit kennten / He wull dat Dörp, von dat he keem / Am leevsten dor verswiegen.« Auf Hochdeutsch: Ein junger Mann zieht nach der Schule in die Stadt, um dort zu studieren. Gegenüber den Menschen, die er dort trifft, verschweigt er seine Herkunft, also das Dorf, aus dem er stammt. Wenn er in den Ferien nach Hause kommt, gibt er sich als etwas Besseres aus und erzählt den Dorfbewohnern etwas von Kunst und von gutem Benehmen: »As he mol in de Krog rinkeem / Fung he an to vertellen / Vun Kunst un vun gude Benehmen / Un so de Lüüd to quäälen.« Doch erntet er dafür nur Spott, weil er bei allem weltmännischen Getue die Sprache seiner Heimat verlernt hat: »Mien Gott, he kann keen Plattdüütsch mehr un he versteiht uns nicht« – mein Gott, er kann kein Plattdeutsch mehr und er versteht uns nicht.

Ähnlich wie *Ougenweide*, *Novalis* und *Hölderlin* versuchte auch Knut Kiesewetter an eine ältere deutsche Sprach- und Kulturtradition anzuschließen. Doch handelte es sich in seinem Fall um eine Tradition, die nicht Teil des kulturellen Mainstreams war. Wie bei den Krautrock-Modernisten von *Can* war auch hier das Verlernen oder Vergessen ein Thema. Doch während *Can* das Verlernen als positiven Prozess zugunsten einer kulturellen Erneuerung begriffen, sah Kiesewetter die Entwicklung negativ. Das Verschwinden älterer Mundarten, Dialekte und Sprachformen wie des Plattdeutschen erschien ihm als kulturelle Verarmung und als Entfremdung von einer ländlichen, bäuerlichen oder proletarischen Herkunft: Das Vergessen der eigenen Sprache ging hier auch mit einer Entfremdung von der eigenen gesellschaftlichen Klasse einher.

Wolfgang Ambros, *Sparifankal, Spider Murphy Gang, BAP*, Falco, *In Extremo* und *Santiano*: Protestsongs, Hip-Hop und Mittelalter-Rock

In Österreich und in Bayern reichte die Tradition des politischen Dialektlieds bis an den Beginn der 70er-Jahre zurück. 1972 reüssierte der damals gerade 19-jährige Liedermacher Wolfgang Ambros mit dem Stück »Da Hofa«, in dem er im wienerischen Dialekt den Fund einer Leiche beschrieb: »Schau, do liegt a Leich im Rinnsäu / 'S Bluad rinnt in Kanäu! / Herst, des is makaba / Do liegt ja a Kadava.« Die gaffende Menge einigt sich schnell darauf, dass ein verdächtig aussehender Mann aus der Nachbarschaft der Täter gewesen ist, und gerät darüber in Lynchstimmung: »Da Hofa woas, vom Zwanzgahaus / Der schaut ma so vadächtig aus!« Das Stück gelangte sofort auf Platz 1 der österreichischen Hitparade. Ähnlich erfolgreich war das Konzeptalbum »Der Watzmann ruft«, das Ambros zwei Jahre später gemeinsam mit Manfred Tauchen und Josi Prokopetz produzierte.

Ebenfalls im Jahr 1972 gründete sich in Bayern die Band *Sparifankal*, die ihrerseits politische Texte in bairischem Dialekt sang und dazu, ähnlich wie die vom Mittelalter inspirierten Bands, auf traditionellen akustischen Instrumenten musizierte – und auf bayerischen Kuhglocken. Ihr Name bedeutete auf Hochdeutsch so viel wie »Teufel« oder »böser Bube«. In ihren Liedern riefen sie zum Widerstand gegen die Staatsgewalt und die Institutionen auf und freuten sich etwa in »D Schui brend« über brennende Schulen und Wirtshäuser: »D Schui brend, d Schui brend / D Kinda deafa hoam ... / As Wiatshaus brend, as Wiatshaus brend / As Bia war eh fagoarn.« Der Journalist Albrecht Koch beschreibt in seinem Buch »Angriff auf's Schlaraffenland« ihre Musik als »eine Mischung von Missisippi-

Delta- und Niederbayernfolklore [...], mit einem großen Schuss Valentinischer Schlitzohrigkeit«.[34] Aus Bayern kam dann aber auch die erste Band, die Anfang der 80er-Jahre das Singen im Dialekt in unpolitische Bierzeltmusik verwandelte: Die *Spider Murphy Gang* hatte einige Hits auf Hochdeutsch wie etwa »Skandal im Sperrbezirk«, doch den größeren Teil ihres Repertoires sangen sie in einem – allerdings gemäßigten, auch für Nicht-Bayern gut verständlichen – Dialekt, als, so noch einmal Albrecht Koch, »exotisches Transportmittel in Richtung Nord- und Westdeutschland«.[35]

In Köln wiederum gründete sich 1976 die Gruppe *BAP*, die auf Kölsch sang, das bis dahin vor allem in heiteren Karnevalsliedern seinen Platz hatte. *BAP* setzten den Dialekt nun in politischen Protestliedern ein, etwa in dem Stück »Kristallnaach« aus dem Jahr 1982, das sich mit dem Wiederaufflammen des Rechtsradikalismus in der Bundesrepublik der 80er-Jahre befasste. Der österreichische Sänger Falco verband schließlich in Songs wie »Der Kommissar« (1982) den österreichischen Dialekt im Wechsel mit englischen Wörtern zu einer Art frühem deutschsprachigen Rap: »Wir treffen Jill und Joe und dessen Bruder Hip / Und auch den Rest der coolen Gang / Sie rappen hin, sie rappen her / Dazwischen kratzen's ab die Wänd' / Dieser Fall ist klar, lieber Herr Kommissar / Auch wenn sie anderer Meinung sind / Den Schnee, auf dem wir alle talwärts fahren / Kennt heute jedes Kind / Jetzt das Kinderlied: / Drah die net um – oh, oh, oh / Der Kommissar geht um – oh, oh, oh.« Die Vermischung von deutschen und englischen Wörtern und Satzfragmenten, die wir zuvor schon bei Dieter Hallervorden und Helga Feddersen sowie bei *Trio* angetroffen haben, variierte Falco, indem er den Sprechgesang des gerade erblühenden US-amerikanischen Hip-Hop mit der Lyrik des von ihm bewunderten H. C. Artmann verband. »Der Kommissar« reüssierte auf Platz 1 der deutschen und österreichischen Charts – und auf Platz 5 in den USA, allerdings in der rein englischsprachigen Coverversion der britischen Band *After the Fire*.

Mit Falcos »Kommissar« war der Dialekt also gewissermaßen in der Postmoderne angekommen. Hingegen erlahmte das Interesse an der deutschen Sprach- und Traditionspflege, das Gruppen wie *Ougenweide*, *Hölderlin* und *Novalis* in den 70ern hegten, im Verlauf der 80er-Jahre. Es erlebte jedoch ein erstaunliches Revival nach der Wiedervereinigung der beiden deutschen Staaten im Jahr 1990. Unter den erfolgreichsten deutschsprachigen Rockgruppen der Jahrzehnte nach der Wende bezogen viele ihre Inspirationen, ihre Musik, ihre Texte und Musikinstrumente aus dem Mittelalter. Es bildete sich sogar ein eigenes Genre, der »Mittelalter-Rock«, heraus, mit Vertretern wie *Corvus Corax*, *Schandmaul*, *Subway to Sally*, *Saltatio Mortis* und *In Extremo*. Gerade Letztere beziehen sich in ihrer Musik ausdrücklich auf den traditionalistischen Krautrock der 70er-Jahre und insbesondere auf *Ougenweide*. Sie kombinieren den Sound elektrisch verstärkter Gitarren mit Sackpfeifen, Drehleiern, Harfen, Schalmeien und allerlei anderen Instrumenten der Alten Musik, coverten die »Merseburger Zaubersprüche« in der Fassung von *Ougenweide* und spielten auch gemeinsame Konzerte mit dieser Band.

Das Shanty-Album von Achim Reichel inspirierte wiederum die erfolgreichste norddeutsche Rockband der 2010er-Jahre: *Santiano* verstehen sich als »Shanty-Rock-Band« und posieren bei ihren Konzerten als sturmerprobte Seebären; ihre Lieder handeln vor allem von der Seefahrt und dem Piratentum. Hier wird zwar die Traditionspflege ironisch gebrochen, aber in der rockmusikalisch-maskulinistischen Vortragsweise auf eine neue, gar nicht mehr ironische Ebene gehoben: Nostalgische Verbundenheit mit der regionalen Herkunft verbindet sich mit

Reminiszenzen an die gute alte Rockmusik zum Reenactment einer als positiv wahrgenommenen Vergangenheit. So dürfen die Hörer der Unübersichtlichkeit der globalisierten Welt wenigstens für die Dauer eines Songs oder Konzertbesuchs entfliehen. Für die deutschsprachige Rockmusik der 2010er-Jahre insgesamt waren der Mittelalter-Rock und der Shanty-Rock prägend; die Alben der zu diesen Genres gehörenden Bands belegten regelmäßig Platz 1 der deutschen Album-Charts. Während der kosmopolitische Krautrock – wie wir im vorangegangenen Kapitel gesehen haben – im englischsprachigen Ausland größeren Eindruck hinterließ als in seinem Heimatland, bestand das mächtigste Erbe der 70er-Jahre in Deutschland nicht in einer Musik des zukunftszugewandten Experiments, sondern vielmehr in einer, die das melancholische Sentiment für alte Zeiten bediente, in denen das Leben übersichtlicher und einfacher schien.

10 »GUTEN MORGEN, MAYISTERO / AUF WIEDERSEHEN, VORMÄNNERO«

Die 1970er- und 80er-Jahre: Musik aus der Fremde für die »Gäste«

Wenn der westdeutsche Krautrock der 1970er-Jahre rückblickend als popmusikalische Avantgarde angesehen wird, die mit der deutschen Kulturtradition brach, um den Blick in die Zukunft, ins Kosmopolitische und Inter- oder auch Postnationale zu wenden, dann ist das nur ein Teil der Wahrheit. Mindestens ebenso stark waren jene Kräfte in der Popmusik, die den Blick wieder zurück auf die Tradition, aufs Nationale und Regionale richteten. Es gab aber noch einen Punkt, in dem der Krautrock dem selbst gesetzten Anspruch aufs Kosmopolitische nicht gerecht wurde: In seiner personellen Zusammensetzung war er nahezu homogen.

In dieser Szene gab es kaum einen Menschen mit Migrationshintergrund. Prominente Ausnahmen waren Malcolm Mooney und Damo Suzuki, die von 1969 bis 1970 (Mooney) und von 1970 bis 1973 (Suzuki) bei *Can* sangen, sowie die koreanische Sängerin Djong Yun bei der Band *Popul Vuh.* Aber sie blieben Ausnahmeerscheinungen, die nicht zuletzt wegen ihrer exotisch-fremden Anmutung in die Bands »gecastet« wurden. Von einem selbstverständlichen Umgang mit verschiedenen kulturellen Einflüssen und Stimmen war der Krautrock weit entfernt; darin zeigte sich auch die Begrenztheit seiner politischen Bedeutung. Von 1968 bis 1980 stieg der Anteil von Migranten und Migrantinnen an der deutschen Bevölkerung der Bundesrepublik von 3,2 Prozent auf 7,2 Prozent, oder in absoluten Zahlen: von knapp 2 Millionen auf 4,5 Millionen Menschen. Aber diese ethnische Diversifizierung Westdeutschlands, also der Beginn dessen, was man im folgenden Jahrzehnt als »multikulturelle Gesellschaft« zu beschreiben begann, schlug sich im Krautrock nicht nieder.

Diese Entwicklungen fanden ihren musikalischen Ausdruck anderswo: Jenseits aller Avantgarden, die mit dem Deutschen, dem Englischen und anderen Sprachen rangen, entwickelte sich in der Bundesrepublik seit Mitte der 1960er-Jahre eine blühende Musikszene, in der auf Türkisch gesungen wurde. Geprägt wurde sie von türkeistämmigen Migranten und Migrantinnen, die seit dem Anwerbeabkommen 1961 die größte Einwanderergruppe in der Bundesrepublik bildeten. Bis Mitte der 70er-Jahre reisten fast eine Million Arbeitnehmer und Arbeitnehmerinnen aus der Türkei nach Deutschland. Ihre Lebenswelt blieb von jener der gebürtigen Deutschen aber fast vollständig getrennt – von diesen wurden sie als »Gastarbeiter« bezeichnet, also als Arbeiter und Arbeiterinnen, die für einen begrenzten Zeitraum als »Gäste« ins Land kamen, um später »nach Hause« zurückzukehren.

Yüksel Özkasap, Udo Jürgens und noch mal Freddy Quinn: Musik gegen Heimweh

Darum blieb es von der westdeutschen Mehrheitsgesellschaft auch fast unbemerkt, dass die umsatzstärkste unabhängige Schallplattenfirma der 60er- und 70er-Jahre ein Label war, das türkischsprachige Musik für die in Deutschland lebenden Migrantinnen und Mirgranten produzierte. Das Türküola Label wurde 1964 von Yilmaz Asöcal in Köln gegründet: »Er entwickelte eine Geschäftsidee, die eine große Lücke im Leben (der Arbeitsmigranten) füllten sollte: Musik als Heilmittel gegen Heimweh«, so beschrieb es Nedim Hazar in seinem 2021 erschienenen Buch »Deutschlandlieder – Almanya Türküleri: Zur Kultur der türkeistämmigen Community seit dem Anwerbeabkommen 1961«. Asöcal »beauftragte Istanbuler Komponisten und Texter, Songs für die Gastarbeiter*innen zu schreiben [...] Sie sollen pittoreske Beschreibungen des Heimatdorfes und anatolischer Landschaften enthalten und unbedingt wehmütig klingen.«[36]

Das Label existiert bis heute und hat inzwischen mehr als 1000 Alben, Singles und Kompilationen veröffentlicht: auf Vinylschallplatten, aber in den 70er- und 80er-Jahren vor allem auf Kompaktkassetten, die nicht über die etablierten Schallplattenläden und Elektronikmärkte distribuiert wurden, sondern über Obst- und Gemüseläden und die Elektrofachgeschäfte der deutsch-türkischen Community. Zur erfolgreichsten Künstlerin des Türküola Labels wurde die auch als »Köln'ün Bülbülü« (Kölner Nachtigall) bekannte Yüksel Özkasap. Sie sang wehmütige Lieder wie das Anfang der 70er-Jahre erschienene Stück »Zalim Almanya« (Deutschland, der Tyrann): Dieses handelte, so Nedim Hazar, »von der ärmlichen sozialen Lage einer Gastarbeiterin, die sie aus der Türkei und folglich von ihrem Geliebten weggetrieben hat«[37]. Von ihrem 1975 erschienenen Album »Beyaz Atli« verkaufte Yüksel Özkasap etwa 800 000 Stück. Doch davon nahm die deutsche Öffentlichkeit kaum Notiz – Özkasap trat in keiner Fernsehshow auf, und bei der Ermittlung der Single- und Albumcharts wurde ihre Musik aufgrund der unkonventionellen Distributionswege nicht berücksichtigt.

»Gurbet Türküleri« (türkische Lieder aus der Fremde) heißt das Genre, zu dessen Superstar Yüksel Özkasap aufstieg, oder auch »Alamanya Türküleri« (türkische Lieder aus Deutschland). In den offiziellen deutschen Hitparaden wurde diese Art der Musik nur zweimal sicht- und hörbar: in den Jahren 1974 und 1980, als sich etablierte deutschsprachige Künstler davon zu wehmütigen Liedern über Gastarbeiter und Gastarbeiterinnen in Deutschland inspirieren ließen. 1974 sang Udo Jürgens ein von Michael Kunze geschriebenes Stück mit dem Titel »Griechischer Wein«, in dem das lyrische Ich in ein Wirtshaus kommt, wo »Männer mit braunen / Augen und mit schwarzem Haar« sitzen – »und aus der Jukebox erklang Musik / Die fremd und südlich war«. Im Refrain heißt es dann: »Griechischer Wein / Und die altvertrauten Lieder / Schenk' noch mal ein / Denn ich fühl' die Sehnsucht / Wieder, in dieser Stadt / Werd' ich immer nur ein Fremder sein, und allein«. Und 1980 sang Freddy Quinn das von Leo Leandros verfasste Lied »Istanbul ist weit«: »Istanbul ist ja so weit, und es ist viel zu lange her / dass ich meine Freunde sah / ich träum vom Bosporus, träume vom Schwarzen Meer / wo ich zu Hause war / Istanbul ist ja so weit, und ich bin schon so lange fort / darum muss ich wieder hin / wo mich die Menschen verstehn in dem kleinen Ort / wo ich geboren bin.« Damit knüpfte er an das Sehnsuchts- und Heimatmotiv an, für das er in den 50er- und 60er-Jahren berühmt geworden war.

Metin Türköz, *Derdiyoklar*, Cem Karaca: Von Gastarbeitern für Gastarbeiter

Im Verlauf der 1970er-Jahre begannen einige Türküola-Künstler und -Künstlerinnen damit, in ihren Texten türkische und deutsche Wörter und Sätze miteinander zu verbinden. Ein Beispiel hierfür ist Metin Türköz, der seine berufliche Laufbahn in Deutschland als Fließbandarbeiter in den Kölner Ford-Werken begann und von den späten 60ern bis in die frühen 80er-Jahre über die Erfahrungen und Alltagsprobleme, Sehnsüchte und Fantasien der ersten Gastarbeiter-Generation sang. In dem

Stück »Guten Morgen, Mayistero« erklärt er dem deutschen Vorarbeiter am Fließband, dass er »heute sehr müde ist« und morgen seinen »Geburtstag feiert«: »Guten Morgen, Mayistero / Auf Wiedersehen, Vormännero / Heute ich bin sehr müde / Morgen vielleicht mehr yo, yeah, yeah, yeah / Heute für mich schöne Tag / Morgen meine Geburtstag/ Kontakt, Montag, Samstag / Ich wartete ganze Nacht, yeah, yeah, yeah / Ich arbeite bei Ford / Wir schlafen in einem Heim / Mein Leben ist mir vergallt / Im Jogurt ist ein Haar, yeah, yeah, yeah / Na, bitte schön, Meistero / Für wenig Geld arbeite ich nicht / Ich kaputt, ich sehr kaputt / Verstanden, du Gurke.«

Als erster Sänger arbeitete Türköz systematisch mit jener Vermischung von deutschen und türkischen Sprach- und Slang-Elementen, die in der nächsten und übernächsten Generation der deutsch-türkischen Musik, bei Rap-Crews wie der *Microphone Mafia* und Rappern wie Eko Fresh oder zuletzt Haftbefehl, zum wesentlichen Stilmittel werden sollten (siehe auch Kapitel 16). Auch in anderen Stücken überzog Türköz den »Mayistero« mit mildem Spott und kombinierte diesen an der Wende zu den 80ern mit den rassistischen Parolen, die infolge der Wirtschaftskrise und steigender Arbeitslosenzahlen in Westdeutschland zunehmend in der Öffentlichkeit zu hören waren. Eine Thematisierung der Ausländerfeindlichkeit und des Rassismus fand sich auch bei dem auf Türküola veröffentlichenden Duo *Derdiyoklar*. In ihrem Stück »Liebe Gabi« von 1981 sangen sie über die Liebe zwischen einem Deutschtürken und einem deutschen Mädchen. In der ersten Strophe heißt es: »Komm zu mir gel yanıma le le liebe gabi«, wobei »gel yanıma« einfach die türkische Übersetzung von »komm zu mir« ist. In der nächsten Strophe werden dann jene Politiker benannt, die der interkulturellen Liebe im Wege stehen: »Helmut Kohl und auch Strauß le le liebe gabi / Wollen ausländer raus le le liebe gabi.«

Ab Ende der 60er-Jahre erschienen auf dem Türküola-Label auch einige Alben von Cem Karaca, der in dieser Zeit zu den bekanntesten Rockmusikern der Türkei gehörte. In seinem ganz speziellen Stil verband Karaca anatolischen Folk mit den ornamentalen Klangbildern und Dramaturgien des britischen Progressive Rock und der US-amerikanischen psychedelischen Musik und kam dabei wiederum der Ästhetik des deutschen Krautrock erstaunlich nahe. In seinen Texten fanden sich sozialkritische Motive ebenso wie der Aufruf zum Widerstand gegen die türkischen Nationalisten. »Yoksulluk Kader Olamaz«, auf Deutsch »Armut muss kein Schicksal sein«, hieß ein Album von 1977. Das im folgenden Jahr erschienene Werk »Safinaz« war eine von *Queens* »Bohemian Rhapsody« inspirierte Rock-Sinfonie, in der Karaca vom schwierigen Schicksal eines Proletariermädchens erzählte. Als sich die politischen Spannungen in der Türkei verschärften und im Militärputsch vom September 1980 gipfelten, bei dem eine Junta die Macht übernahm, das Kriegsrecht verhängte und alle politischen Parteien verbot, übersiedelte Karaca in die Bundesrepublik. Er blieb dort bis 1987, gründete eine deutschsprachige Band mit dem Namen *Die Kanaken* und brachte 1984 das erste von türkischstämmigen Musikern eingespielte deutschsprachige Album heraus, ebenfalls unter dem Titel »Die Kanaken«.

Die Kanaken 1 & 2, Ozan Ata Canani: Die nächste Generation

Die Lieder auf dem Album »Die Kanaken« waren musikalisch weit weniger ambitioniert als Karacas Songs aus den 70ern, doch wechselten auch sie immer wieder zwischen Rock- und Folk-Motiven, zwischen »westlichem« und »anatolischem« Stil. Besonders prägnant war dies schon im Eröffnungsstück »Mein

Deutscher Freund«. Darin erzählt Karaca von den enttäuschten Hoffnungen der »Gastarbeiter« darauf, von den Deutschen nicht nur als billige Arbeitskräfte angesehen zu werden: »Er glaubt so fest daran, oh, so fest daran / Freund ist jeder deutsche Mann«, aber die Barrieren bleiben unüberwindlich: »Gastfreundschaft war zugesagt / Und jetzt heißt es: ›Türken raus!‹«. In dem Stück »Willkommen« heißt es: »Komm Türke, trink deutsches Bier / Dann bist du auch willkommen hier / Mit Prost wird Allah abserviert / Und du ein Stückchen integriert [...] / Die Pluderhosen stören nur / Tragt Bein und Kopf doch bitte pur.« Das gesamte Album war von einem bitteren Grundton durchzogen, doch immerhin »Mein Deutscher Freund« endet mit einer zuversichtlichen Strophe, der Hoffnung auf die Versöhnung der Menschen in der kommenden Generation: »Türkisch Kind und deutsches Kind / Ihr sollt unsere Hoffnung sein / Da wo jetzt noch Schranken sind / Reißt sie nieder, stampft sie ein.«

Zu den Musikern der Band *Die Kanaken* gehörte auch der 1963 geborene Ozan Ata Canani. Er kam 1975 aus der Türkei nach Deutschland und brachte sich schon als Schüler das Spielen der türkischen Langhalslaute, der Bağlama, bei. Er trat auf türkischen Hochzeitsgesellschaften auf und begann schließlich, eigene Lieder zu komponieren, bald auch in deutscher Sprache. »Deutsche Freunde« hieß sein erster deutschsprachiger Song: »Arbeitskräfte wurden gerufen / unsere deutsche Freunde / aber Menschen sind gekommen / unsere deutsche Freunde«, lauten die ersten Zeilen, die auch ein Zitat des Schweizer Schriftstellers Max Frisch enthalten. »Ein kleines Herrenvolk sieht sich in Gefahr: man hat Arbeitskräfte gerufen, und es kommen Menschen«[38], schrieb Frisch 1965 im Vorwort zu einem Buch über die italienischen Gastarbeiter in der Schweiz. Er habe dieses Zitat auf einem Plakat der IG Metall gesehen und es daraufhin sofort in einen Songtext aufgenommen, sagte Ozan Ata Canani in einem Interview, das ich im Frühjahr 2021 mit ihm führte.[39] »Deutsche Freunde« handelt vom Los der Menschen, die in Deutschland – so eine weitere Strophe – »als Schweißer, als Hilfsarbeiter / als Drecks- und Müllarbeiter« ihr Dasein fristen. Und es handelt vom Los ihrer Kinder, denen sich die Frage stellt, die Canani am Ende des Songs formuliert: Sie »sind geteilt in zwei Welten / ich bin Ata und frage Euch / wo wir jetzt hingehören« – eine Debatte, die bis heute, etwa unter #MeTwo, geführt wird.

Canani war sich schon als Teenager darüber im Klaren, dass er sein Leben in Deutschland verbringen würde. Doch ebenso deutlich sei ihm gewesen, dass die Deutschen ihn lieber heute als morgen »nach Hause« schicken würden. In seinen Liedern besang er immer wieder diese Spannung und versuchte, den Riss mithilfe von Musik zu kitten. Er stellte eine Band zusammen und gab Konzerte, sie hatten sogar ein paar Fernsehauftritte, aber weitere Erfolge blieben aus. Das türkische Publikum in Deutschland wollte keine Lieder in deutscher Sprache hören, und die Deutschen interessierten sich nicht für die Probleme und die Musik ihrer »ausländischen Mitbürger«. Das galt auch für die Angehörigen der Alternativ- und Gegenkulturen: Diese hatten Anfang der 80er-Jahre zwar ein offenes Ohr für die neuen afroamerikanischen Sounds, für Hip-Hop und jamaikanischen Reggae sowie für die emanzipatorischen Kämpfe, die sich darin spiegelten. Aber die Musik der im eigenen Land lebenden Minderheiten wurde ebenso geflissentlich ignoriert wie die alltägliche rassistische Diskriminierung, der die Menschen ausgesetzt waren.

Nachdem Cem Karaca in die Türkei zurückgekehrt war, leitete Canani eine Zeit lang das Nachfolgeprojekt *Die Kanaken 2* – allerdings nur mit geringem Erfolg. So beendete Canani seine musikalische Karriere Ende der 80er, und es dauerte fast drei

Jahrzehnte, bis man ihn wiederentdeckte: Für eine Kompilation mit dem Titel »Songs of Gastarbeiter« nahm er 2013 »Deutsche Freunde« noch einmal auf; danach spielte er wieder regelmäßig Konzerte, gemeinsam mit der Münchener Neo-Krautrock-Band *Karaba*. Im Frühjahr 2021 erschien schließlich sein spätes Debütalbum mit dem Titel »Warte mein Land, warte«: Sein ornamentales, melodisch verspieltes, aber durch elektrische Verzerrungen gleichsam rockmusikartig wirkendes Bağlama-Spiel legte er über eine monotone Rhythmussektion, die an *Can* und *Neu!* erinnerte. So fand 40 Jahre nach seinen ersten Auftritten der Sound der deutsch-türkischen Migranten doch noch mit jenem des Krautrock zusammen: »Warte mein Land, warte / bis ich wiederkomm«, heißt es im Titelstück: »Denn auch in der Fremde / bleib ich dein Sohn.«

11 »MACHT KAPUTT, WAS EUCH KAPUTT MACHT«

Gesellschaftlicher Aufbruch und Emanzipation im deutschen Rock der 1970er- und 80er-Jahre

Ihre Kinder hatten die deutsche Sprache zurück in die Rockmusik der späten 1960er- und frühen 70er-Jahre gebracht, doch ihre Karriere währte nur kurz. Schon nach dem zweiten Album, »Leere Hände« aus dem Jahr 1970, begann die Band zu zerfallen; nach dem fünften Album »Anfang ohne Ende« löste sie sich 1972 auf. Prägend für den Deutschrock der 70er wurden dann eine Band und ein Künstler, die sich beide nach eigener Aussage vor allem an *Ihre Kinder* orientierten: *Ton Steine Scherben* und Udo Lindenberg. *Ton Steine Scherben* gründeten sich 1970 in Westberlin. Im selben Jahr erschien ihre erste Single »Macht kaputt, was euch kaputt macht«, im folgenden Jahr das Debütalbum »Warum geht es mir so dreckig?«. Wie *Ihre Kinder* und auch *Floh de Cologne* befassten sich *Ton Steine Scherben* in ihren Songs mit der Entfremdung in der kapitalistischen Gesellschaft und mit dem Gefühl vieler Menschen, in dieser Welt keine Chance auf eine individuelle Entwicklung zu haben. Anders als ihre Vorgänger kam die Band mit ihrem Songschreiber Ralph Möbius alias Rio Reiser jedoch ganz ohne marxistisches Vokabular aus: Die Beschreibung der Gesellschaft und der Zeitverhältnisse wirkten vielmehr persönlich, aus subjektiven und Alltagsperspektiven heraus formuliert. Mit den Parolen und Slogans von Reiser konnte man sich – ganz unabhängig von den individuellen Lebensverhältnissen – sofort identifizieren, sofern man nur irgendwie unzufrieden mit der Gesamtsituation war. Und wer war das nicht?

Ton Steine Scherben: Entfremdung und Utopie

In »Macht kaputt, was euch kaputt macht« hieß es etwa: »Radios laufen / Platten laufen / Filme laufen / TVs laufen / Autos kaufen / Häuser kaufen / Möbel kaufen / Eisen kaufen / Wofür? / Macht kaputt / Was euch kaputt macht / Macht kaputt / Was euch kaputt macht.« Das ist nicht unähnlich dem, was *Floh de Cologne* in »Sei ruhig, Fließbandbaby« sangen, aber doch wesentlich griffiger formuliert und am Ende auf einen Slogan zugespitzt, der in den folgenden Jahren und Jahrzehnten zu einem geflügelten Wort avancieren sollte. Ähnlich verhielt es sich mit *Ton-Steine-Scherben*-Songs wie »Ich will nicht werden was mein Alter ist« von dem Albumdebüt 1971, in dem das große Thema der Rockmusik seit den 60er-Jahren – die Entfremdung von der Elterngeneration und der Wille, dagegen in politischer, habitueller und auch musikalischer Form aufzubegehren – auf den Punkt gebracht wird: »Aber ich will nicht werden / Was mein Alter ist. Nee! / Ich will nicht werden / Was mein Alter ist.« »Der Traum ist aus« vom zweiten Album aus dem Jahr 1972, »Keine Macht für Niemand«, wurde schließlich zur großen Hymne der Alternativkultur in den 70er-Jahren: »Ich hab' geträumt, der Krieg wär vorbei / Du warst hier und wir waren frei / Und die Morgensonne schien / Alle Türen waren offen, die Gefängnisse leer / Es gab keine Waffen und keine Kriege mehr / Das war das Paradies.« Auf diese Utopie konnte sich jeder Mann und jede Frau jederzeit verständigen – so unbestimmt war diese in ihrer geradezu biblischen Perspektive. Wer diese Parolen im Konzert oder vor dem heimischen Plattenspieler mitsang, musste keinen Widerspruch fürchten und konnte sich gewiss sein, dass alle, die dabei als Gemeinschaft zusammenfanden, vereint waren gegen diejenigen, die Waffen, Kriege und Gefängnisse wollten. »Der Traum ist aus / Aber ich werde alles geben, dass er Wirklichkeit wird«, so lautet es im dramatischen Refrain und in der noch dramatischeren nächsten Strophe: »Gibt es ein Land auf der Erde, wo der Traum Wirklichkeit ist? / Ich weiß es wirklich nicht / Ich weiß nur eins, und da bin ich sicher / Dieses Land ist es nicht / Dieses Land ist es nicht.«

Udo Lindenberg, Peter Maffay: Außenseiter und Männerfantasien

Bei *Ton Steine Scherben* ging es um die Erzeugung einer diffusen, pathetischen Gemeinschaftlichkeit. Bei Udo Lindenberg, dem zweiten großen Protagonisten des neuen Deutschrock in den frühen 70er-Jahren, stand hingegen die Beschwörung eines Außenseitertums im Mittelpunkt – Außenseitertum in dem Sinne, dass man aus allen denkbaren Gemeinschaften ausgeschlossen bleibt, weil eine Anpassung nicht möglich scheint, nicht in der Gesellschaft und auch nicht in Liebesbeziehungen. Auf seinem ersten deutschsprachigen Album »Daumen im Wind« aus dem Jahr 1971 schloss Lindenberg an die Einsamer-Wolf-Attitüde an, die vor ihm schon in den 1950er-Jahren Freddy Quinn und Bruce Low gepflegt hatten. So wie Low 1953 sang: »Bin nur ein Jonny, zieh durch die Welt« und Freddy Quinn in »Heimatlos«: »Keine Freunde, keine Liebe / Keiner denkt an mich das ganze Jahr«, so beschreibt sich Lindenberg im Titelstück des Albums als entwurzelter Geselle, der gerade wieder eine eigentlich geliebte Frau verlassen musste, weil es eben irgendwie nicht passte: »Nun steh' ich wieder an der Autobahn / Und halt' den Daumen in den Wind / Es wurde Zeit, mal wieder loszufahren / Ich hoff' es hält bald einer an.« Denn: »Ich hab's versucht mit ihr /

Und es war ja auch ganz schön / Frühstück im Bett und viele nette Sachen / Doch irgendwie auf die Dauer / Fand ich's denn doch nicht mehr so schön / Mit mir ist das leider nicht zu machen / Und jedesmal wenn ich am Ortsausgang stand / Tat mein Tramperherz so weh / Und ich wusste dass ich sie verlassen musste / Und heut' ist es soweit und ich geh'.« Ihn plagt das Fernweh wie schon die einsamen Männer im Schlager der 50er-Jahre, und so träumt er auch in ähnlicher Weise von allen möglichen exotischen Zielen und Szenarien, die aufgrund der bunten Mischung und naiv wirkenden Formulierungen offensichtlich symbolisch gemeint sind: »Ich möcht' so gern mal nach Haiti / Oder zum Titicacasee … / Ich möcht' auch gerne mal nach Afrika / Und mit den Urwaldnegern trommeln« (das N*-Wort war bis weit in die 1980er-Jahre hinein auch unter sich als progressiv verstehenden Menschen unumstritten gängig und wurde nicht als rassistisch empfunden – was aber nichts daran ändert, dass es sich bei dem Kompositum »Urwaldneger« zweifellos um ein rassistisch-exotisierendes Klischee handelt).

Vor »Daumen im Wind« hatte sich Lindenberg schon an einer englischsprachigen Platte mit dem Namen »Lindenberg« versucht. Doch blieb diese erfolglos und ließ ihn auch künstlerisch unzufrieden zurück: »Ich merkte, dass es nicht gut für mich war, englisch zu singen und zu schreiben«, sagte er damals in einem Interview, »weil ich Englisch gar nicht so gut konnte. Mir ist klargeworden, dass es viel besser ist, sich in der Sprache auszudrücken, die man beherrscht.«[40] Auf »Daumen im Wind« hört man noch ein relativ unauffälliges Hochdeutsch. Auf den folgenden Alben »Alles klar auf der Andrea Doria« (1973), »Ball Pompös« (1974) und »Votan Wahnwitz« (1975) entwickelte sich daraus jener spezielle Gesangsstil, der für Lindenberg in den nächsten Jahren und Jahrzehnten und bis in die Gegenwart typisch werden sollte. Albrecht Koch beschrieb diesen Stil 1987 in seinem schon zitierten Buch »Angriff aufs Schlaraffenland« sehr treffend so: »Da er nicht richtig singen konnte, passte er Phrasierung und Betonung seines Gesangs dem Rockrhythmus an und versuchte gar nicht erst, Melodielinien richtig auszusingen. Er vermied die operettenhaften, langgezogenen Oooohs und Aaahs, das Iiiccchhh-lii-iiieee-be-diiich der Schlagerbarden und soul- und bluesorientierten Rocksänger und pflegte seinen näselnden Rockgesang. Er packte in der Regel mehr Wörter in seine Texte, als es beim Schlager üblich war, und vermied auch die abgegriffenen Schlager-Sprachformeln. Statt ›Ich liebe dich‹ textete er ›Ich fand dich so erregend‹ oder ›Die große Lovestory haut mit mir nicht mehr hin‹. Er hatte den Mut zum Trivialen, wobei ihn aber seine schnoddrige Art vorerst vor Schlagerpeinlichkeiten rettete.«[41]

Sein völlig neuartiger, gleichermaßen lässig und artifiziell wirkender Sprachstil zeichnete sich durch die Einbindung von Wörtern und Phrasen aus, die Lindenberg dem Slang der Straße abgelauscht oder selbst erfunden hatte, wobei der Unterschied zwischen dem einen und dem anderen bei ihm keine Rolle mehr spielte. Bis heute, schreibt Matthias Heine in seinem Buch »Krass. 500 Jahre deutsche Jugendsprache« prägt Udo Lindenberg »unsere Vorstellung davon, was Jugendsprache ist [...] – mit dem Wortwitz seiner Namenserfindungen à la *Bodo Ballermann* oder *Votan Wahnwitz*, mit dem spielerischen Einbau von Anglizismen wie *rumflippen* oder *ausknocken* in seine ruppige Poesie«[42]. So wie in den Fernwehschlagern der 50er-Jahre bereits über die Sprachgrenzen hinweggereimt wurde, so reimte nun Udo Lindenberg: »Rudi Ratlos heißt der Geiger / Der streicht uns grad 'n Evergreen / Er ist achtzig, hat zittrige Finger / Und ist schon ganz weich in den Knien« auf seinem 1974er Album »Ball Pompös«. Er sorgte dafür, dass »tierisch« als Steigerungspartikel und »geil« als Synonym für »gut« zum sprachlichen Allgemeingut wurden (auch wenn er diese Wörter, wie Matthias Heine anmerkt, selbst gar nicht oft benutzte)[43]. Er etablierte Redewendungen wie »keine Panik«, umgangssprachliche Berufsbezeichnungen wie »Controlletti« für (Fahrkarten-) Kontrolleur (nach seinem Song »Johnny Controlletti« auf »Ball Pompös«) oder das Suffix »Fuzzi«, das in den späten 70er- und 80er-Jahren eine steile Karriere in Wörtern wie »Schlagerfuzzi, Werbefuzzi und Ökofuzzi« machte[44].

»Als erster deutscher Musiker löste er sich total vom 08/15-Klischee und spricht genau die Sprache seiner Generation«, so wurde Lindenberg schon 1972 von der Zeitschrift *Pop* gelobt.[45] Seine Sprache hatte etwas Alltägliches, aber auf der anderen Seite auch etwas Verruchtes; sie schien einer Welt zu entstammen, zu der die meisten seiner Hörer und Hörerinnen keinen Zugang hatten: einer Halbwelt der Jazzclubs und des Hamburger Rotlichtmilieus, wo Lindenberg stellvertretend für seine Fans allerlei Abenteuer erlebte – nicht zuletzt erotische. In »Boogie Woogie Mädchen« beschrieb er einen Auftritt seiner Band folgendermaßen: »Ich sang gerade unseren Hammer-Hit zum 150. Mal / Der Trommler hinter mir rockte los wie ein Verrückter / Und der Typ am Bass wie ein vom Jenseits geschickter.« Aber das Highlight an diesem Abend sei das »Boogie Woogie Mädchen« gewesen, das ihm beim Rocken aus der ersten Reihe anschmachtete: »Rotes Mädchen im Scheinwerferlicht / Und ganz nass im Gesicht / Boogie Woogie Mädchen / Die Jeans saßen knapp / Und dann hoben wir ab.«

Lindenberg schuf nicht nur ein Idiom, das es in der deutschsprachigen Popmusik so bis dahin nicht gegeben hatte. Er lud es zugleich auf ebenso unbekannte Weise sexuell auf: Der unablässig irgendetwas von sich erzählende, zugleich von stetigem Liebeskummer geplagte, von willigen Groupies wie dem »Boogie Woogie Mädchen« umschwirrte Star wurde Mitte der 70er-

Jahre zum prägenden Sexsymbol der deutschsprachigen Rockmusik. Er gefiel sich in der Rolle eines unglücklichen Typen, der gerade deshalb umso interessanter erschien. In den Kaschemmen, in denen er auftrat, war die Liebe käuflich, und das war aus seiner Sicht auch kein Problem. In dem Stück »Bodo Ballermann« besang Lindenberg einen gleichnamigen Fußballspieler, der seinen Ruhm dazu nutzte, möglichst viele Frauen ins Bett zu bekommen: »Weil Bodo nicht nur gut war im Spiel / Sondern den Frauen auch besonders gefiel / Hat er dann reichlich mit den Groupies gepennt.«

Bodo Ballermann oder Udo Lindenberg konnten, so die Fiktion, offenbar jede Frau ins Bett kriegen. Es sei denn, dass sie noch zu jung war – dann stellte sich das schlechte Gewissen ein. In dem Lied »Nina« sang Lindenberg 1976 über die Liebe zu einem minderjährigen Mädchen und über sein Bedauern, dass er mit ihr noch keinen Sex haben durfte: »Es ist besser, Nina, wenn du jetzt gehst / Denn du bist erst vierzehn / Deine Eltern warten sicher schon auf dich / Komm, du musst jetzt gehn […] / Sei mal ganz ehrlich / Doch wir können solche Sachen leider nicht machen / Denn du bist vierzehn, und das ist zu gefährlich.« In dem 15 Jahre später erschienenen Stück »Lolita« war von derlei Bedenken freilich nichts mehr zu spüren: »Ich war so um die 40 / Und sie war 15 / Wir wollten uns zusammentun / Ja, wo ist'n da das Problem? / Wir zählen die Jahre zusammen / Und teilen das dann durch zwei / Dann sind wir beide ziemlich jung / Und fühl'n uns gut dabei.«

So kann man Udo Lindenberg nicht nur als Symbolfigur der sprachlichen Befreiung der Popmusik in den 70er-Jahren betrachten, er stand auch für all jene Männer, die die sexuelle Revolution jener Zeit vor allem als Chance ansahen, mit möglichst vielen Frauen ins Bett zu gehen – und nicht zuletzt: mit möglichst vielen jüngeren Frauen. Nicht zufällig verlief seine

Karriere parallel zum Boom der »Sexwelle« im deutschen Kino, zu den »Schulmädchenreport«-Filmen und deren endlosen Variationen – hier gehörten junge Mädchen, die sich willig älteren Männern hingaben, zum Standardklischee.[46] Eine originelle Umkehrung dieses Klischees lieferte Peter Maffay mit seinem 1976 erschienenen Lied »Und es war Sommer«. Darin sang er darüber, wie sich ein 16-jähriger Junge von einer 15 Jahre älteren Frau entjungfern lässt: »Ich war 16 und sie 31 / Und über Liebe wusste ich nicht viel / Sie wusste alles / Und sie ließ mich spüren / Ich war kein Kind mehr / Und es war Sommer.«

Inga Rumpf, *Flying Lesbians, Schneewittchen, Unterrock, Östro 430:* Die »Neue Frauenbewegung« in der Musik

Die 70er-Jahre waren eine Zeit des entfesselten Sexismus. Doch formierte sich in dieser Zeit auch die Neue Frauenbewegung, und zum ersten Mal betraten Musikerinnen die Bühne, deren Songs sexuelle Gleichberechtigung thematisierten. Die erste weibliche Rocksängerin, die im Deutschland der frühen 70er-Jahre Erfolg hatte, war Inga Rumpf: Sie begann ihre Karriere Ende der 60er in der Folkband *City Preachers*, in der auch Udo Lindenberg eine Zeit lang am Schlagzeug saß. Danach sang sie in den Rockbands *Frumpy* und *Atlantis*, die sich am britischen Progressive Rock jener Zeit sowie an Blues, Jazz und Soul orientierten. Rumpf wurde aufgrund ihrer dunklen Soulstimme in der Presse gern als »deutsche Janis Joplin« bezeichnet und stieg bis Mitte des Jahrzehnts zu einem viel beachteten Role Model auf. 1975 erschien ihr Solodebüt »Second-Hand Mädchen«, auf dem sie erstmals auch auf Deutsch sang. Im Titelstück widersetzt sich die Sängerin in Aussehen und Stil männlichen Erwartungen. Sie wolle sich nicht in eine »Glitterjacke« und »Flitter«

kleiden, um eine große Karriere zu machen, denn sie sei eben ein »Second-Hand Mädchen«: »Meine Nähte sitzen schief und krumm / Ich bin ein Second-Hand Mädchen / Doch man beneidet mich darum! / Ich mag keine Kleider aus Plastik / Ich will Schuhe aus Krokodil / Keinen Hüfthalter aus Elastik / Da hab' ich meinen eignen Stil!«

Im selben Jahr brachte auch die erste Gruppe, die sich ausdrücklich als Teil und Sprachrohr der Neuen Frauenbewegung verstand, ihr Debüt heraus. Die *Flying Lesbians* waren erstmals 1974 beim »Frauenfest Rockfete im Rock« in der Technischen Universität Berlin aufgetreten. Die Band bestand ausschließlich aus Frauen und spielte auch nur vor weiblichem Publikum, zumeist auf Frauenfesten; ihr erstes und letztes Album »Flying Lesbians« – mit einer Amazonenaxt auf dem Cover – wurde ausschließlich in Frauenbuchläden verkauft. Ihre Lieder sangen die *Flying Lesbians* abwechselnd auf Deutsch und Englisch, doch ohne die beiden Sprachen miteinander zu mischen. In dem Stück »Matriarchats-Blues« hieß es etwa: »Wir sind eine Million Jahre jung / Doch alt genug, um zu kapieren / Dass wir Frauen klar zusammengehören / Denn außer Männern haben wir nichts zu verlieren!« Und in dem Stück »Frauen kommt her«: »Frauen, Frauen / Frauen erhebt euch, und die Welt erlebt euch! / Frauen / Frauen gemeinsam sind stark!«

Eine weitere ausschließlich aus Frauen bestehende Band, die aber über die *safe spaces* der Autonomen Frauenbewegung in die breitere Öffentlichkeit auszustrahlen versuchte, wurde 1976 gegründet und hieß *Schneewittchen*. Ihre zentrale Figur war die Folksängerin, Gitarristin und Querflötenspielerin Angi Domdey. Sie hatte zuvor in einer Jazzband gespielt und versuchte sich mit *Schneewittchen* nun an einer Verbindung von deutschen Volksliedern und Blues-Balladen mit feministischen Botschaften. Das Debütalbum der Band erschien 1978 unter dem

Titel »Zerschlag deinen gläsernen Sarg (Frauenmusik – Frauenlieder)«. Im Titelstück heißt es: »Schneewittchen, glaub nicht, / Was das Märchen verspricht / Das Happy End kann nur dein eignes sein / Es gibt noch viele andere Schneewittchen, drum wandere / Zu ihnen, hilf sie befrein / Drum zerschlag deinen gläsernen Sarg.« Und in dem Stück »Der Mann ist ein Lustobjekt« sangen sie: »Der Mann, das ist ein Lustobjekt / Und sonst nicht zu gebrauchen / Und wenn der Neue streicheln kann / Und schöner als der Alte / Dann bleib ich bei dem neuen Mann / Bevor ich ganz erkalte.«

Wie bei den *Flying Lesbians* bestanden auch die Texte von *Schneewittchen* im Wesentlichen aus Empowerment-Botschaften; es ging darum, feministisch bewegten Frauen ein Gefühl der Gemeinschaftlichkeit und Stärke zu verschaffen. Von der Schärfe und Drastik, mit der Nina Hagen im selben Jahr – damals schon nicht mehr in der DDR – ihre feministischen Botschaften formulierte (siehe Kapitel 7), waren beide Bands weit entfernt. Generell änderte sich die Tonlage in der feministischen Musik erst am Ende des Jahrzehnts mit dem erblühenden Punkrock und zweifellos auch unter dem Einfluss von Hagen. Nun entstanden gleich eine Reihe von Bands, die in ihren Texten auf sexuelle Selbstbestimmung drängten und zum Kampf gegen das Patriarchat aufriefen. Die in Hannover gegründete Band *Unterrock* veröffentlichte 1980 ihr selbstproduziertes Debüt »Mach mal deine Schnauze auf!« und sang etwa in dem Stück »Heterowelt«: »Mach mal deine Schnauze auf / Lass mal deine Scheiße raus / Versteck dich nicht hinter Modeflitter / Zeig mal deinen Psychoglitter / Heterowelt – leck mich am Arsch! / Heterowelt – leck mich am Arsch!«

Unterrock verstanden sich, ähnlich wie die von ihnen als Vorbilder zitierten *Flying Lesbians*, als Teil der feministischen Frauen- und Lesbenbewegung – während viele andere von

Frauen betriebene Punkbands, die an der Wende zu den 80er-Jahren entstanden, den Feminismus der vorangegangenen Generation bereits als hippiehaft und vor allem lustfeindlich ablehnten. Diese Position wurde am prominentesten von der 1979 in Düsseldorf gegründeten Punkband *Östro 430* vertreten: In deren Texten ging es vor allem darum, dass sie nichts lieber täten als ficken – und dass die Männer, auf die sie beim Versuch der Erfüllung dieses Wunsches träfen, lediglich sexuelle Schlappschwänze seien. Einem größeren Publikum wurden *Östro 430* mit dem Lied »Sexueller Notstand« bekannt, erschienen 1981 auf ihrem Albumdebüt »Durch dick und dünn«. Darin heißt es: »Mit den Typen ist heut' nichts mehr los / Jedesmal die gleiche Pein / Sie ficken wie Kaninchen bloß / Und pennen nach'm Orgasmus ein.« Lesbische Liebe sei aber leider auch keine Alternative, denn: »Mit Frauen ist es auch nicht einfach / Ich steh' nicht nur auf Zärtlichkeit / Pass' auf, dass ich mit dir nicht einschlaf' / Wo ist der Mensch, der meine Geilheit teilt?«

Im Durchgang durch die Texte der alternativkulturell verwurzelten Popmusik der 70er-Jahre – vom Deutschrock bis zu den Bands der Neuen Frauenbewegung – zeigt sich, dass die formulierten Positionen immer wieder zwischen dem Wunsch nach Gemeinschaftsbildung und jenem nach Individualisierung changieren: *Ton Steine Scherben* rufen zum kollektiven Kampf gegen das System auf, während Udo Lindenberg sich als einsamen Vagabunden inszeniert; die *Flying Lesbians* und *Schneewittchen* wollen die Frauen zum Kampf gegen das Patriarchat sammeln, während sich *Östro 430* als vereinzelte Individuen in einer Welt zeigen, die ihnen keine Befriedigung verschafft. Dem Pathos des gemeinschaftlichen Empowerments steht ein Pathos des Nicht-mitmachen-Wollens gegenüber, wobei sich dieses Nicht-mitmachen-Wollen nicht nur auf die bürgerliche Gesellschaft richtet, sondern auch auf die politischen

Kulturen, die sich als Alternative zu dieser Gesellschaft verstehen. Dieser Gegensatz wird uns im folgenden Kapitel, in den 80er-Jahren, wieder begegnen: Es ist nun der Gegensatz zwischen dem Pazifismus der Friedensbewegung und dem Nihilismus der Punks.

12 »TANZ DEN MUSSOLINI«

Hymnen der Friedensbewegung, Nihilismus und neue Romantik

Eine der größten Demonstrationen der bundesdeutschen Nachkriegsgeschichte fand im Oktober 1981 im Bonner Hofgarten statt. Über 300 000 Menschen versammelten sich, um gegen den NATO-Doppelbeschluss und das nukleare Wettrüsten der Supermächte USA und UdSSR zu demonstrieren. Es wurden viele Reden gehalten, aber es gab auch Musik. Einige politische Liedermacher, die ihre Karrieren in den 60er-Jahren begonnen hatten und in den 70ern weitgehend aus der Öffentlichkeit verschwunden waren, erhielten hier noch einmal eine große Bühne, zum Beispiel Hannes Wader und Franz Josef Degenhardt. Von der jüngeren Generation war Angi Domdey von der feministischen Rockgruppe *Schneewittchen* dabei. Sie sang unter anderem das Lied »Liebende aller Länder vereinigt euch«. Während der Titel auf den Aufruf am Ende des »Kommunistischen Manifests«, »Proletarier aller Länder, vereinigt euch!« anspielt, basiert der Text auf dem alten Hippie-Slogan »Make Love Not War«. Er beginnt mit den Zeilen »Liebende aller Länder vereinigt Euch / Make love not war, make love not war«, was in den folgenden Strophen dann auf Englisch, Französisch und Russisch wiederholt wird. Das Lied findet sich auch auf dem damals gerade erschienenen Soloalbum von Angi Domdey, »Pazifistin bin ich.« Im ersten Titel des Albums, dem »Pazifistenlied«, erzählt die Sängerin von ihrer Angst angesichts der aktuellen Weltlage, vor den drohenden Kriegen, aber auch von der Ermutigung, die sie aus der Gemeinschaft mit anderen Pazifisten zieht: »Pazifistin bin ich / Seht mich an / Und ich tanze / Auf dem Vulkan [...] / Mein Schmerz wird nun zur Kraft / Meine Angst wird abgeschafft / Und mein Zorn verwandelt sich in Stärke.«

Bots, Nicole, Udo Lindenberg: Lieder für die pazifistische Bewegung

Auch die seinerzeit bekannteste Band, die bei der Demonstration im Hofgarten auftrat, sang Mitmach- und Mutmachlieder für pazifistisch bewegte Menschen. Die *Bots* waren eine Folkgruppe aus den Niederlanden, die Ende der 70er-Jahre damit begonnen hatte, auf Deutsch zu singen, mit einem starken niederländischen Akzent. Rund 13 Jahre nach dem Erfolg von Heintje hatten sie diesen als musizierende Lieblings-Niederländer der Deutschen abgelöst. Nur dass ihr Akzent inzwischen nicht mehr mit der Niedlichkeit des in einer Fremdsprache singenden »Muttersöhnchens« assoziiert wurde, sondern mit einem politischen Liberalismus, von dem die friedensbewegte westdeutsche Jugend träumte. Die Niederlande waren bei dieser Zielgruppe nicht zuletzt wegen der liberalen Drogenpolitik beliebt – in der Szene war das Kiffen gang und gäbe. Bei der Hofgartendemonstration spielten die *Bots* ihren bislang größten Hit von ihrem ersten deutschsprachigen Album »Aufstehn«. Wie bei Angi Domdey wurde auch hier die Kraft der Gemeinschaft beschworen: »Was wollen wir trinken sieben Tage lang? / Was wollen wir trinken? So ein Durst / Es wird genug für alle sein / Wir trinken zusammen, roll das Fass mal rein / Wir trinken zusammen, nicht allein.« In ihrem zweiten großen Hit, der auf dem 1981 erschienenen Album »Entrüstung« zu hören ist, heißt es: »Das weiche Wasser bricht den Stein / Es reißt die schwersten Mauern ein / Und sind wir schwach und sind wir klein / Wir wollen wie das Wasser sein / Das weiche Wasser bricht den Stein [...] / Komm feiern wir ein Friedensfest / Und zeigen, wie sich's leben lässt.« Zu solchen Texten passte in den Ohren deutscher Muttersprachler der niederländische Akzent mit seiner weichen Intonation besonders gut. 1988 dichtete der Texter Diether Dehm das Lied gar zur SPD-Hymne um: »Wir sind die stärkste der Partei'n / Und sind wir schwach und sind wir klein / ...«

Die Lieder der Friedensbewegung waren Empowerment-Lieder. Sie wollten großen Mengen von Menschen das Gefühl vermitteln, dass sie gemeinsam auf der richtigen Seite standen. Das verband sie mit den politischen Slogans, die Rio Reiser in den Liedern von *Ton Steine Scherben* entwickelt hatte – doch die eigentlichen historischen Vorbilder waren Hymnen der Friedensbewegung wie »We Shall Overcome« (ursprünglich ein Schlüssellied der US-Bürgerrechtsbewegung), das bei der Bonner Hofgarten-Demo von Harry Belafonte dargeboten wurde. Das deutsche Pendant hieß »Ein bisschen Frieden«: Der erfolgreichste Lobgesang der Friedensbewegung wurde im Jahr 1982 von der Sängerin Nicole vorgetragen, komponiert von Ralph Siegel, getextet von Bernd Meinunger. Nicole erreichte damit den ersten Platz beim Grand Prix Eurovision de la Chanson. Der Refrain lautete: »Ein bisschen Frieden, ein bisschen Träumen / Und dass die Menschen nicht so oft weinen / Ein bisschen Frieden, ein bisschen Liebe / Dass ich die Hoffnung nie mehr verlier.« Dagegen konnte nun wirklich niemand etwas sagen, schon gar nicht, wenn das Lied von einem jungen Mädchen in einem weißen Kleid mit einer weißen Gitarre dargeboten wurde – die universelle Symbolik der Unschuld. Die Allgemeingültigkeit der Friedenshoffnung wurde noch dadurch betont, dass der Refrain – ähnlich wie in Domdeys »Liebende aller Länder vereinigt euch« – auf Englisch, Französisch, Niederländisch und

Spanisch gesungen wurde: »A little hoping, a little praying / For our tomorrow a little peace [...] / Een beetje vrede, een beetje vreugde / Erover dromen dat doe ik al [...] / Paloma de paz, solo yo quiero ser / Y así poder sembrar paz«, usw.

Auch Udo Lindenberg nahm 1981 ein Lied für die Friedensbewegung auf. Er sang es im Duett mit dem damals zehnjährigen Pascal Kravetz, der naive Fragen stellt, wodurch die Ruchlosigkeit der vermeintlich kriegstreibenden Politiker besonders deutlich herausgestellt werden soll: »Herr Präsident, ich bin jetzt zehn Jahre alt / Und ich fürchte mich in diesem Atomraketenwald / Sag mir die Wahrheit, sag mir das jetzt / Wofür wird mein Leben auf's Spiel gesetzt? ... / Na ja, vielleicht kann ich's noch nicht verstehen / Wozu Kriege nötig sind / Ich bin wohl noch zu klein / Ich bin ja noch ein Kind.«

Fehlfarben, S.Y.P.H., Einstürzende Neubauten: Apokalypse und Nihilismus

Unschuldige Fragen und Hoffnungen, die Beschwörung von Gemeinschaftsgefühlen, der Wunsch nach dem Zusammenstehen gegen eine universelle Bedrohung – das war *eine* Form, in der sich die politische Stimmung der frühen 80er-Jahre in der deutschsprachigen Popmusik artikulierte. Die andere war schriller und lauter, sie setzte nicht auf wohlgesetzte Worte und Sätze zu eingängigen Melodien, sondern auf stakkatoartige Rhythmen und Satzfragmente, die den apokalyptischen Zustand der Welt beschreiben sollten. »Roland, Wiesel, Marder, Phantom / Albatros, Wiking, Tornado / Aus den Waffenschmieden der Nation / Tag und Nacht in steter Produktion«, hieß es in dem Lied »Apokalypse« der Düsseldorfer Band *Fehlfarben* von 1980: »Ernstfall, es ist schon längst soweit / Ernstfall, Normalzustand seit langer Zeit«, singt oder vielmehr schreit der Sänger der Band, Peter Hein, im Refrain, um in der letzten Strophe seine eigene Seelenlage zu beschreiben: »Ich fürchte nicht um mein Leben / Ich hab' nur Angst vor dem Schmerz / Ich bettle nicht um Sekunden / Ich sehe schon ein flammendes (Herz).«

Hier hörte man den Sound und die Sprache der Punkbands, die an der Wende zu den 80er-Jahren nach britischen Vorbildern wie den *Sex Pistols*, *The Damned* oder *The Clash* auch in der Bundesrepublik zu einer eigenen Subkultur wurden. So minimalistisch schroff und zersplittert die Musik der Punks war, so wirkte auch ihre Sprache: In ihren Songs wurden keine Geschichten mehr erzählt. Stattdessen lieferten sie lediglich fragmentarische Zustandsbeschreibungen von zerstörten Welten und Existenzen. Die Gefühligkeit der Hippies und Friedensbewegten lehnten die Punks ebenso ab wie den Glauben, man könne mit harmonischer Gemeinschaftlichkeit die Welt zum Besseren verändern. Auch die Utopie der Ökos, der Lauf der Dinge ließe sich mit einer Rückkehr zur Natur noch aufhalten, wurde als falscher Schein abgetan: »Ich glaub ich träume / ich seh nur Bäume / Wälder überall / Ich merk auf einem Mal / Ich bin ein Tier hier / ein scheiß Tier hier«, heißt es schon 1978 in dem Lied »Zurück zum Beton« von der ebenfalls aus Düsseldorf stammenden Punkband *S.Y.P.H.*: »Zurück zum Beton / Da ist der Mensch noch Mensch«, und: »Ekel Ekel Natur Natur / Ich will Beton pur … / Keine Vögel Fische Pflanzen / Ich will nur im Beton tanzen.«

Noch radikaler gab sich die Westberliner Band *Einstürzende Neubauten*, die eine Woche vor der Bonner Friedensdemonstration im Oktober 1981 ihr Debütalbum »Kollaps« herausbrachte. Die Musik bestand aus verzerrten Gitarrenklängen, vor allem aber aus Geräuschen und Rhythmen, die mit Metallgegenständen und -schrott, mit Hämmern und elektrischen Bohrern eingespielt wurden. All das ergab eine apokalyptisch wirkende

Kakophonie, zu welcher der Sänger der Band, Blixa Bargeld, repetitive, mantraartige Wort- und Satzschnipsel schrie, die noch stärker zersplittert waren als bei den übrigen Punkbands: Texte wie ein böser Zwilling jener Gesänge des zehn Jahre älteren Krautrock. »Ich steh auf Zerfall / Ich steh auf Krankheit / Ich steh auf Niedergang / Ich steh auf Ende / Ich steh auf Schluss / Ich steh auf Aus«, heißt es in dem zweiten Stück auf dem Album »Steh auf Berlin«, und der folgende Song, »Negativ Nein«, klingt wie eine nihilistische Verkehrung der gemeinschaftsstiftenden Mitsing-Lieder der Friedensbewegung von den *Bots*, Angi Domdey und Udo Lindenberg: »Sag nein / Nein nein nein / Negativ nein / Das Leben ist nicht bunt / Geballt gehen wir zugrunde / Sag nein / Nein nein nein / Negativ nein / Doppelnein / Drei mal nein / Aber nein.« Die Gemeinschaft konnte man hier nur im »geballten Zugrundegehen« spüren, ansonsten blieb jeder für sich und allein. Das fünfte Stück auf dem Album, »Draußen ist feindlich«, bestand denn auch nur aus diesen Zeilen: »Es wird hell / Draußen ist feindlich / Schließ dich ein mit mir / Hier sind wir sicher / Ich liebe dich / Vergiss es.«

Die *Einstürzenden Neubauten* wurden – wie vor ihnen *Kraftwerk* und nach ihnen *Rammstein* – zu einer der wenigen in deutscher Sprache singenden Bands, die internationale Bedeutung erlangten. Dies lag nicht zuletzt an ihrem radikal unkonventionellen Instrumentarium, denn so konsequent hatte bis dahin kaum jemand mit Metallschrott und gefundenen Objekten aller Art gearbeitet. Die Konzerte der Band in ihrer Frühphase waren infernalische, ohrenzerfetzende Happenings, die man gleichermaßen betäubt und erleuchtet verließ. Die Texte von Blixa Bargeld klangen dabei wie eine Mischung aus Beschwörungsformeln und *écriture automatique* – wie Äußerungen, die ohne rationale Kontrolle aus ihm herausbrachen. Das zweite Album der *Einstürzenden Neubauten*, »Zeichnungen des

Patienten O. T.« aus dem Jahr 1983, war denn auch nach dem in einer österreichischen Psychiatrie lebenden Künstler Oswald Tschirtner benannt, dessen Zeichnungen zu den bedeutendsten Zeugnissen der sogenannten Irrenkunst gezählt werden. Die Wahl des Titels lässt sich so verstehen, dass man in einer völlig entfremdeten Gesellschaft lediglich durch eine assoziative, durch keine Vernunft kontrollierte Kraft des Wahnsinns authentisch sein könne.

DAF: Tanz die Zukunft

Was uns zu einem weiteren Album aus dem Jahr 1981 führt, das nicht zuletzt durch seine unkontrollierte, verstörend assoziative Sprache epochale Bedeutung gewann: »Alles ist gut« von dem Duo *Deutsch Amerikanische Freundschaft (DAF)*. Auch hier war die Instrumentierung minimalistisch, sie bestand bloß aus elektronischen Rhythmen, aus unerbittlich voranmarschierenden Sequenzer-Beats, gegen die der Schlagzeuger Robert Görl auf seinem analogen Instrument anspielte, sich dabei völlig verausgabend. Dazu brüllte der Sänger Gabi Delgado-López weltanschaulich verwirrende Tanzbefehle: »Geh in die Knie / Und klatsch in die Hände / Beweg deine Hüften / Und tanz den Mussolini / Tanz den Mussolini / Tanz den Mussolini«, hieß es in »Der Mussolini«, einer Single, die sofort zum Hit wurde. Und weiter: »Dreh dich nach rechts / Und klatsch in die Hände / Und mach den Adolf Hitler / Tanz den Adolf Hitler«, und schließlich: »Beweg deinen Hintern / Klatsch in die Hände / Tanz den Jesus Christus / Tanz den Jesus Christus.«

Natürlich wirkte dieser Text auf viele Zeitgenossen verstörend, nicht nur weil darin die Namen von zwei Diktatoren im Zusammenhang mit Tanzmusik vorkommen, sondern weil sie dann auch noch mit dem Namen Jesus Christus verbunden werden. Es war ein Affront gegen die harmonieselige Friedensbewegung, die sich in diesem Jahr auch im Bonner Hofgarten versammelte, und richtete sich gegen die linke Utopie, die Menschen müssten »weicher« werden, um eine bessere Welt zu erschaffen. *Deutsch Amerikanische Freundschaft* setzte auf Symbole der Härte, auf militärische Sounds, auf ein scheinbar verantwortungsloses Spiel mit den Chiffren des Totalitarismus. Der 2020 verstorbene Sänger des Duos, Gabi Delgado-López, wurde 1958 in Spanien geboren; Ende der 60er-Jahre wanderten seine Eltern mit ihm auf der Flucht vor dem Franco-Regime nach Westdeutschland aus. Seine Jugend verbrachte er in verschiedenen Städten im Ruhrgebiet und an deren Peripherie, er sprach fließend Deutsch, aber beim Texten – sagte er mir einmal im Interview – habe er das Deutsche stets wie eine Fremdsprache behandelt.[47] Während Robert Görl die Rhythmen programmierte und Schlagzeug spielte, improvisierte Delgado seine Texte live im Studio, einer Art dadaistischer Eingebung folgend. Er behandelte die Wörter mit einer sonderbar kalkulierten Ambivalenz aus Fremdheit und Nähe, die sich auch aus seiner Herkunft und dieser geschuldeten Distanz zur deutschen Sprache ergab: Mit der militärischen Zackigkeit seiner Intonation und seinem Talent zur Formulierung von Imperativen (»Tanz den Mussolini«, aber auch »Verschwende deine Jugend« – bis heute ein geflügeltes Wort) entwickelte er für sich einen Duktus, um die Sprache, wie er im Interview sagte, »aus dem Klammergriff der Siebzigerjahre-Schlager zurückzuerobern«.[48]

Aufgrund des Songs »Der Mussolini« wurden *Deutsch Amerikanische Freundschaft* vor allem als aggressiv-herrische Band wahrgenommen: Gabi Delgado als militärischer Antreiber und *drill instructor,* Röbert Görl als das »dampfende Tier« an den Drums, reine Kraft und Bewegung. Aber das war nicht alles: Wenigstens ebenso wichtig in ihrem Schaffen waren zärtliche Sounds und große Liebeslieder über die Ambivalenz der Gefühle und sexuelle Verwirrung. In dem Lied »Der Räuber und der Prinz«, das sich ebenfalls auf dem Album »Alles ist gut« findet, heißt es zu einer sachten Glockenspielmelodie: »Der Räuber und der Prinz / Der Räuber und der Prinz / Ein schöner junger Prinz / Verirrte sich im Wald / Da packten ihn die Räuber / Doch einer von den Räubern / Liebte diesen Prinzen / Ich liebe diesen Prinzen / Ich liebe dich, mein Räuber.« Das ist ein Lied, das so rätselhaft, romantisch-mysteriös, angstbesetzt und liebessehnsüchtig ist, dass man es hundertmal hören kann und immer noch nicht weiß, ob hier eine heitere Stimmung angeschlagen wird oder es sich um einen Albtraum handelt, ob die Menschen, von denen das Lied erzählt, sich voreinander fürchten oder einander begehren.

Nur noch zwei weitere Alben nahmen *Deutsch Amerikanische Freundschaft* auf, bis sie bis auf Weiteres auseinander gingen: »Gold und Liebe« und »Für immer«. Auch auf diesen Platten fanden sich viele Liebeslieder: für Jungen, Mädchen und für Menschen eines noch zu bestimmenden Geschlechts. Es waren Liebeslieder, in denen die Lust an der Vereinigung gefeiert wurde, und solche, die den Entzug und den Schmerz priesen. Man kann sie als Hymnen einer dominanten Sexualität hören oder als solche der Unterwerfung, des Masochismus. Eigentlich aber – und daraus rührt die charakteristische Spannung dieser Musik und ihrer Sprache – sind der Masochismus und das Dominante, die Souveränität und die Submission, das Kontrollierte und das Unkontrollierbare bei *Deutsch Amerikanische Freundschaft* immer in- und miteinander verwoben.

So zeigte sich in der westdeutschen Musik am Anfang der 80er-Jahre ein weites Spektrum an Reaktionen auf die apokalyptische Stimmung jener Zeit: In der pazifistisch-politischen Musik der Friedensbewegung wurde die universelle Harmonie und Liebe gegen die Widrigkeiten der Weltläufte beschworen, im Punk und in der romantisch-apokalyptischen Musik der *Einstürzenden Neubauten* die empfundene Härte der Zeit mit noch mehr Härte, Kälte und Zerstörungswillen beantwortet. *Deutsch Amerikanische Freundschaft* verhielten sich zu diesen beiden konträren Positionen wie eine dialektische Synthese: Sie trieben die nihilistische Zerschlagung der Sprache bis an den Nullpunkt – um sich von dort aus dann wieder zu einer neuen Sprache der Romantik und der Liebe vorzuarbeiten.

13 »BOCHUM, ICH KOMM AUS DIR«

Die Wiederentdeckung des Regionalen und deutsche Italo Disco in den 80ern

Das Duo *Deutsch Amerikanische Freundschaft* hatte zu Beginn der 1980er-Jahre eine neue Sprache der Assoziationen und der Parolen, der militärisch wirkenden Instruktionen und der Härte, aber auch der Zärtlichkeit und Ambivalenz entworfen. Die sprachschöpferische Bedeutung der Texte von Gabi Delgado-López für den deutschen Pop kann man kaum überschätzen: So war »Der Räuber und der Prinz« eines der ersten Lieder in deutscher Sprache, in denen die Liebe zwischen Männern zur Sprache kam. Die homosexuelle Ästhetik der *Deutsch Amerikanischen Freundschaft* inspirierte im Lauf des Jahrzehnts über die Grenzen Deutschlands hinweg viele andere Künstler, nicht zuletzt die Mitte des Jahrzehnts sehr erfolgreiche britische Band *Frankie Goes To Hollywood.*

Herbert Grönemeyer: Mit Widersprüchen zum Erfolg

Das Thema »Männlichkeit« wurde auch in einem weiteren sehr erfolgreichen deutschsprachigen Song jener Zeit behandelt: »Männer« von Herbert Grönemeyer aus dem Jahr 1984. »Männer nehm'n in den Arm / Männer geben Geborgenheit / Männer weinen heimlich / Männer brauchen viel Zärtlichkeit«, heißt es in der ersten Strophe des Lieds, in einer späteren hingegen: »Männer haben Muskeln / Männer sind furchtbar stark [...] / Männer sind einsame Streiter / Müssen durch jede Wand, müssen immer weiter.« So versuchte Grönemeyer sich an einer Charakterisierung des Männerbildes der 80er-Jahre, an einem Überblick über die teils widersprüchlichen Erscheinungsformen und unterschiedlichen Erwartungen, die an Männer herangetragen wurden. Denen zufolge sollten Männer »zärtlich« sein, aber auch »stark«, wollten sich am Bild des Softies orientieren, das in den 70er-Jahren im Zuge der sexuellen Befreiung und der »Neuen Frauenbewegung« entstanden war,[49] aber auch klassischen Rollenmodellen folgen, wie sie ihnen von ihren Vätern vorgelebt wurden. Auch wenn sich das traditionell rockmusikalisch instrumentierte Stück Grönemeyers an der klanglichen Oberfläche von den Liedern von *Deutsch Amerikanische Freundschaft* unterschied, so war es inhaltlich mit seinen Widersprüchen und Ambivalenzen von Zärtlichkeit und Härte der Musik von Delgado und Görl doch ähnlicher, als es auf den ersten Blick schien.

»Männer« fand sich auf Herbert Grönemeyers Album »4630 Bochum«. Es war bereits sein fünftes, aber das erste, mit dem er nennenswerte Erfolge erzielte. Seine Karriere hatte er in den 1970ern am Theater begonnen, als musikalischer Leiter und als Schauspieler. 1981 spielte er seine erste Filmrolle in »Das Boot«, Wolfgang Petersens Film über ein deutsches U-Boot während der Atlantikschlacht im Zweiten Weltkrieg. Seine ersten Alben veröffentlichte er eher nebenher: Es waren dramatische Lieder aus dem Geist des Theaters, wie geschrieben für einen Klavierabend auf einer schummrigen Seitenbühne. Darunter fanden sich verzweifelte, hoffnungsbeseelte Liebeslieder wie »Ich hab dich lieb« ebenso wie die kunstvolle, roh gemeißelte Proletarierhymne »Currywurst«, dargeboten im ruhrdeutschen Dialekt seiner Heimatregion: »Gehste inne Stadt, / Wat macht dich da satt / 'Ne Körriwuass! / Kommste vonne Schicht, / Wat schönret gibt et nich' / Als wie Körriwuass.«

»Currywurst« blieb zwar sein einziger im Dialekt gesungener Song, doch das Titelstück des »Bochum«-Albums war ebenfalls eine eindeutige Liebeserklärung an seine Heimatstadt: »Tief im Westen, wo die Sonne verstaubt [...] / Ist es besser, viel besser, als man glaubt / Tief im Westen [...] / Bochum, ich häng an dir / Glück auf, Bochum.« So führte Grönemeyer den Regionalismus des traditionellen Krautrock aus den 70er-Jahren fort. Nur galt die Heimatliebe nicht mehr ländlichen Idyllen, sondern einer grauen, verstaubten Proletarierstadt. Und auch wenn er nicht im Dialekt sang, so war Grönemeyers Intonation doch weit vom Hochdeutschen entfernt – auf sonderbare Weise wirkte seine Diktion gleichermaßen authentisch und in der Mundart verwurzelt wie auch artifiziell. Seine Atemtechnik, sein Kehlkopfgebrauch waren hochgradig charismatisch. Die tief aus dem Bauch herausgehusteten Silben und die stimmungsvoll gequetschten Glücks- und Schmerzenslaute, die er auf dem »Bochum«-Album zum Merkmal seines Individualstils erhob, beherrschte kein anderer Sänger so virtuos und variationsreich wie er. Auch wer ihn nur flüchtig hörte, erkannte seine Stimme sofort. Eine besondere Eigenart Grönemeyers ist bis heute das Verschlucken von Vokalen geblieben: Statt »Bochum« sang er »Bchm«. Das auf demselben Album zu findende Liebesschmerzlied »Flugzeuge in meinem Bauch« klang im Refrain wie »Flgzgnmnmbch«: Es war, als hörte man einem Sänger beim Bilden der Wörter, die plötzlich nach außen dringen, zu und als sei man beim Prozess des Denkens und Fühlens und des Ertastens der Melodien dabei. »Gib mir mein, gib mir mein Herz zurück / Du brauchst meine Liebe nicht / Gib mir mein Herz zurück / Bevor es auseinander bricht / Je eher, je eher du gehst / Um so leichter, um so leichter wird's für mich.«

»4630 Bochum« war das erfolgreichste Album des Jahres 1984 in der Bundesrepublik, erfolgreicher noch als »Thriller« von Michael Jackson. Fast drei Jahre lang blieb es in den Charts; bis heute verkaufte es sich fast drei Millionen Mal. In den 80ern traf es den Nerv der Post-Punk-und New-Wave-Generation ebenso wie die Gedanken und Bedürfnisse all jener Menschen, die sich keiner pop- oder subkulturellen Szene zuordnen wollten. Grönemeyers Musik war nachdenklich und hymnisch zugleich. »Männer« etwa konnte man sowohl kollektiv in einer heiteren Kumpelgruppe im Ruhrpott schmettern (im Sinne der Empowerment-Songs aus den politischen Bewegungen der 70er-Jahre oder der Friedensbewegung im Bonner Hofgarten) als auch allein, leise und zweifelnd mitsummen.

Grönemeyers musikalischer Stil speiste sich aus britischer und amerikanischer Musik, als seine Vorbilder nannte er etwa Bruce Springsteen und Randy Newman – man kann aber auch Jimmy Webb und Burt Bacharach heraushören. Dennoch wirken seine Lieder genuin »deutsch«: Was immer ihn inspirierte, hatte er sich anverwandelt, verfremdet, verändert, mit deutschen Lied-, Kabarett- und Theatertraditionen gekreuzt. Anders als etwa der gleichzeitig reüssierende Marius Müller-Westernhagen versuchte Grönemeyer nie, den Sound und den Tonfall, die Stimmung und den sprachlichen Duktus der (afroamerikanischen) Blues-Tradition nachzuahmen. Er ließ sich auch nicht dazu verführen – obwohl das bei seiner abgehackten Intonation, dem eruptiven Duktus, der kehlig ausgekosteten Kurzatmigkeit naheläge –, »das Deutsche« in seiner Musik zum Markenzeichen zu überhöhen. Es gab bei ihm kein rollendes »R«, kein teutonisches Pathos, keinen absichtlich ausgestellten deutschen Akzent wie später bei *Rammstein* oder zuvor in milderer Form bei *Kraftwerk*. Eher schon sang er wie die Protagonisten der ersten Beatmusik-Generation, die sich US-amerikanische Stile und Intonation der Rockmusik in absichtlich verfremdender Weise aneigneten und aus ihrem deutschen Akzent ein neues Patois erschufen – bloß dass er diese Aneignung in der umgekehrten Richtung vollzog: Er sang nicht auf Englisch mit deutschem Akzent, sondern auf Deutsch in einer Weise, in der das Deutsche gleichermaßen vertraut und fremd erschien.

Mit »4630 Bochum« und den folgenden Alben »Sprünge« (1986) und »Ö« (1988) wurde Herbert Grönemeyer zum erfolgreichsten deutschsprachigen Sänger des Jahrzehnts. Doch blieb er in diesem zugleich eine singuläre Erscheinung: Die erfolgreichsten deutschen Popmusiker und -musikerinnen, die im weiteren Verlauf der 80er-Jahre die Bühne betraten, sangen wieder auf Englisch. Der kurze Aufbruch der Neuen Deutschen Welle, der mit Gruppen wie den *Fehlfarben*, den *Einstürzenden Neubauten* und *Deutsch Amerikanische Freundschaft* begonnen hatte, verläpperte sich schnell in einem Trend, den die Manager der großen Plattenkonzerne als Trittbrettfahrer steuerten. Künstlerinnen und Künstler wie Markus, Nena, Fräulein Menke und *UKW* kombinierten den Sound der Avantgarde mit schlagerartigen Texten und einem ebensolchen Habitus, um die Musik massentauglich zu machen. Die Hitparaden sprachen ab Mitte der 80er-Jahre wieder eine andere Sprache. Tatsächlich fanden sich dort zu dieser Zeit so viele englischsprachige Künstlerinnen und Künstler wie noch niemals zuvor: Madonna, Sting, *Dire Straits*, auch inzwischen weithin vergessene Bands wie die britischen *Alan Parsons Project* und die kanadische Band *Saga* und in den Single-Charts die internationalen Botschafter der Italo Disco, etwa Gazebo (»I Like Chopin«) und *Righeira* mit ihrem Sommerhit des Jahres 1983, »Vamos a la playa«.

Modern Talking, Sandra, Michael Cretu, *Enigma*: Elektrohits auf Englisch und Latein

Nach dem musikalischen Muster der sogenannten Italo Disco – schnelle Synthesizer-Beats mit durchgehenden Basslinien und, sagen wir einmal, selbstreferenziellen Texten – waren auch die Lieder der erfolgreichsten deutschen Gruppe der zweiten Jahrzehnthälfte gebaut: *Modern Talking*, bestehend aus dem Komponisten und Songschreiber Dieter Bohlen und seinem singenden Partner Thomas Anders. Ihr erster Hit aus dem Frühjahr 1985 trägt den Titel »You're My Heart You're My Soul«, im Refrain heißt es entsprechend: »You're my heart, you're my soul / I keep it shining everywhere I go / You're my heart, you're my soul / I'll be holding you forever / Stay with you together.« Das war leicht zu verstehen, auch wenn man nur über sehr rudimentäre Englischkenntnisse verfügte. Auf in ihrer Effizienz geradezu geniale Weise wurden hier sämtliche Schlagworte des englischsprachigen Liebeslieds im Refrain versammelt: »heart«, »soul«, »forever«, »together«. Da störte es auch nicht weiter, dass nicht genau erläutert wurde, was das »es« ist, das am »Leuchten« gehalten werden soll (»keep it shining«) – vermutlich die Liebe, die hier nur zwischen den Zeilen vorkommt. Noch freier war der Umgang mit der englischen Sprache in dem übernächsten Hit von *Modern Talking*, der ersten Single aus ihrem zweiten Album »Let's Talk About Love« aus dem Herbst 1985. In »Cheri Cheri Lady« wurde die Liebe zu einer angebeteten Frau im Refrain so formuliert: »Cheri Cheri Lady / Goin' through emotion / Love is where you find it / Listen to your heart / Cheri Cheri Lady / Livin' in devotion / It's always like the first time / Let me take a part.« Auch hier sind wieder typische Schlagworte bündig versammelt: *lady, love, emotion* und *devotion*. Auf den semantischen Zusammenhang wurde dabei weniger geachtet. Was bedeutete es etwa, dass das lyrische Ich »durch Gefühl hindurchgeht«, »goin' through emotion«? Und vor allem, wie sollte man »cheri cheri« verstehen? Diese Wörter sind weder englisch noch deutsch oder französisch, doch sie rufen ein außersprachlich artikuliertes Gefühl hervor: *Chéri(e)* bedeutet »geliebt«, *ma* oder *mon chéri(e)* heißt »mein Schatz«. Vor allem aber war »Mon Chéri« der Name einer in den 80er-Jahren sehr beliebten Praline, in der unter dem Schokoladenmantel eine in Branntwein getränkte Kirsche (englisch *cherry*) verborgen ist. Daher wird der Titel dieses Modern-Talking-Lieds bis heute auch gern als »Kirsche Kirsche Dame« übersetzt.

Die erfolgreichste weibliche Popkünstlerin jener Zeit in Deutschland war Ann Lauer alias Sandra; sie verkaufte zwischen 1985 und 1992 über 30 Millionen Platten. Ihr größter Hit erschien im Jahr 1985 und trug den Titel »(I'll Never Be) Maria Magdalena«. Im Refrain singt sie: »I'll never be Maria Magdalena«, woraufhin eine männliche Stimme ihr entgegnet: »You're a creature of the night«, dann sie: »Maria Magdalena!«, dann er: »You're a victim of the fight / You need love«, dann sie: »Promise me delight«, dann wieder er: »You need love.« Erst wenn man das Stück einem »Close reading«, einer genauen sprachlichen Analyse unterzieht, erahnt man die verborgene Bedeutung dieses Dialogs: Die singende Frau möchte in ihrer Beziehung weiterhin Affären und Abenteuern nachgehen, ohne ihren Partner darüber im Unklaren zu lassen (»Why must I lie / Find alibis«) – denn sie ist eben keine Frau wie die biblische Maria Magdalena, die ihr Leben als Prostituierte aufgab, um Jesus als Jüngerin zu folgen.

Man konnte das als Manifest einer sexuellen Ermächtigung interpretieren, falls man denn 1985 beim Zuhören überhaupt verstand, wovon Sandra sang – und sich nicht nur von dem flotten Disco-Rhythmus davontragen ließ, den ihr der Komponist Michael Cretu unter den Text gelegt hatte. Für einen kurzen Moment war Sandra mit diesen und einigen nachfolgenden Songs in der Bundesrepublik ebenso erfolgreich wie Madonna, die sich Mitte der 80er-Jahre gerade zu ihrer dann noch Jahrzehnte währenden Karriere aufschwang. Der Stern von Sandra begann hingegen bereits an der Wende zu den 1990er-Jahren wieder zu sinken.

Gerade in der Zusammenschau mit *Modern Talking* ist ihr Erfolg jedoch interessant: Nachdem sich die deutsche Popmusik seit Anfang der 70er anderthalb Jahrzehnte lang mit der Aneignung der deutschen Sprache befasst hatte, kehrte sie Mitte der 80er wieder zum Englischen zurück – zumindest dort, wo sie massenbegeisternde Hitparaden-Erfolge erzielte. Es war ein Englisch, das ebenso rudimentär und oft auch fröhlich falsch war wie bei den ersten Beatbands der 60er.

Der Komponist und Produzent der Sandra-Erfolge, Michael Cretu, wandte sich an der Wende zu den 90er-Jahren wieder vom Englischen ab. Es gelang ihm, unerhörte Hitparaden-Erfolge zu erzielen in einer Sprache, die bis dahin in der deutschen Popmusik noch überhaupt keine Rolle gespielt hatte: Latein. In seinem Projekt *Enigma*, dessen Albumdebüt »MCMXC a. D.« (wie der Titel schon andeutet) 1990 erschien, verband er elektronische Rhythmen mittlerer Geschwindigkeit mit Gesängen, die an gregorianische Choräle erinnern. »Procedamus in pace / In nomine Christi, Amen / Cum angelis et pueris / Fideles inveniamur«, heißt es in der ersten Strophe seines Songs »Sadeness, Pt.1«, während der Refrain dann auf Französisch formuliert ist: »Sade dis moi / Qu'est ce que tu vas chercher? / Le bien par le mal / La vertu par le vice«, auf Deutsch also: »Sade, sag es mir / Was wirst du suchen? / Gut durch Böse / Tugend durch Laster«, – wobei »sade« und »sadeness« die mit dem Englischen vertrauteren Hörer und Hörerinnen an englisch *sad*, »traurig«, erinnert haben mag. Gemeint ist aber der Marquis de Sade, ein französischer Adliger, der im ausgehenden 18. Jahrhundert lebte und für seine sadistisch-pornografischen Werke berühmt-berüchtigt ist.

Ein knappes Jahrzehnt, nachdem die *Deutsch Amerikanische Freundschaft* in ihren Liedern mit der Verschränkung von Dominanz und Unterwerfung, von Sadismus und Masochismus gespielt hatten, tritt die Figur des Marquis de Sade zu Beginn der 90er-Jahre in einem Hitparaden-Song auf. Dieser verarbeitet zudem den lateinischen Text eines auf einem Psalm basierenden gregorianischen Gesangs ebenso ungehemmt wie es 20 Jahre zuvor die Krautrocker von *Amon Düül II* mit dem Vaterunser auf Griechisch getan hatten.

Grundsätzlich war am Ende der 80er-Jahre – zumindest in der erfolgreichsten Musik – der aus den 70ern stammende Impuls, auf Deutsch zu singen, weitgehend verpufft. Die Neue Deutsche Welle verläpperte in den frühen 80ern. Das Erbe des Regionalismus wurde zwar von Herbert Gronemeyer in transformierter und weitgehend dialektfreier Weise in die Hitparaden überführt, doch blieb er dabei ein Solitär. Die prägende Musik der späten 80er wurde – von *Modern Talking,* von Sandra oder von den vom Produzenten Frank Farian ersonnenen *Milli Vanilli* – in einem leicht verständlichen, an die restringierten Codes der Beatmusik erinnernden Englisch gesungen. Das passte zu der gesellschaftlichen Entwicklung jener Zeit: In den letzten Jahren vor der Wiedervereinigung war die westdeutsche Gesellschaft so widerspruchslos nach Westen orientiert wie nie zuvor. Mit dem sich abzeichnenden Ende des Kalten Kriegs machte selbst die bis dahin konsequent antiamerikanische Linke ihren Frieden mit der US-amerikanischen Politik und auch mit der dazugehörigen Popkultur. Das größte, weltumspannende, auch in Deutschland von Millionen von Menschen an den

Fernsehgeräten verfolgte Pop-Ereignis dieser Zeit war das »Live Aid«-Konzert im Jahr 1985, bei dem sich alle Superstars der Epoche – David Bowie, Elton John, *Queen*, Phil Collins, *U2* und viele andere – zu einem Benefiz-Festival zugunsten hungernder Menschen in Afrika versammelten. Englischsprachige Popmusik beherrschte die Charts, gleich ob sie aus den USA oder Großbritannien kam oder aus Deutschland. In den letzten Jahren der Bundesrepublik war Englisch zur Lingua franca eines – auch popkulturellen – Bewusstseinszustands geworden, den der Philosoph Jürgen Habermas später als »postnationale Konstellation« bezeichnete.

Dass der Ausdruck dieses Bewusstseinszustands ausschließlich in der Sprache der Globalisierung, dem Englischen, formuliert werden könnte – dieser »Common Sense« hielt sich freilich nicht lange. Wie wir im übernächsten Kapitel sehen werden, schickte sich – unter der Oberfläche der Hitparaden – eine neue Schule von Musikerinnen und Musikern schon in den späten 80ern dazu an, dieses »Postnationale« auch auf Deutsch zu formulieren. Und in den 90ern betrat im erblühenden deutschsprachigen Hip-Hop eine Generation die Bühne, die sich gleichzeitig »deutsch« und »nicht deutsch« fühlte – »fremd im eigenen Land« – und die schon deswegen von Neuem die Frage stellte, was es eigentlich bedeutet, in welcher Sprache man singt.

14 »DDR, MEIN VATERLAND, DU RAUBST UNS NOCHMAL DEN VERSTAND«

Die »anderen Bands« der DDR zwischen Verweigerung und Innovation

Wir gehen noch einmal zehn Jahre zurück: an den Beginn der 80er in der DDR. Nicht nur in Westberlin und in der Bundesrepublik herrschten in dieser Zeit nihilistische Töne in der Musik vor. Auch auf der anderen Seite der Mauer war die Stimmung finster und paranoid – wobei es dort zweifelsohne mehr Anlass gab, sich eingeschlossen und überwacht zu fühlen. »Überall wohin's dich führt / wird dein Ausweis kontrolliert / Und sagst du einen falschen Ton / was dann geschieht, du weißt es schon«: So heißt es in dem ersten Lied der Ostberliner Band *Planlos* aus dem Jahr 1980: »Ganz egal wohin man schaut / die Kameras sind aufgebaut / Begleiten dich auf Schritt und Tritt / die Sicherheit geht mit dir mit.«

Planlos, Betonromantik, The Leistungsleichen: Musik im Widerstand

Planlos waren eine der ersten Punkbands, die sich in der DDR gründeten, nach dem Vorbild von britischen und US-amerikanischen Bands der späten 70er-Jahre wie den *Sex Pistols*, *The Damned* oder den *Dead Kennedys*. Deren Musik kannten die ostdeutschen Jugendlichen aus Radiosendungen des DJs John Peel, die vom britischen Soldatensender BFBS ausgestrahlt wurden und auch in größeren Teilen der DDR zu hören waren. Den Bekleidungs- und Frisurenstil sowie den Habitus schauten sie sich aus Fotoreportagen des Jugendmagazins *Bravo* ab. In der Härte und Geschwindigkeit des Punk fanden sie einen Ausdruck des Widerstands gegen die erstarrten gesellschaftlichen Zustände – wie auch gegen die ihrer Ansicht nach gleichermaßen erstarrte Musik ostdeutscher Rockgruppen jener Zeit. »Die Pioniere sind im Kreis marschiert, die Partei hat ihre Aufträge immer mit 99 Prozent erfüllt, die Rocker hätten noch hundert Jahre ihren Hardrock spielen können, und die Haare wurden immer länger«, bemerkte einer der Gründer von *Planlos*, Michael Kobs, rückblickend in einem Interview: »Das blieb so und hätte ewig so weitergehen können. Kurzum: Es musste was passieren.« Sein Bandkollege Bernd-Michael Lade, der nach der deutschen Wiedervereinigung als Regisseur und Schauspieler bekannt wurde, ergänzte: »Die Musik [von Planlos] war ganz einfach strukturiert, aber mit Kraft und Aggression und mit einer großen Traurigkeit.«[50]

Die englischsprachigen Vorbilder waren zwar nicht zu überhören und zu übersehen, doch sangen fast alle ostdeutschen Punkbands in deutscher Sprache. Das Englische war für sie schon deshalb keine Option, weil an den Schulen der DDR als erste Fremdsprache Russisch gelehrt wurde. Zwar konnte man ab der neunten Klasse Englisch (oder Französisch) als zweite Fremdsprache belegen. Aber das reichte kaum zum Erwerb einer einigermaßen brauchbaren Sprachkompetenz aus, zumal es ohnehin keine Möglichkeiten gab, diese durch Reisen auszubauen. Es gab also kaum jemanden, der souverän auf Englisch hätte texten können, und das Publikum hätte es auch nicht verstanden. Dass die ostdeutschen Punkbands auf Deutsch sangen, lag aber auch an ihrer Einstellung zu den angloamerikanischen Musikerinnen und Musikern, die sich wesentlich von der früherer DDR-Beatbands unterschied. Wer in der DDR zum Punk wurde, wollte keine Idole imitieren, um an eine internationale, kosmopolitische Popkultur anzuschließen. Vielmehr ging es darum, deren aggressive Widerstandshaltung auf die eigenen Verhältnisse zu übertragen – darin lag auch der größte Unterschied zur Punkszene in Westdeutschland. Der aus Ostberlin stammende Historiker Henryk Gericke formulierte es so: In der Bundesrepublik »[…] war Punkrock ein popkulturelles Phänomen mit einem politischen Hintergrund, und in der DDR war es ein politisches Phänomen mit einem popkulturellen Hintergrund«.[51]

Beim Punk in der DDR ging es vor allem darum, das Aggressive und Primitive der Musik zum Transfer von politischen Botschaften zu nutzen. Wo andere ostdeutsche Rockbands oder Schlagersänger und -sängerinnen ihre Unzufriedenheit mit dem System und den starren gesellschaftlichen Zuständen allenfalls in verklausulierter Form ausdrückten, waren die Texte der Punkbands am Anfang der 80er-Jahre von unmissverständlicher Deutlichkeit. *Planlos* sangen von der allgegenwärtigen Überwachung und der Paranoia, die herrschte, weil selbst die vermeintlich engsten Freunde im Dienst der Staatssicherheit stehen konnten: »Ich steh in der Schlange am Imbissstand / Ich dreh mich nicht um, ich hab dich erkannt«, heißt es in dem Song »Schlange«: »Du bist mein Schatten, wohin ich komme / Ein schwarzer Fleck in der Sonne / Wenn ich laut denke, dann bist du da / Wo ist der Monitor hinter der Kamera / Du steigst in meinen Freund und horchst mich aus / Berichtest die Lügen wie du sie brauchst.«

Noch deutlicher ist das Stück »DDR Terrorstaat«, das Anfang der 80er in der Szene kursierte: »DDR Terrorstaat / Wir haben deine Scheiße satt / DDR mein Vaterland / Du raubst uns nochmal den Verstand / Du bist ein Staat voller Gewalt […] / Du bist ein Staat voller Hass / Dein größter Wunsch / Andersdenkende ins Gas.« Hier wurde also nicht nur die DDR-Diktatur explizit als solche benannt, sondern auch mit dem NS-Regime gleichgesetzt, weshalb es nicht verwundert, dass die Urheber und Interpreten dieses Stücks anonym blieben. Eine reguläre Veröffentlichung erlebte der Song erst im Jahr 2020 im Rahmen der von Gericke zusammengestellten Kompilation »Too Much Future«, auf der auch die zitierten Lieder von *Planlos* zu hören waren. Obwohl er selbst in den 80er-Jahren zur Szene gehörte, so Gericke, habe er über Jahrzehnte hinweg nicht gewusst, »von wem der Song ist. Ich habe jahrelang recherchiert, und am Ende kriegen wir heraus, dass dieser Song von einem Kumpel von uns stammt, von Mike Göde von *Betonromantik*«.[52] (In unserer Playlist ist die Urheberschaft, entsprechend der Benennung bei Spotify, schlicht als *DDR Terrorstaat* ausgewiesen.)

Die Firma, Namenlos, Zwitschermaschine, Schleimkeim, Sau-Kerle: Rebellion auf Mixtapes

Gericke selbst spielte in der Gruppe *The Leistungsleichen*; andere ostdeutsche Punkbands der ersten Generation hießen *Tapetenwechsel, Unerwünscht, Bandsalat, Wutanfall, Restbestand, Namenlos* oder *Skunks*. Manche gaben sich anspielungsreiche und provozierende Namen: *Die Schnitzlers* aus Ostberlin benannten sich nach dem Journalisten Karl-Eduard von Schnitzler, der von 1960 bis 1989 im DDR-Fernsehen die staatspropagandistische Politiksendung »Der schwarze Kanal« moderierte. Den ganzen Namen dieser Sendung übernahm die Band *Der schwarze Kanal*, die 1979 in Ostberlin gegründet wurde und aus der wiederum 1981 die Band *Rosa Extra* hervorging, benannt nach einer in der DDR weitverbreiteten Slipeinlage. Die 1983 in Ostberlin gegründete Gruppe *Die Firma* benannte sich nach dem umgangssprachlichen Codewort für die Staatssicherheit. Auf diese spielte auch das Mitte der 80er-Jahre von

Paul Landers und Flake Lorenz gegründete Duo *Magdalene Keibel Combo* an: Das Ministerium für Staatssicherheit residierte in Ostberlin in der Magdalenenstraße, und das Polizeipräsidium der Hauptstadt der DDR inklusive eines Untersuchungsgefängnisses befand sich an der Keibelstraße. Beide Musiker gehörten später zu den Gründungsmitgliedern von *Rammstein*.

Insbesondere Anfang der 1980er-Jahre, als sich die Punkszenen in Ostberlin, Leipzig, Karl-Marx-Stadt (heute Chemnitz), Dresden, Weimar und anderen Städten herausbildeten, war das Risiko für ihre Mitglieder hoch. Die Staatsmacht sah in den Punks ernsthafte Gegner. Sie setzte alles daran, die rebellischen Mitglieder der Punkszene einzuschüchtern oder – wenn das nicht erfolgreich war – durch Haftstrafen oder Einweisungen in Erziehungsheime zu brechen. Außerdem bemühte sie sich umgehend, die Szene mit Stasi-Mitarbeitern zu infiltrieren. Während westdeutsche Punks in der Regel wenig mehr zu befürchten hatten als soziale Ächtung, drohte ihren ostdeutschen Pendants also eine massive Unterdrückung. Der bekannteste Fall war Jana Schlosser, Sängerin der Ostberliner Band *Namenlos*, die ebenfalls Lieder über die Stasi im Programm hatte. So hieß es in dem Stück »MfS«: »Ich sitz zu Hause bei 'ner Flasche Bier / Im Radio klimpert ein Punkklavier / Dann zünd' ich mir 'ne Karo an / Und wichs meiner Käthe in die hohle Hand / Aufgepasst, du wirst bewacht vom Mf-MfS [...] / Ich bin K.O. und will nach Haus / Ich denk mir, ich penn' mich aus / Dann endlich geh ich durch die Tür / Bis jetzt lief einer hinter mir / Aufgepasst, du wirst bewacht vom MM ff SS.« Durch die Buchstabenkombination »SS« wurde also auch hier, wie schon in »DDR Terrorstaat« die DDR mit dem »Dritten Reich« gleichgesetzt. Als Reaktion wurde Jana Schlosser nach einem Strafrechtsparagrafen, den die DDR tatsächlich aus der NS-Zeit übernommen hatte, wegen »Herabwürdigung der staatlichen Institutionen« verurteilt und ins berüchtigte Frauengefängnis Hoheneck gebracht, wo sie die Strafe zum Teil in Einzelhaft im unbeleuchteten Kellerverlies absitzen musste.

Aufgrund der harten Sanktionen fanden alle Konzerte im Geheimen statt, oft in Ateliers oder auch in Kirchen und von der Kirche betriebenen Räumen. Und natürlich konnte die Musik nicht auf regulären Schallplatten erscheinen oder anderweitig legal veröffentlicht werden. Vielmehr zirkulierten die Stücke auf selbstkopierten Tonbandkassetten, weswegen sich für die Szene auch der Name »Magnetbanduntergrund« einbürgerte. Die erste Schallplatte mit ostdeutschen Punksongs erschien 1983 auf dem westdeutschen Label »Aggressive Rockproduktionen« in Westberlin, auf dem auch die prägenden linken Punkbands der Bundesrepublik der frühen 80er-Jahre veröffentlicht wurden, etwa die *Neurotic Arseholes* und *Slime* – ich komme im nächsten Kapitel auf sie zurück. Auf dem Album »DDR von unten« waren die Gruppen *Zwitschermaschine* und *Schleimkeim* zu hören, wobei Letztere zum Schutz vor staatlichen Repressionen auf der Platte unter dem Pseudonym *Sau-Kerle* erschienen. Wie *Planlos* befassten sich auch *Schleimkeim* in ihren Songs mit der allgegenwärtigen Überwachung. In dem auf »DDR von unten« veröffentlichten Stück »Spione im Café« hieß es etwa: »Spione im Café / Wenn ich sowas seh' / Tut mir alles weh' / Von der Schnauze bis zum Zeh / Der Russe ist dran schuld / Der Ami ist dran schuld / Wer hat denn nun die Schuld? / Wer hat denn nun die Schuld?« Das Gefühl des Gefangenseins in einer alternativlosen, von Zwängen und vorgegebenen Lebensentwürfen geprägten Gesellschaft formulierten sie in noch existenziellerer Weise in dem Lied »Norm«: »In der Schule fängt es an / du musst stehen deinen Mann / Norm, Norm, Norm – Du bist zur Norm geboren / Schaffst du keine Norm, bist du hier verlorn /

Kommst du dann zur Arbeit / Und glaubst du bist befreit / Norm, Norm, Norm – Du bist zur Norm geboren.«

Diese Texte wurden eher geschrien als gesungen: Darin wie in ihren schnellen, abgehackten Gitarrenriffs orientierten sich *Schleimkeim* an dem Anfang der 80er-Jahre erblühenden US-amerikanischen Hardcore-Punk-Stil. So taten es die meisten DDR-Punkbands jener Zeit. Eine Ausnahme bildete *Zwitschermaschine*, die auf der zweiten Seite des Albums zu hören waren. Ihre Musik wirkte eher ornamental verspielt als aggressiv, und die Texte wurden vorgetragen wie Lyrik. Tatsächlich stammten sie von dem Lyriker Sascha Anderson, der zu jener Zeit zu den bekanntesten Protagonisten der Kunstszene in Prenzlauer Berg gehörte und auch Kontakte nach Westdeutschland hatte – sowie zur Staatssicherheit, als deren Inoffizieller Mitarbeiter er nach der Wiedervereinigung 1989/90 enttarnt wurde. Die Sängerin der Band, Cornelia Schleime, studierte Bildende Kunst und sollte später als Malerin Karriere machen.

Auch *Zwitschermaschine* sangen Lieder über die Flucht und den Wunsch nach Freiheit. Doch klang stets das Wissen um die Vergeblichkeit dieses Wunsches durch. So hieß es in dem Lied »Geh über die Grenze« schlicht: »Geh über die Grenze / auf der anderen Seite / steht ein Mann, und der sagt: / Geh über die Grenze / auf der anderen Seite / steht ein Mann, und der sagt: / Geh über die Grenze […]« usw. Diese rekursive Verflechtung von Sätzen war charakteristisch für die Texte von Anderson. In dem Stück »Jeder Satellit hat einen Killersatelliten«, mit dem die »DDR von unten«-Kompilation eröffnet wird, heißt es: »Jeder Satellit hat einen Killersatelliten / Jeder Tag hat eine Nacht / Jeder Panzer eine Pak / Jedes erste Programm hat ein zweites Programm / Jedes zweite Programm hat ein drittes Programm / Jedes dritte Programm hat ein viertes Programm / Jedes vierte Programm hat ein fünftes Programm / Und im nächsten sitzt ein Neger / der trinkt Whisky Sto Gramm.« Letzteres ist der russische Ausdruck für einen doppelten Whisky oder Wodka.

Demokratischer Konsum, Der Expander des Fortschritts, AG Geige: Experiment und Ironie

Bei *Zwitschermaschine* zeigte sich bereits jener interdisziplinäre Charakter, der die Punkszene der DDR und die »anderen Bands« in der zweiten Hälfte des Jahrzehnts bis zum Mauerfall am 9. November 1989 prägen sollte. Die Musik eröffnete nun zusehends ein Experimentierfeld für Menschen, die ebenso aus den Bereichen der Kunst, der Lyrik oder des Theaters kommen konnten. Bei Gruppen wie *Demokratischer Konsum, Der Expander des Fortschritts* oder *AG Geige* wich das aggressive Anschreien gegen die Verhältnisse dem Spiel mit den verschiedensten künstlerischen und musikalischen Mitteln, insbesondere mit den damals neuen und in der DDR seltenen elektronischen Instrumenten wie Synthesizern – und einer ironischen Übersteigerung des staatsoffiziellen Utopismus und Fortschrittsglaubens. Das konnte man schon an den Bandnamen erkennen. Der Name *AG Geige* etwa war »eine groteske Anlehnung an die in der DDR überstrapazierte Forderung eines zu entwickelnden Kunstverständnisses im Sinne von kulturell-künstlerischer Massenarbeit z. B. in Arbeits-Gemeinschaften volkskünstlerischen Schaffens«[53], wie Susanne Binas-Preisendörfer erläuterte, die heute als Musikwissenschaftlerin arbeitet, in den 80er-Jahren aber in der Band *Der Expander des Fortschritts* spielte.

Die *AG Geige* wurde 1986 in Karl-Marx-Stadt von Frank Bretschneider, Torsten Eckhardt, Jan und Ina Kummer gegründet. Ihre Musik war elektronisch geprägt; sie arbeiteten mit Synthesizern, Samplern und Tonbandgeräten, mit denen sie selbst aufgenommene Klänge montierten und manipulierten. Ihre

Bühnenauftritte waren von dadaistischen Bildern und Aufführungen inspiriert, auch ihre Texte wirken manchmal dadaistisch wie etwa in dem Stück »Fischleim«: »Wenn ich mit meinem taubenblauen Sportjacket / Durch die Straßen eile / Und dann vorm Gummiladen verweile / Dann seh ich in den Schaufensterscheiben / Wie sich die Blicke der Mädels an meinen Muskeln reiben [...] / Doch ich hab kein Interesse an Frauenbeinen / Mich interessiert kein Frauenbein / Bin unterwegs in Sachen Fischleim.«

Andere Stücke hießen »Yachtclub & Buchteln« und »Beklagenswertes Los einer Waise« – aber auch: »Glückliche Reise«, »America« und »Zick-Zack«, was wiederum an die modernistisch-futuristische Rhetorik erinnerte, die *Kraftwerk* im Westdeutschland der 70er-Jahre erschaffen hatten. *AG Geige* klagten nicht über die engen Grenzen der sozialistischen Gesellschaft, vielmehr flohen sie in ihren spielerischen Texten aus dieser – oder sie eigneten sich in ihren interessantesten Stücken die futuristische Rhetorik des Sozialismus in subversiver Weise an. Denn deren Innovations- und Fortschrittsbegeisterung implizierte ja immer schon das Überschreiten von Grenzen, wenn sie diese Überschreitung nicht geradezu forderte. Verstand man den Sozialismus richtig, war er selbst der größte Gegner jenes Eingesperrtseins, wie man es in den 80er-Jahren in den sozialistischen Staaten erlebte. »Ich möchte ein Flugzeug sein / Mit Transformatoren und einer riesigen Atomuhr / Ein blitzender Pfeil am Himmel / Aerodynamisch / Mit scharfen Propellern und schwarzem Auspuff / Außerdem stahlgetrieben«, heißt es in dem *AG-Geige*-Stück »Triebwerk«. Und noch deutlicher, fast bis zum Aufruf zur Republikflucht, in »Kosmonauten«: »Flieg schneller Silberraumschiff / Noch schneller als das Licht / Wir hinterlassen Welten / Die uns'ren sind es nicht.«

Mit Texten wie diesen, so beschrieb es der Journalist Frank

Apunkt Schneider in einer brillanten Analyse, entwickelten *AG Geige* eine Ästhetik der »Transzendenz des Eingesperrtseins«, in der gleichsam auch alle anderen Arten von Traditions- und Identitätsverhaftung überschritten und überwunden wurden. So brachte die *AG Geige* laut Schneider »eine internationalistische Idee von Pop zur Darstellung; eine, für die Popkultur in beiden Deutschlands lange Zeit leidenschaftlich gehasst wurde: als Möglichkeit, Heimat und Identität zu verlassen, lästige Wurzeln zu kappen, selbst dort, wo gewissermaßen kultureller Haus- bzw. Heimatarrest verordnet war«.[54]

In gewisser Weise wiederholte sich hier also etwas, das man schon am Ende der 70er im Fall von Nina Hagen beobachten konnte. Damals kam die eindringlichste Stimme der Emanzipation und Rebellion im deutschsprachigen Pop nicht aus dem Westen, sondern aus der von Zensur und Unterdrückung geprägten DDR. Am Ende der 80er waren es *AG Geige* aus Karl-Marx-Stadt, die – während man sich in Westdeutschland zum Beweis der globalisierten Modernität in die popkulturelle Lingua franca des Englischen flüchtete – aus der Situation des individuellen Eingesperrtsteins heraus die kühnste Vision einer kosmopolitischen Musik formulierten, die es in dieser Zeit in deutscher Sprache gab. Manchmal braucht es das Bewusstsein von den eigenen Grenzen und die Auseinandersetzung mit ihnen, um zu einer wahren Ästhetik der Grenzenlosigkeit vorstoßen zu können.

15 »ÜBER SEX KANN MAN NUR AUF ENGLISCH SINGEN«

Bei den Bands der Hamburger Schule wird Deutsch zur Fremdsprache

Soll man auf Deutsch singen oder auf Englisch? Soll man ein positives Verhältnis zur eigenen Nation haben? Oder ein kritisches Verhältnis oder einfach gar keins? Und was hat das für Auswirkungen auf die Frage, in welcher Sprache man singt? In der Spätphase der »alten« Bundesrepublik, in den 1980er-Jahren also, wurden auf diese Fragen in der Rock- und Popmusik sehr unterschiedliche Antworten gegeben.

Wie man es mit Deutschland hielt, daran schieden sich insbesondere in der Punkszene die Geister. »Deutschland muss sterben, damit wir leben können«, heißt es in dem Lied »Deutschland« der Hamburger Punkband *Slime* aus dem Jahr 1981: »Wo Faschisten und Multis das Land regieren / Wo Leben und Umwelt keinen interessieren / Wo alle Menschen ihr Ich verlieren / Da kann eigentlich nur noch eins passieren / Deutschland muss sterben, damit wir leben können!« Als Gegenstück dazu lässt sich das ebenfalls »Deutschland« betitelte Lied der Kölner Punkband *Böhse Onkelz* einordnen, das auf deren Debütalbum »Der nette Mann« aus dem Jahr 1984 erschien: »Deutschland, Deutschland, Vaterland / Deutschland, Deutschland, mein Heimatland«, lautet der Refrain und weiter: »Wir sind stolz, in dir geboren zu sein / Wir sind stolz darauf, Deutsche zu sein / Deutsche Frauen, deutsches Bier / Schwarz-Rot-Gold, wir stehen zu dir!« Das gegensätzliche Verhältnis zum »Heimatland« spiegelte die Spaltung der Punkszene in eine linke und rechte Fraktion wider. *Slime* wurden zur beliebtesten Band der linken Hausbesetzerszene, unter anderem auch mit ihrer gegen die Staatsmacht gerichteten Hymne »Bullenschweine«: »Wenn ich die Bullen seh' mit Knüppeln und Wummen / Jedesmal sind wir die Dummen / Die nehmen uns fest, stecken uns in den Knast / Doch das steigert nur unseren Hass [...] / Wir wollen keine Bullenschweine.« Die *Böhsen Onkelz* dagegen stiegen mit Songs wie dem genannten und »Türken raus« zu den bekanntesten Protagonisten der Rechtsrock-Szene auf, auch wenn sie sich von ihrer anfangs offensiv rechtsradikalen Anhängerschaft bald distanzierten.

Cpt. Kirk & His Sensible Lovers, Die Erde, Blumfeld: Die Hamburger Schule

Aus dem weiteren Umfeld der Hamburger Hausbesetzerszene rund um die Hafenstraße kamen jene Bands, die ab der zweiten Hälfte der 80er-Jahre die später sogenannten Hamburger Schule bildeten. Die ersten von ihnen, *Cpt. Kirk & His Sensible Lovers* (später nur noch: *Cpt. Kirk &*) und *Die Erde*, orientierten sich in ihren Texten, der sprachlichen Fragmentierung und ihrem Gestus noch an der Untergangsromantik und dem Nihilismus der *Einstürzenden Neubauten*: »Kein Volk / Kein Land / Keine Heimat / Keine Heirat / Keine Rettung / Kein Recht / Keine Richtung / Kein Mut / Keine Hoffnung / Keine Achtung«, heißt es in dem Stück »Leben den Lebenden« von *Die Erde*. Hier sollte nicht nur mit dem Patriotismus aufgeräumt werden, sondern auch mit allem anderen, was dem singenden Ich eine kollektive Selbstvergewisserung verschaffen konnte: »Kein Leib / Keine Bürde / Kein Mitleid / Keine Barmherzigkeit / Keine Arbeit [...] / Es gibt kein geregeltes Leben / Es gibt kein geregeltes Leben.« Es bleibt nur noch das vereinzelte Ich, das sich in völliger Freiheit, aber auch Unsicherheit und Schutzlosigkeit durch die Welt bewegt.

Dies war auch das wesentliche Thema auf dem meistbeachteten und prägendsten Album der Hamburger Schule, das im Jahr 1991 erschien: »Ich-Maschine« von der Band *Blumfeld*, die damit debütierte. Die Lieder auf »Ich-Maschine« waren durchweg politisch zu verstehen. Sie wollten die Gefühle der Vereinzelung und der Fremdheit in einer Gesellschaft artikulieren, die nach der Wiedervereinigung von einem dramatischen Rechtsruck ergriffen wurde. Im selben Jahr kam es zu den rassistischen Ausschreitungen in Rostock-Lichtenhagen und in Hoyerswerda. In den Texten des *Blumfeld*-Sängers und -Songschreibers Jochen Distelmeyer fühlte sich das lyrische Ich von einer zunehmend aggressiven und geschichtsblinden Spießergesellschaft umgeben. »Zeittotschläger« hieß ein zentrales Stück auf dem Album. Gemeint waren all jene, die nicht selbst denken, sondern sich vorgefertigten Meinungen und Dogmen anschließen. »Zeittotschläger laufen um ihr Leben / Irgendwann hält Gott seine Arme auf / Bis hierhin und nicht weiter / Wissen tut weh, Gotten nicht / Und 33 war Adolf Hitler Gottes Sohn / Falsche Richtung! / Falsche Richtung! / Dummheit lass mich los / Dummheit lass los!«

Das erinnert natürlich an die Spießerkritik, wie wir sie bereits bei den politischen Liedermachern der 1960er-Jahre kennengelernt haben, bei Dieter Süverkrüp und Franz Josef Degenhardt, und bei linken Rockgruppen wie *Floh de Cologne* oder *Ihre Kinder*. Doch gab es einen wesentlichen Unterschied: Bei *Blumfeld* fehlte die Gewissheit, selbst auf der richtigen Seite zu stehen. Die »Dummheit«, gegen die man kämpfte, war nicht nur die Dummheit der anderen. Sondern auch jene, die einen permanent selbst zu ergreifen drohte – weil sie überall war, omnipräsent, tief in der Gesellschaft verwurzelt. »Dummheit lass los« heißt es, aber eben auch: »Dummheit lass mich los«, und in der ersten Zeile bekundet Jochen Distelmeyer, dass er manchmal selbst zu den Dummen gehört: »Zeittotschläger auf ihren Wegen / Heute Nacht gehöre ich zu ihnen / Zeittotschläger, für fünf Mark Freiheit / Und für dreißig Mark Bier / Wegen ihm oder ihr / Falsche Richtung! / Falsche Richtung?«

Man hörte hier also jemandem zu, der politische Lieder sang, aber nicht wusste, ob er sich selbst trauen konnte – und ob er der Sprache trauen konnte, in der er sang. Der Weg zurück zu den motivierenden Protestsongs der vorangegangenen Generation linker Liedermacher schien verstellt, weil jede Art der sprachlichen Verdichtung und Verknappung auf mitsingbare, einfache Parolen suspekt geworden war. Waren es nicht gerade solche Parolen, mit denen sich auch die Rechten und Spießer, die »Zeittotschläger«, ihrer ideologischen Überlegenheit und Gemeinschaft versicherten?

Anders als die linken Liedermacher sang Jochen Distelmeyer nicht deshalb auf Deutsch, weil er sich mit seinen Botschaften unmittelbar verständlich machen wollte – im Gegenteil, er ging gerade gegen jede unmittelbare Verständlichkeit an. Seine Texte changierten zwischen scheinbar schlichten, von jugend- und umgangssprachlichen Ausdrücken geprägten Passagen und einer Terminologie, die direkt aus der politischen und postmodernen Philosophie jener Zeit zu stammen schien. Der Titel des Albums, »Ich-Maschine«, spielte auf den Begriff der »Wunschmaschine« an, der von den französischen Philosophen Gilles Deleuze und Félix Guattari in ihrem Buch »Anti-Ödipus« geprägt worden war. Dass das Subjekt, das Ich, wie eine Maschine funktioniert, das sollte im Sinne des Albumtitels bedeuten, dass es von Trieben geprägt ist, die es nicht beeinflussen kann, und von symbolischen Ordnungen, die jedem Selbstverhältnis vorausgehen und das Subjekt bestimmen. Dazu gehört auch das voraussetzungsreiche, komplexe System der Sprache, das immer schon da ist, bevor das sprechende und singende Subjekt sich dessen bemächtigt.

Für Jochen Distelmeyer und *Blumfeld* blieb jede Sprache fremd, auch die vermeintliche Muttersprache. Daher nützte es nichts, in eine Sprache wie die englische zu fliehen, um sich darin angemessener oder eben auch weniger angemessen ausdrücken zu können. Der Konflikt mit der Sprache zeigte sich ohnehin in jeder Zeile, die man zu Papier brachte. In dem Stück »Verstärker« auf dem zweiten *Blumfeld*-Album »L'etat et moi« aus dem Jahr 1994 heißt es entsprechend: »Jeder geschlossene Raum ist ein Sarg / Als Text, der kein Behälter-Sarg sein mag / Schreib ich mich auf / Um nicht zu ex- oder zu implodieren / Platzangst reduzieren / Zieh ich mich zu und ab und zu aus / Und hör nicht auf Prozess und Technik / Und mich selbst zu buchstabieren / Zeiträume neu im Sinn von weiter formulieren / Um dann wie hier später bei dir zu sein wie Tinte / Die sich ausstrecken will / Einsaugen lässt / In ein Bett aus Papier.«

Lassie Singers, Tocotronic: Ironie als Grundhaltung

Bei aller von Postmoderne und Poststrukturalismus inspirierten Kritik des klassischen Subjektivitätsbegriffs war den Liedern von *Blumfeld* doch oft ein klassisches Pathos des heroischen Einzelgängerdaseins zu eigen, wie wir es auch schon bei Freddy Quinn und Udo Lindenberg gefunden haben. Jochen Distelmeyer inszenierte sich als leidender Mann, der im Kampf gegen die unbesiegbare Welt zum heroischen Scheitern verurteilt war. Das stand in auffälligem Kontrast zu den Texten und Selbstinszenierungen der *Lassie Singers*, die etwa gleichzeitig mit *Blumfeld* reüssierten. Sie wurden zwar 1988 in Westberlin gegründet, bewegten sich aber im Umfeld der Hamburger

Schule. Ihr Kopf war die Sängerin und Songschreiberin Christiane Rösinger. Auch in ihren Liedern ging es um Individualismus und Einsamkeit, doch in meist leichterer und ironischerer Weise als bei Jochen Distelmeyer. So hieß es auf dem 1991 erschienenen Albumdebüt »Die Lassie Singers helfen Dir« in dem Stück »Pärchenlüge«: »Das Leben ist schon hart genug / Alleinstehende haben's doppelt schwer / Pärchen sind wie Parasiten / Pärchen werden immer mehr.« Und im Refrain: »Pärchen verpisst euch, keiner vermisst euch« – ein Satz, der in den folgenden Jahren zum geflügelten Wort werden sollte. Wo Jochen Distelmeyer seinen Individualismus zum symbolisch aufgeladenen Existenzialismus überhöhte, holte Christiane Rösinger die gleichen Erfahrungen, Gefühle und Dispositionen wieder ins Trivial-Alltägliche zurück. Die Lieder der *Lassie Singers* strahlten, anders als jene von *Blumfeld*, eine heitere Grundstimmung aus – und wirkten darum noch nachhaltiger, wenn die Heiterkeit sich unversehens in Bitternis verwandelte wie in dem Stück »Liebe wird oft überbewertet« von ihrem 1996er Album »Hotel, Hotel«: »Liebe wird oft überbewertet / Liebe ist nicht so wichtig wie man denkt / Liebe ist nur ein Teilaspekt des Lebens / Und die anderen Teile sind auch nicht schlecht.«

Diese heiter-ironische Grundhaltung verband die *Lassie Singers* mit der 1993 in Hamburg gegründeten Band *Tocotronic*, die zur dritten und letzten Generation der Hamburger Schule gehörte. Auch deren Sänger und Songschreiber Dirk von Lowtzow schlug in seinen Texten die Themen Vereinzelung und Entfremdung an. Doch kostete er die Vereinzelung nicht romantisch aus, sondern persiflierte sie – etwa indem er sich in eine identitätsstiftende Gemeinschaft hineinwünschte, von der er freilich wusste, dass eine solche in der (pop- und sub-)kulturellen Landschaft der mittleren 1990er nicht mehr zu haben war. »Ich möchte Teil einer Jugendbewegung sein«, heißt ein

Song auf dem *Tocotronic*-Debütalbum. »Digital ist besser« aus dem Jahr 1995: »Ich möchte Teil einer Jugendbewegung sein / Ich möchte mich auf euch verlassen können / Und jede unserer Handbewegungen / Hat einen besonderen Sinn / Weil wir eine Bewegung sind.« So wurde die Sehnsucht nach einer kollektiven Abgrenzung von der Spießergesellschaft – wie man sie etwa noch beim linken Punkrock der 80er-Jahre ausmachen konnte – gleichermaßen als eigene Position bekräftigt wie ironisch veralbert. Die Beschränktheit, von der man sich absetzen wollte und gegen die man seinen Abscheu erklärte, machte sich nun nicht mehr nur an reaktionären politischen Einstellungen fest wie in den *Blumfeld'schen* »Zeittotschlägern«, sondern am Verhalten und Aussehen, am gesamten Habitus. »Ich weiß nicht, wieso ich euch so hasse / Fahrradfahrer dieser Stadt«, heißt es im ersten Stück auf dem *Tocotronic*-Debütalbum mit dem Titel »Freiburg«: »Ich bin alleine und ich weiß es / Und ich find es sogar cool / Und ihr demonstriert Verbrüderung.« Die Aussage wird in den folgenden Strophen mit »Backgammon-Spielern« und »Tanztheatern« anstelle der Fahrradfahrer variiert.

Der Schlüsselsatz in diesen Strophen ist »Ich bin alleine und ich weiß es / Und ich find es sogar cool«: Das Grundmotiv insbesondere der ersten Alben von Tocotronic war die selbstgewählte Einsamkeit eines Menschen, der der Gesellschaft im Allgemeinen und den ihn umgebenden Mitmenschen im Besonderen mit Ratlosigkeit, Befremden und Abscheu begegnet. Der an dem Gefühl leidet, nicht dazuzugehören, aber noch weitaus mehr darunter leiden würde, dazuzugehören: zur überwältigenden Mehrheit der Fahrradfahrer oder zu kleineren, aber meinungsstarken Gruppe der Befürworter des Tanztheaters.[55]

Das sprachlich Besondere an den Texten von Dirk von Lowtzow lag insbesondere darin, wie er aus diesem Vereinzelungsgefühl griffige Slogans schöpfte. Sie waren hervorragend dazu geeignet, bei Konzerten in großen Gruppen von sich ebenso vereinzelt fühlenden Menschen im Chor mitgesungen zu werden. »Ich weiß nicht, wieso ich euch so hasse«, »Wir kommen, um uns zu beschweren«, »Ich möchte Teil einer Jugendbewegung sein«: Für jeden in den späten 1990er-Jahren heranwachsenden oder das Erwachsenwerden hinauszögernden Menschen hatten *Tocotronic* elegante Merksätze parat, in denen sich die generelle Unzufriedenheit mit dem Gesamtzustand ironisch gebrochen manifestierte.

Die ironische Grundhaltung prägte auch das Verhältnis zur deutschen Sprache, was *Tocotronic* im vorletzten Stück auf »Digital ist besser« auch formulierten. »Über Sex kann man nur auf Englisch singen« ist der Titel: »Über Sex kann man nur auf Englisch singen / Allzu leicht kann's im Deutschen peinlich klingen / Und doch gibt's ein Verlangen zu beschreiben / Den Teufel mit dem Beelzebub vertreiben / Und ihr wisst, ich rede von bestimmten Dingen / Über Sex kann man nur auf Englisch singen.« Wer auf Englisch singe, so die Meinung, nutze diesen Schritt zur Distanzierung von der Muttersprache als Schutz gegen die Peinlichkeit, die im unmittelbaren Ausdruck romantischer Gefühle leicht drohen konnte. Da *Tocotronic* sich trotzdem oder gerade deswegen zum Singen auf Deutsch entschieden hatten, bekundeten sie damit auch ihren Willen, sich den Risiken der Unmittelbarkeit zu stellen.

Von allen Bands, die in den späten 80er- und frühen 90er-Jahren in der Szene der Hamburger Schule entstanden, war *Tocotronic* fast die einzige, der es gelang, eine bis in die Gegenwart dauernde Karriere aufzubauen – mit einem sich stetig wandelnden Werk. Vielleicht kann man ihr Schaffen seit dem Debüt 1995 in vier Phasen gliedern: den Sturm und Drang, die klassische, die romantische und die autofiktionale Phase. Zeichnete sich die Sturm-und-Drang-Phase noch durch die Verbindung von identifikatorischen Parolen und schlichtem Gitarrengeschrammel aus, verfeinerten sich in der *Tocotronic'schen* Klassik des »weißen Albums« aus dem Jahr 2002 bis zu »Kapitulation« von 2007 die musikalischen und sprachlichen Mittel allmählich. Doch auch hier fanden sich noch ähnlich einprägsame Sätze und Imperative: »Aber hier leben, nein danke«, »Pure Vernunft darf niemals siegen«, »Mach es nicht selbst«, »Sag alles ab.« In der romantischen Phase, die mit dem Album »Schall und Wahn« aus dem Jahr 2010 begann, beherrschte der Eindruck einer musikalischen und rhetorischen Hyperverfeinerung das Bild. Diese Haltung brach die Band 2018 mit »Die Unendlichkeit« zugunsten eines biografisch unmittelbaren, gewissermaßen autofiktionalen Erzählens auf.

Im Jahr 2020 kehrten *Tocotronic* dann aber noch einmal zum Thema der Vereinzelung zurück – in dem Lied »Hoffnung«, das im April erschien, während des ersten Lockdowns der Corona Pandemie. Das Gefühl der Einsamkeit, Verzweiflung und Unsicherheit, das in dieser Zeit viele Menschen ergriff, thematisierten sie in einem Loblied auf die gemeinschaftsstiftende Kraft der Musik: »Hier ist ein Lied, das uns verbindet / Und verkündet: Bleib nicht stumm / Ein kleines Stück Lyrics and Music gegen die Vereinzelung / In jedem Ton liegt eine Hoffnung, eine Aktion in jedem Klang / In jedem Ton liegt eine Hoffnung, auf einen neuen Zusammenhang.« Musik – soll das heißen – stifte Hoffnung, weil sie Menschen näherbringe beim gemeinsamen Hören; ein Lied stifte Hoffnung, weil es vereinzelte Töne in einen Zusammenhang setze, aus dem sich etwas Neues ergebe: »Aus jedem Ton spricht eine Hoffnung / Transformation aus jedem Klang / Aus jedem Ton spricht eine Hoffnung / Auf einen Neuanfang.« Musik bietet die Möglichkeit, zu all jenen zu sprechen und zu singen, von denen man in dieser Zeit der pandemiebedingten Isolation auf so beklemmende Weise getrennt war. »Und wenn ich dann schweigen müsste / Bei all der Angst, die mich umgibt«, singt Dirk von Lowtzow, »Und wenn ich dann schweigen müsste / Dann hätte ich umsonst gelebt.« In der letzten Strophe richtet er diese Hoffnungs- und Liebeserklärung in unmerklich sich verwandelnder Weise – »Transformation aus jedem Klang« – auf ein Gegenüber, von dem man nun nicht mehr weiß, ob es sich um die Musik handelt oder um einen geliebten Menschen, aber vielleicht macht das auch gar keinen Unterschied: »Wenn ich dich nicht bei mir wüsste / Hätte ich umsonst gelebt.«

Der Song »Hoffnung« handelte von dem Schrecken der Isolation und der Angst, die sie erzeugt, aber auch von dem nicht zu erstickenden Wunsch, zu entkommen und offen zu bleiben für die Zusammenhänge der Welt – sei es in einer Gemeinschaft mit vielen oder einer Dyade. So schien die einzige Möglichkeit, der »Festung der Einsamkeit« (so der Titel eines *Tocotronic*-Lieds von dem 2007er-Album »Kapitulation«) zu entfliehen, in der Öffnung gegenüber anderen Menschen zu bestehen, mit denen wir unsere Angst teilen können. »Öffnung« ist dabei nur ein anderes Wort für das, was immer und darum eben auch in den schwarzen Stunden der Isolation Hoffnung zu stiften vermag: die Liebe.

16 »FREMD IM EIGENEN LAND«

Hip-Hop und die migrantische Musik der zweiten Generation in den 1990er- und 00er-Jahren

Die Bands der Hamburger Schule fühlten sich einsam in der Welt und fremd in der eigenen Sprache. »Fremd im eigenen Land«, so hieß ein Song, der im selben Jahr wie das erste *Blumfeld*-Album »Ich-Maschine«, 1992, erschien. Der Song stammte von *Advanced Chemistry*, einem Hip-Hop-Ensemble aus Heidelberg, und begann mit einem kurzen Mitschnitt aus einer Nachrichtensendung, in der über die rassistischen Ausschreitungen in Rostock-Lichtenhagen im August jenes Jahres berichtet wurde: »Nach der vierten Krawallnacht rechnet die Polizei mit weiteren rechtsradikalen Ausschreitungen in Rostock. Die Stadt sei inzwischen ein Sammelplatz für Rechtsradikale aus dem ganzen Bundesgebiet geworden, sagte ein Polizeisprecher [...].« Danach setzte der Beat ein, und die drei Mitglieder von *Advanced Chemistry* rappten über die Erfahrungen, die sie als nicht weiße Deutsche mit der alltäglichen rassistischen Diskriminierung machten. Dabei wechselten sie sich ab und unterstützten einander. »Ich habe einen grünen Pass mit einem goldenen Adler drauf«, rappt Linguist, das heißt, er ist deutscher Staatsbürger, aber: »Fahr' ich zur Grenze mit dem Zug oder einem Bus / Frag' ich mich, warum ich der Einzige bin, der sich ausweisen muss / Identität beweisen muss!« Sein Kompagnon Torch übernimmt: »Ist es so ungewöhnlich, wenn ein Afrodeutscher seine Sprache spricht / Und nicht so blass ist im Gesicht? / Das Problem sind die Ideen im System / Ein echter Deutscher muss auch richtig deutsch aussehen / Blaue Augen, blondes Haar, keine Gefahr / Gab's da nicht 'ne Zeit, wo's schon mal so war? / Gehst du mal später zurück in deine Heimat? / Wohin? nach Heidelberg? wo ich ein Heim hab? / Nein du weißt, was ich mein.« Woraufhin das dritte Mitglied des Trios, Toni-L, den historischen Zusammenhang hervorhebt: »Kaum einer ist da, der überlegt, auf das Wissen Wert legt / Warum es diesem Land so gut geht / Dass der Gastarbeiter seit den Fünfzigern unentwegt / Zum Wirtschaftsaufbau, der sich blühend bewegt / Mit Nutzen beitrug und noch beiträgt / Mit einer schwachen Position in der Gesellschaft lebt.«

Advanced Chemistry, Islamic Force, Exponential Enjoyment, Microphone Mafia, Fresh Familee: Freestyle-Deutsch gegen den Mainstream

Advanced Chemistry, 1987 in Heidelberg gegründet, waren die erste Hip-Hop-Crew in Deutschland, die es zu größerer Bekanntheit brachte. Zwar hatten sich schon in den 1980er-Jahren sowohl in der Bundesrepublik als auch in der DDR kleinere Szenen entwickelt, in denen in Anlehnung an den US-amerikanischen Hip-Hop gerappt, gesprayt und Breakdance betrieben wurde. Doch eiferten die Künstler und Künstlerinnen meist noch möglichst originalgetreu ihren Vorbildern nach – und rappten deswegen auch auf Englisch. »Man hat die USA kopiert. Das war der Blueprint, es musste genau so klingen«, erinnert sich DJ Derezon von der Berliner Hip-Hop-Crew *Islamic Force* an diese Frühzeit des Genres: »Man kam gar nicht auf die Idee, nicht in englischer Sprache zu rappen.«[56] Auch »Fremd im eigenen Land« hatte zunächst einen englischen Text und Titel: »Stranger In My Own Land«, mit Zeilen wie: »Torch, not Hermann, but I am still a German / I'm not a tourist, not here for money earnin'.« Aber dann, so Toni-L, »fing Torch mit dem Freestyle«, also mit der spontanen Improvisation von Text »auf Deutsch an, was bis dahin keiner machte. So begannen wir dann, auch unsere Texte auf Deutsch zu schreiben.«[57]

Manchmal wiederholt sich die Geschichte. Etwa zehn Jahre vergingen, wie wir gesehen haben, zwischen dem Beginn der englischsprachigen Beatmusik von deutschen Gruppen (Anfang der 60er-Jahre) und den ersten Rock-Songs auf Deutsch am Ende der 60er. Ein knappes Jahrzehnt dauerte es auch, bis sich aus den ersten deutschen Imitationen des US-amerikanischen Hip-Hop auf Englisch (ab Anfang der 80er-Jahre) eine deutschsprachige Variante des Genres herausbildete (Anfang der 90er-Jahre). Den ersten Hitparaden-Erfolg mit einem deutschsprachigen Hip-Hop-Stück erzielten die aus Stuttgart kommenden *Fantastischen Vier* im Jahr 1992. In ihrem Song »Die da!?!« rappen die beiden Crew-Mitglieder Smudo und Thomas D (Michael Bernd Schmidt und Thomas Dürr) abwechselnd über eine Frau, in die sie sich verliebt haben – und stellen am Ende fest, dass es dieselbe ist. In den popkulturellen Mainstream gelangte der deutsche Hip-Hop zunächst also als eine Musik, in der es in heiterer, wort- und reimverliebter Weise um die üblichen Themen des Schlagers und der Popmusik ging, um Herz und Schmerz, sich Verlieben und Verlassenwerden. »Sie ist weg« hieß ein weiterer großer Hit der *Fantastischen Vier* aus dem Jahr 1995: »Sie ist weg, weg! / Und ich bin wieder allein, allein / Sie ist weg, weg! / Davor war's schöner allein zu sein«, lautete der Refrain. Andere frühe deutschsprachige Hip-Hop-Crews ironisierten ihr Verhältnis zu den englischsprachigen Vorbildern, so etwa *Fettes Brot* aus Hamburg, die in ihrem ersten Hitparaden-Erfolg »Nordisch by Nature« auf das US-amerikanische Trio *Naughty by Nature* Bezug nahmen und den Text im Hamburger Slang und – ein fernes Echo des 70er-Jahre-Regionalismus von Knut

Kiesewetter und Achim Reichel – auf Plattdeutsch skandierten: »Bi uns in Norden heet dat nich Disco sondern Dans op de Deel / Ik krakehl veel Platt in dat Mikrofon / Büst nich unt'n Norden is dat schwer to verstohn / Wohn' anne Waterkant dohn wi all / Un da schnackt man nu ma so / Hör mal 'n beeten to / Hummel Hummel Mors! Mors! / Ick bün Ruut, de Schippmeester / Bün as de annern Nordisch By Nature.«

Diese ironische und sprachverliebte Aneignung der englischsprachigen Originale war aber nur ein Strang, der sich im deutschen Hip-Hop der 90er-Jahre zeigte. Der andere, der von Crews wie *Advanced Chemistry* vertreten wurde, gab sich explizit politisch. Darin schloss er ebenfalls an den US-amerikanischen Hip-Hop jener Zeit an. Denn auch dieser war in den 80er- und frühen 90er-Jahren vor allem ein Medium des Protests gegen rassistische Diskriminierung – und ein Medium, in dem marginalisierte Gruppen sich eigene Ausdrucksweisen erschufen und einen »Nachrichtenkanal«: »Rap ist das CNN des Schwarzen Amerika«, so hatte es der Hip-Hop-Pionier Chuck D von der Crew *Public Enemy* 1988 in einem Interview mit dem Magazin *Spin* formuliert. In den USA wurde der frühe Hip-Hop vor allem von afroamerikanischen Menschen produziert und gehört. Viele Stücke befassten sich mit Benachteiligung und Gewalt gegen Schwarze; mit der Herabsetzung der Schwarzen Identität durch die weiße Mehrheitsgesellschaft und mit der Wiederaneignung einer Schwarzen Musik- und Kulturtradition, die dabei helfen sollte, Selbstbewusstsein und Schwarze Identität gegen die rassistische Diskriminierung zu stärken.[58]

Auch in Deutschland waren es zunächst viele Menschen mit Migrationshintergrund, die sich den Hip-Hop aneigneten. *Advanced Chemistry* war ein multiethnisches, diverses Ensemble, was es zu dieser Zeit und in dieser Form in keinem anderen popmusikalischen Genre in Deutschland gab. Der Rapper

Torch, eigentlich Frederik Hahn, hatte eine haitianische Mutter und einen deutschen Vater; die Eltern von Toni Landomini alias Toni-L stammten aus Italien; Kofi Yakpo alias Linguist hatte ghanaische Wurzeln und auch einen Teil seiner Kindheit in der ghanaischen Hauptstadt Accra verbracht. Sie alle besaßen, wie es in der ersten Zeile von »Fremd im eigenen Land« heißt, »einen grünen Pass mit einem goldenen Adler drauf«. Aber sie teilten auch das Gefühl, das im Refrain des Stücks formuliert wird: »Nicht anerkannt, fremd im eigenen Land / Kein Ausländer und doch ein Fremder / Kein, kein Fremder / Kein, kein Fremder / Kein, kein Fremder im eigenen Land!«

Dieses Gefühl der Fremdheit hatten schon die Vertreter der »Gastarbeitermusik« formuliert, von denen im 10. Kapitel die Rede war. Mit Rappern wie *Advanced Chemistry* betrat nun erstmals die zweite Generation der Migranten und -migrantinnen die Bühne. In den 90er-Jahren wuchs ihr Anteil an der deutschen Bevölkerung und sie wurden immer sichtbarer. Die Gesellschaft wurde diverser, zugleich aber stieg die Zahl der rassistischen Attentate. Nach der Wiedervereinigung vollzog sich nicht nur in den fünf neuen Bundesländern ein dramatischer politischer Rechtsruck. »In der Fernsehsendung die Wiedervereinigung / Anfangs hab ich mich gefreut, doch schnell hab ich's bereut / Denn noch nie seit ich denken kann, war's so schlimm wie heut«, rappt Torch von *Advanced Chemistry* in »Fremd im eigenen Land«. Dagegen half nur, sich miteinander zu verbinden. Im Videoclip zu dem Stück sah man die Mitglieder von *Advanced Chemistry* inmitten einer großen Gruppe von Jugendlichen. Schon »der erste Blick erschließt einem Beobachter die tiefe politische Message, die allein von der Anwesenheit – in dieser Form das erste Mal überhaupt – der migrantischen Jugendlichen ausgeht, die sich in dem Clip selbstbewusst tummeln« [59], so beschrieb es Kofi Yakpo alias Linguist rückblickend.

Es ging um eine Ermächtigung, also darum, dass Popmusik Menschen das Gefühl vermitteln sollte, nicht allein zu sein mit ihren Entfremdungs- und Diskriminierungserfahrungen, und sie durch dieses Gefühl stärker und souveräner zu machen. Dass deutsche Hip-Hop-Künstler und -Künstlerinnen damit begannen, auf Deutsch zu rappen, hatte also mit dem Wunsch nach Verständlichkeit zu tun, ähnlich wie bei den Deutschrock-Bands der späten 60er-Jahre. Anders als diese wollten die deutschen Rapper mit ihren Texten aber auch die Gestalt der deutschen Sprache verändern. Es ging darum zu zeigen, dass man Deutscher sein konnte, auch wenn Deutsch nicht die Muttersprache war – und darum, die Vielfalt der Sprachen zur Erscheinung zu bringen, die in Deutschland gesprochen und gesungen wurde.

Advanced Chemistry brachten gemeinsam mit der Hip-Hop-Crew *Exponential Enjoyment* 1993 das Stück »Polyglott Poets« heraus, in dem in sechs Sprachen gerappt wurde. Die *Microphone Mafia* aus Köln rappte auf Deutsch, Türkisch, Italienisch, Neapolitanisch und Englisch, während die *Fresh Familee* aus Ratingen in dem Stück »Ahmet Gündüz« einen stilisierten deutsch-türkischen Slang entwickelte und gewissermaßen dort weitermachte, wo Metin Türköz zehn Jahre zuvor aufgehört hatte: »Mein Name ist Ahmet Gündüz / Lass mich erzählen euch! / Du musst schon gut zuhören / Ich kann nicht sehr viel deutsch! / Ich komm von die Türkei / Zwei Jahre her und ich viel gefreut / Doch Leben hier ist schwer. / In Arbeit Chef mir sagen: Kanacke hey wie gehts? / Ich sage ›Hastirlan‹, doch Arschloch nichts verstehn. / Mein Sohn gehen Schule kann schreiben jetzt / Lehrer ist ein Schwein, er gibt ihm immer sechs.«

Tic Tac Toe, Konkret Finn, Haftbefehl, Eko Fresh: Diss-Tracks und Battle-Raps

Die erfolgreichste Hip-Hop-Crew, die in den mittleren 90er-Jahren gegründet wurde, gehörte allerdings nicht einer Underground-Szene oder Subkultur an. Es handelte sich um die Girlgroup *Tic Tac Toe,* die von einer Musikmanagerin mithilfe eines Casting-Wettbewerbs zusammengestellt worden war. Die drei Mitglieder Lee, Jazzy und Ricky (Liane Claudia Wiegelmann, Marlene Victoria Tackenberg und Ricarda Nonyem Priscilla Wältken) hatten unterschiedliche Migrationsbiografien; jeweils einer ihrer Elternteile kam aus Afrika oder Jamaika. In ihren Songs ging es zwar nicht um Rassismus-Erfahrungen, doch in einer anderen Weise um Empowerment. Unverblümt und sehr umgangssprachlich wurde hier die Abneigung gegenüber anderen Menschen formuliert: »Ich find dich scheiße« hieß der erste Hit von *Tic Tac Toe* aus dem Jahr 1995. »Auf die Schnelle, auf die Schnelle / Machste hier 'ne Riesenwelle / Eingebildet, arrogant / Find'st dich auch noch interessant« – so wird die Problemlage in den ersten Zeilen beschrieben, und im Refrain heißt es dann: »Ich find' dich scheiße / So richtig scheiße / Ich find' dich scheiße / So richtig sch-sch-sch-sch-scheiße.« In »Mr. Wichtig« wird – ähnlich wie in den postfeministischen Punk-Songs von *Östro 430* im vorangegangenen Jahrzehnt – ein aufgeblasener Macho für seine mäßigen Fähigkeiten im Bett verspottet: »Hey Mr. Wichtig, du machst da was nicht richtig / Das war ja wohl 'n bisschen schnell / Das war ja wohl nicht so originell / Hey Mr. Wichtig, du tickst ja wohl nicht richtig / Erst machst du hier die Show / Ja und dann schrumpft dein Niveau.«

Tic Tac Toe präsentierten sich als starke und selbstbewusste Frauen, die ebenso kräftig fluchen konnten wie Männer. »Verpiss dich« hieß ein weiteres Stück aus dem Jahr 1996. Ihre

Sprache entlehnten sie dabei den sogenannten Disstracks: Das sind möglichst einfallsreiche Beleidigungen von (vermeintlichen) Gegnerinnen und Gegnern, wie man sie unter anderem bei Battle-Raps findet, also bei Live-Improvisationen, bei denen man seine sprachlichen Talente mit anderen Rappern misst. Auf der B-Seite der *Advanced-Chemistry*-Single »Fremd im eigenen Land« fand sich 1992 einer der ersten Disstracks in deutscher Sprache: »Ich zerstöre meinen Feind.« Und in dem Stück »Ich diss dich« von der Frankfurter Hip-Hop-Crew *Konkret Finn* hieß es im Jahr 1994: »Ich diss dich / Halt dein Maul und verpiss dich / Du kleiner Fotzenlegger, ich diss dich / Halt dein Maul und verpiss dich / Was geht ab mit dir, Schleim, ich diss dich also / Halt dein Maul und verpiss dich / Glaub mir Fotzenlegger, ich diss dich also bitte / Halt dein Maul und verpiss dich.«

Dieser Track von *Konkret Finn* ist auch noch aus einem anderen Grund interessant: Er war durchsetzt mit Begriffen aus dem Romanes, der Sprache der Sinti, die wiederum ins Rotwelsche, in die deutsche »Gaunersprache«, einen Soziolekt, eingegangen sind. »Ich bin der Chab mit der Farbe im Gesicht / Die du nicht haben wirst / Auch nicht wenn du im Solarium stirbst«, lautete eine der vielen Prahlereien in »Ich diss dich«, und eine andere: »Mein Style ist so geil / Wie die Chain in der Zeilgalerie.« Ein »Chab« oder auch »Chabo« ist im Rotwelschen ein junger Mann und eine »Chai« eine junge Frau. Ein »Schleim« ist eine besonders abstoßende Person und »Fotzenlegger« eine außergewöhnlich starke Beleidigung. Wörter wie diese wanderten offenbar über in Frankfurt lebende Sinti und Roma in den Hip-Hop ein.[60] Sie fanden sich etwa auch in »Chabos wissen wer der Babo ist«, einem der bekanntesten Stücke des Offenbacher Rappers Aykut Anhan alias Haftbefehl aus dem Jahr 2013: »Chabos wissen wer der Babo ist / Hafty Abi ist der, der im Lambo und Ferrari sitzt / Saudi Arabi money Rich / Wissen wer der Babo ist / Attention mach bloß keine harakets / Bevor ich komm und dir deine Nase brech.« Ein »Babo« ist ein Boss – eine Abwandlung des im Kurdischen, Türkischen und Hessischen gleichermaßen geläufigen »Baba« (»Vater, Papa«). Das Wort wurde durch den Erfolg von Haftbefehl 2013 sogar zum »Jugendwort des Jahres« vom Langenscheidt Verlag gewählt.

Im deutschen Hip-Hop der 2000er- und 10er-Jahre gab es immer mehr Künstler und (zunächst noch wesentlich seltener) Künstlerinnen mit Migrationshintergrund, die ihre deutschen Texte mit Wörtern aus anderen Sprachen durchsetzten oder aber mit Wendungen aus den Ethnolekten migrantischer Gemeinschaften. So wurde der deutsche Hip-Hop zu einem Spiegel und Laboratorium jener Sprachformen, die die Linguistin Heike Wiese in ihrem gleichnamigen Buch als »Kiezdeutsch« bezeichnete.[61] Wie 30 Jahre zuvor in der Jugendsprache von Udo Lindenberg verband sich auch hier der authentische Slang von der Straße mit artifiziellen Neuschöpfungen – so erläutern Murat Güngör und Hannes Loh in ihrem Text »Vom Gastarbeiter zum Gangsta-Rapper. HipHop, Migration und Empowerment« aus dem Jahr 2017. »Manchmal«, schreiben sie, bleibe »unklar, ob die Rapper selbst neue Worte erfinden und diese dann durch die Fans in Umlauf gebracht werden, oder ob sie Trends aus dem Kiez aufgreifen und mit ihren Songs landesweit populär machen.« Der sprachverändernde und -schöpferische Charakter dieser Musik sei jedenfalls enorm: »Rapper wie Azad, Xatar, Haftbefehl, Celo und Abdi, Veysel, Kurdo oder KC Rebell haben eine Fülle neuer Wörter wie Para, Baba, Chabo, Cho, Xalas, Amcas usw. in Umlauf gebracht, die dem Türkischen, Kurdischen, Arabischen oder Romanes entlehnt sind. Wer den Anschluss hier nicht verlieren will, der muss viel Rap hören, und er ist im Vorteil, wenn er türkische oder arabische Freunde hat.«[62]

Die migrantisch geprägten Rapper betrachteten es als Triumph, dass ihre Texte eine derart sprachverändernde und -stiftende Kraft entwickelten: Während die »Gastarbeitermusik« der Elterngeneration von der Mehrheitsgesellschaft fast vollständig ignoriert worden war, gelang es den Angehörigen der zweiten Generation der Arbeitsmigranten und -migrantinnen nicht nur, mit ihrer Musik ein breites Publikum zu erreichen, sondern auch, der deutschen Sprache ihren Stempel aufzuprägen. Der Rapper Ekrem Bora alias Eko Fresh, in Köln als Sohn türkischstämmiger Eltern geboren, feierte diesen Erfolg in seinem Lied »Straßendeutsch/Türkenslang« aus dem Jahr 2011. Er gab hier sogar Vokabelunterricht: »Der Türkenslang, lan, bring mir bei / ›Hallo, ich will Tee‹ heißt ›Selam, bring mir Çay‹ / Diesen Slang sprechen alle in der Stadt / ›Ne iş, moruk?‹ steht für ›Alter, was geht ab?‹ / Ot ist das Weed, Taş ist der Stein / Der Türsteher denkt: ›Den lass ich nicht rein!‹« Und im Refrain freute er sich: »Unsere Eltern waren Gastarbeiter / Jetzt machen wir den Job hier als Hustler weiter [ein Hustler ist jemand, der auf besonders smarte und wenig anstrengende Weise viel Geld verdient] / Für Deutsche sind wir Türken / Für Türken sind wir Deutsche / Deshalb sag' ich euch, was die Wörter so bedeuten / Wir werden oft als Asoziale betitelt / Haben unsere eigene Sprache entwickelt / Nenn es Straßendeutsch oder Türkenslang / Ich mach' mehr für die Völkerverständigung als ihr«.

17 »BERLIN WIRD WIEDER HART, DENN WIR VERKLOPPEN JEDE SCHWUCHTEL«

Reaktionärer Rap, toxische Männlichkeit und Verschwörungstheorien in den 2000er- und 10er-Jahren

Der deutsche Hip-Hop wurde in den 2000er- und 10er-Jahren divers; es kamen so viele verschiedene migrantische Stimmen zu Wort wie bis dahin in keinem anderen deutschen Musikgenre. Das bedeutete aber nicht, dass im Hip-Hop weiterhin oder gar vermehrt progressive politische Botschaften transportiert wurden. Im Gegenteil: Im sogenannten Gangsta- und Straßenrap, der in den 2000er-Jahren zur dominanten Spielart des Genres aufstieg, wurden das progressive politische Bewusstsein der ersten Hip-Hop-Generation, die Thematisierung von Rassismus und Diskriminierung, vielfach durch reaktionäre Texte und Haltungen ersetzt.

Bushido, King Orgasmus One, B-Tight, Fler, Sido, Xatar und Haftbefehl: Sexismus, Gewalt und rechte Ideologien

Dies äußerte sich vor allem in der sprachlichen und musikalischen Dauerinszenierung eines ebenso monströsen wie misogynen Maskulinismus. So hieß es 2002 in einem der ersten Stücke des Berliner Rappers Anis Mohamed Youssef Ferchichi alias Bushido, der in den folgenden Jahren zum prägendsten und erfolgreichsten Künstler dieses Subgenres des Hip-Hop aufsteigen sollte: »Scheiß auf Beziehung, jede Frau ist eine Hure! / Frauen schreien, wenn ich ihr Arschloch ficke! / Halt dein Maul, sonst gibt's gleich 'ne Schelle! / Mach was ich dir sage und zick mir nicht rum!« Das Stück trug den Titel »Drogen, Sex, Gangbang« und Bushido rappte es im Duett mit Manuel Romeike, der unter dem Namen King Orgasmus One auftrat. Dessen Alben hießen zum Beispiel »Mein Kampf – Musik für Männer« (2002) oder »Fick mich … und halt dein Maul« (2003). Auf Letzterem fand sich das Stück »Du Nichts, Ich Mann«, in dem er seine Weltsicht und vor allem seine Sicht auf Frauen formulierte: »Du siehst aus wie'n Stück Scheiße mit zwei Augen und 'nem Tanga / Halt dein Maul, Frau, du gehst mir auf'n Sack […] Fotze, mach mir was zu essen / Und danach gehst du putzen, so wie sich das gehört / Du bist keine Lady, du bist 'ne Hure!« Im deutschen Hip-Hop der 2000er-Jahre wurden vulgäre sexistische und homophobe Ausdrücke zur sprachlichen Norm. Man trifft sie nicht nur bei Bushido und King Orgasmus One, sondern auch bei vielen anderen Rappern, die in dieser Zeit ihre Karriere begannen, etwa bei B-Tight, Fler und Sido. Auf dessen Debütalbum »Maske« aus dem Jahr 2004 findet sich der »Arschficksong«, der ebenfalls sexuelle Gewalt gegen Frauen feiert.

Frauen werden im Straßen- und Gangsta-Rap dieser Zeit fast ausschließlich als »Nutten« und »Huren« bezeichnet. Liebe oder romantisch gefärbte Tonalitäten spielen in dieser Musik keinerlei Rolle, sondern lediglich Geschlechtsverkehr, in dem der Mann die dominante Rolle einnimmt und seinen Lustgewinn wesentlich aus der Erzeugung von Schmerzen bezieht, so auch im Stück »Pussy« von Bushidos Debütalbum »Vom Bordstein bis zur Skyline« aus dem Jahr 2003. Als Gegenbild zu dieser Idealisierung eines toxischen Maskulinismus dient das Stereotyp des vermeintlich schwachen, unterlegenen, nicht männlichen Mannes, der bevorzugt als homosexuell beschrieben wird. »Berlin wird wieder hart, denn wir verkloppen jede Schwuchtel«, heißt es in dem Stück »Berlin«, das sich ebenfalls auf Bushidos Debütalbum findet: »Berlin / Es ist meine Stadt, mein Bezirk / Du Nutte kannst nach Hause gehen, / Ab jetzt ist es Hardcore, du Opfer.«

In den 2000er-Jahren entwickelte sich der deutsche Hip-Hop mithin zu einem Laboratorium politischer Inkorrektheit und rechten Gedankenguts. In vielen Tracks aus dieser Zeit fanden sich reaktionäre Fantasien, Haltungen und Vokabular, die später auch in der Rhetorik und Ideologie der neuen Rechtspopulisten auftauchten. Das Publikum der Straßen- und Gangsta-Rapper bestand mehrheitlich – wie man in dieser Zeit etwa bei den Konzerten von Bushido beobachten konnte – aus (vorwiegend männlichen) Mittelschichtsjugendlichen ohne Migrationshintergrund, welche die »Ghettoromantik« der Rapper und ihren proletarischen Ethnolekt offenbar ebenso anziehend fanden wie deren archaisch-toxische Männlichkeit. Der Erfolg der migrantischen Straßenrapper beruhte also auch auf einem inversen Rassismus: Aufgrund des ausgiebig gepflegten Status als soziale und kulturelle Außenseiter gestand ihnen die Mehrheitsgesellschaft grobe, gewalttätige Texte und demonstrativ rückständige Verhaltens- und Denkweisen zu, die bei Männern ohne Migrationshintergrund scharf kritisiert und abgelehnt worden wären.

Insofern waren Rapper wie Bushido, Xatar und Haftbefehl gleich in zweifacher Hinsicht nützlich für die Rechtspopulisten: einerseits als tabulose, unzivilisierte Sprachrohre ihrer Ideologie und andererseits als klischeehafte Feindbilder. Denn als muslimisch geprägte »Parallelweltbewohner« mit einer gern ausgestellten Nähe zur organisierten Kriminalität entsprachen sie gerade jenem Schreckensbild, das der rechte Flügel der Konservativen und später die AfD von nicht integrationswilligen Migranten zeichneten und dabei die Gefahr eines gescheiterten Multikulturalismus heraufbeschworen. Gleichwohl waren sie Protagonisten jenes patriarchalen Männlichkeits- und Gesellschaftsbilds, das der rechtspopulistischen Ideologie im innersten Kern zugrunde liegt.

Kollegah, Farid Bang, Prinz Pi, Haftbefehl, Ukvali: Antisemitismus und Verschwörungstheorien

Darüber hinaus zeigen die Texte des deutschen Hip-Hop der 2000er- und 2010er-Jahre so viele antisemitische Stereotype wie kein anderes Genre der Popmusik jenseits des Nazirock-Undergrounds. Einer größeren Öffentlichkeit wurde dies erstmals bewusst, als es bei der Verleihung des Musikpreises »Echo« im Jahr 2018 zu einem Skandal kam: Der Preis in der Kategorie »Hip-Hop/Urban national« ging an die Rapper Kollegah und Farid Bang für ihr Album »Jung, brutal und gut aussehend 3«, obwohl sich in einem der darauf zu hörenden Lieder mit dem Titel »0815« die Zeilen finden: »Deutschen Rap höre ich zum Einschlafen / Denn er hat mehr Windowshopper als ein Eiswagen, ah / Und wegen mir sind sie beim Auftritt bewaffnet / Mein Körper definierter als von Auschwitzinsassen.« Farid Bang rühmte sich also, so wenig Fett auf den Rippen zu haben wie sonst nur ein ausgemergelter Häftling in einem Konzentrationslager der NS-Zeit. Nach der Verleihung des Preises gab es massive öffentliche Proteste; viele andere Prämierte gaben ihre Auszeichnungen zurück. Der Skandal endete schließlich mit der vollständigen Abschaffung des Echo-Preises.

Kollegah und Farid Bang waren jedoch keineswegs die ersten Rapper, die sich in ihren Texten antisemitisch äußerten. Bushido rappte 2005 in dem Stück »Taliban«: »Wenn ich will, seid ihr alle tot / Ich bin ein Taliban / Ihr Missgeburten habt nur Kugeln aus Marzipan […] / C'est la vie, ich mach'n Anschlag wie Tel Aviv.« Der Berliner Rapper Prinz Pi bezeichnete sich 2006 in seinem Stück »Ich gehe« als Mitglied der »Generation Jihad«: »Es ist die Generation Jihad, die heut' aus mir spricht [...] / Weil meine Zeilen die Welt verändern / Wär' das passende Releasedatum für mein Album der 11. September.« Der deutsch-kurdische, in Frankfurt lebende Künstler Azad erklärte 2006 im »Hochhausrap« seines Ensembles *Warheit* die »Machtübernahme über Nacht« und den »Rap Holocaust«, um dann zu bekennen: »Ich komm wie [Scherbengeräusch] und von dir Schmock bleibt nur Asche«, wobei man nur wenig Fantasie braucht, um den Namen zu ergänzen, der von dem Scherbengeräusch übertönt wird. Kollegah und Farid Bang wiederum eröffneten das schon erwähnte Stück »0815« mit den Zeilen: »Diese Syrer vergewaltigen dein Mädel, Bitch / Sie sagt ›Lass mich in Ruhe!‹, doch er versteht sie nicht / Zerlege dich, gab mir Testo / Mach' dein Bahnhofsghetto zu Charlie Hebdo.«

Man sieht, dass antisemitische Äußerungen in Form von affirmativen Bezugnahmen entweder auf den NS-Vernichtungsterror vorkommen oder auf islamistische Anschläge der jüngeren Vergangenheit, etwa bezogen auf das französische Satire-Magazin *Charlie Hebdo* 2015 oder auch auf den Anschlag auf dem Berliner Weihnachtsmarkt am Breitscheidplatz 2016. Solche Muster sind auch in verschwörungstheoretischen Aussagen zu erkennen: So rappte Aykut Anhan alias Haftbefehl in seinem Stück »Hang the Bankers« aus dem Jahr 2015: »Rothschild-Theorie, konsumier', solang dein Atem hält ist / Überlass ihnen das Denken, und Chab' sei still / Wir sind gefickt, uns're Kinder vergiftet, alles hat ein Ende / Auch diese Welt, während ich dichte, kreisen die Chem-Trails / Hang the Bankers, the bankers, the bankers.« Die jahrhundertealte Verschwörungstheorie, auf die sich Haftbefehl hier bezieht, besagt, dass die Welt von einer geheimen Verschwörung jüdischer Bankiers, der Rothschild-Familie, beherrscht wird. Diese Vorstellung spielte zuletzt bei den QAnon-Verschwörungsmythen eine Rolle, die sich Mitte der 2010er-Jahre in den USA unter den Anhängern Donald Trumps verbreiteten. Diese feierten, wie der Kulturhistoriker Michael Butter erläutert hat, »Trump als einen Helden, der mit einigen Getreuen dem moralisch degenerierten ›Tiefen Staat‹ das Handwerk legen könne. Die Verkommenheit des ›Tiefen Staat‹ zeige sich darin, dass die liberalen Eliten an seiner Spitze Pädophile seien, die Kinder missbrauchen, ermorden und ihr Blut trinken würden. Diese Verschwörungstheorie ist deshalb eindeutig antisemitisch, weil Q in seinen Nachrichten immer wieder Juden – George Soros oder die Rothschilds – als Verschwörer identifiziert und weil die Anschuldigung, die Verschwörer würden aus dem Blut der Kinder den mysteriösen Stoff Adrenochrom gewinnen, Motive aus den antijüdischen Ritualmordlegenden des Mittelalters aufgreift«.[63]

Motive dieser Wahnvorstellung von einer jüdischen Weltverschwörung sind auch bei Kollegah zu identifizieren, etwa in dem Video zu seinem Song »Apokalypse«, das 2016 erschien. Dieses zeigte eine epische Geschichte der Menschheit im Kampf gegen das Böse – personifiziert als gesichtsloser Herrscher mit einem Davidstern-Ring am Finger, der das weltweite Bankensystem insgeheim kontrolliert. Am Ende kann er besiegt und die Welt neu aufgebaut werden – ohne Juden. In der letzten Strophe rappt Kollegah: »Etliche Jahre sind seit dem Kriegsende vergang'n / Die Menschen auf der Erde leben friedfertig zusamm'n / Man sieht, wie Buddhisten, Muslime und Christen / Gemeinsam die zerstörten Städte wieder errichten / Sie wurden niedergerissen / Doch nun schwören sie, man würde sie nie mehr vernichten und ihr Klima vergiften.«

Auch die Idee einer Weltverschwörung des Geheimbunds der Illuminaten aus dem 18. Jahrhundert erfreute sich im deutschen Hip-Hop großer Beliebtheit. Bei dem Rapper Ukvali hieß es 2015 in seinem Track »Killumination«: »Immer wenn ich rap, ist 'ne Botschaft im Anflug / Es geht um Banker, Kokser im Anzug / Sie kontrollieren die Nachrichtensender / Sie berichten von Krisen in islamischen Ländern / Sie würfeln nicht, nein, sie verschwören sich / Fakt ist, die Wahrheit wird nie veröffentlicht / Die Elite will uns am Boden halten.« Gemeinsam mit dem der sogenannten Identitären Bewegung entstammenden Rapper Chris Ares und dem Rapper Absztrakkt brachte Ukvali 2019 das Stück »Sündenpfuhl der Macht« heraus. Absztrakkt (inzwischen unter dem Namen Galstarr) und Ukvali waren auch beide auf einem Hip-Hop-Track mit dem Titel »Ich mach da nicht mit« aus dem Frühjahr 2021 vertreten. Dieser wurde zur Hymne der während der Corona-Pandemie entstandenen Querdenker-Bewegung: eine Art Klassentreffen aller querdenkenden Musiker des Landes. Zu den Beteiligten gehörten außerdem ein aus dem Ruhrpott stammender Rapper namens »Goethe« (worin auch der Bezug der Querdenker zur Waldorfbewegung anklang), ein Rapper, der früher als Qdenka firmierte und sich nun Holy Smokez nennt, sowie der Soul- und R'n'B-Sänger Xavier Naidoo, in dessen Beitrag es heißt: »Ich mach' da nicht mit / Es kann gar nicht sein, euer Gift kommt niemals in uns're Körper rein / Die Geschwister und ich, wir wagen den Schritt: Wir machen nicht mit.«

»Truth-Rap« nennen die Beteiligten selbst dieses Genre. In dem Beitrag des Rappers Beatus zu »Ich mach da nicht mit« heißt es exemplarisch: »Ich mach' da nicht mit, sie woll'n dass ich mich impf' / Die Wirtschaft wird gefickt und die Masken sind Pflicht / Hab vor acht Jahr'n schon damals die Lage geblickt / und es wird alles wahr, doch die Schafe sind blind / Satanische Sklaven sind apathisch und sick, / Ich sag': ›Fuck NWO‹ und bewahr' mein Gesicht.« Diese Rapper stilisieren sich zu Widersachern herrschender Eliten (»NWO« ist die Abkürzung für »neue Weltordnung«), denen sie ihr wahres, authentisches Wissen entgegenstellen. Im Unterschied zur Mehrheit der Bevölkerung (den »Schafen«) verfügen sie über einen gesunden Menschenverstand. Vielleicht lässt sich im »Truth-Rap« – jenseits aller konkreten politischen Positionierung – auch ein Ausdruck jenes spezifischen Maskulinismus erkennen, der die beschriebene Spielart des Deutschrap auszeichnet. Dieser drückt sich eben nicht nur in Frauenverachtung aus, sondern auch in der Überzeugung, alles besser zu wissen als der Rest der Welt und dementsprechend besser erklären zu können. Manch einer besitzt gar hellseherische Fähigkeiten, wie Haftbefehl sie in seinem Stück »Hang the Bankers« für sich in Anspruch nimmt: »Nenn mich Haftradamus, denn ich kann hellsehen / Willst du die Wahrheit hören, Akhi« (Akhi ist arabisch und bedeutet »mein Bruder«). »Ich will dir was zeigen, was du noch nicht weißt.«

Drei Jahrzehnte nachdem der deutschsprachige Hip-Hop als Medium antirassistischer Politik entstanden war, wurde er durch seine Affinität zu rechtspopulistischen Ideologemen und Verschwörungstheorien zum bevorzugten Soundtrack der Querdenker-Bewegung – eine erstaunliche politische Transformation. Aber vielleicht können diese Musik und ihre Texte gerade aus diesem Grund auch als ein Spiegel der Verfasstheit der deutschen Gesellschaft verstanden werden. Zumindest kann man an der Entwicklung dieses Genres erkennen, dass – anders als manche progressiven Kräfte einst dachten – eine Kunstform nicht automatisch offener und aufgeklärter werden muss, wenn sie diverser wird. Sondern dass sie dann vielleicht bloß die mangelnde Progressivität der Gesellschaft in diverserer Form zur Erscheinung bringt.

18 »DEUTSCHLAND! MEIN HERZ IN FLAMMEN!«

Heimatliebe, Deutschrock und internationaler Schlagerpop in den 2010er-Jahren

»Deutschland« hießen zwei typische Lieder zum Verhältnis der Deutschen zu ihrem Land aus den 1980er-Jahren, die wir im 15. Kapitel kennengelernt haben. In dem Song der Gruppe *Slime* wurde die deutsche Nation für sämtliche Übel der Menschheit verantwortlich gemacht. In »Deutschland« von den *Böhsen Onkelz* wurde hingegen der Stolz bekundet, dieser Nation anzugehören. »Deutschland« hieß auch ein viel diskutiertes Lied der Berliner Band *Rammstein*, das im Jahr 2019 auf ihrem Album »Rammstein« erschien. Darin wurden beide Haltungen zu Deutschland miteinander verbunden. »Deutschland! Mein Herz in Flammen! / Will dich lieben und verdammen / Deutschland! Dein Atem kalt / So jung und doch so alt«, so bekundet der *Rammstein*-Sänger und Songschreiber Till Lindemann im Refrain seine ambivalenten Gefühle gegenüber seinem Heimatland: »Deutschland! Deine Liebe / Ist Fluch und Segen / Deutschland! Meine Liebe / Kann ich dir nicht geben.«

Rammstein, Unheilig, Mark Forster: Ambivalenzen und Sinnsprüche

Rammstein debütierten 1995 mit dem Album »Herzeleid«, und schon mit ihrem zweiten Werk »Sehnsucht« von 1997 stiegen sie zur populärsten Rockband in Deutschland auf. Gleichzeitig feierten sie insbesondere auch im Ausland große Erfolge, etwa in den USA und Russland, und dass obwohl ihre Lieder durchweg auf Deutsch abgefasst sind. Oder gerade deswegen, denn Till Lindemann intoniert seine Texte mit einem Akzent, der auch außerhalb Deutschlands als typisch deutsch wahrgenommen wird: Er rollt das »R« wie Schlagersänger in den 1920er- und 1930er-Jahren oder NS-Politiker bei ihren Ansprachen und bemüht sich um eine möglichst abgehackt und stakkatohaft wirkende Satzmelodie, wie man sie in Hollywood-Filmen bei deutschen Bösewichten hören kann.

Seine Texte sind hauptsächlich aus Schlagwörtern zusammengesetzt, die auch ohne besondere Deutschkenntnisse leicht zu verstehen sind und aus einem Wortfeld stammen, das man diffus mit der deutschen Romantik, der »deutschen Seele« oder auch der deutschen Geschichte assoziiert: »Herz«, »Leid«, »Mutter«, »Blitzkrieg«. Wie *Kraftwerk* in den 70er-Jahren und *Einstürzende Neubauten* in den 80ern gründeten auch *Rammstein* ihren internationalen Erfolg nicht zuletzt darauf, dass sie als Verkörperungen »des Deutschen« wahrgenommen wurden. Dabei lassen sie mehr oder weniger kunstvoll im Unklaren, ob ihre sprachliche, musikalische und visuelle Ästhetik als Kritik, Karikatur oder Affirmation des deutschen Nationalismus verstanden werden soll.

In dem Lied »Deutschland« ist diese Ambivalenz das bestimmende Thema: »Deutschland / Ich / Ich will dich nie verlassen / Man kann dich lieben / Und will dich hassen«, heißt es darin. Wie in der schon zitierten Zeile »Deutschland! Meine Liebe / Kann ich dir nicht geben« wird eine Abneigung gegen Deutschland formuliert. Doch in der musikalischen und gesanglichen Umsetzung übertönt das kraftvoll deklamierte »Deutschland« jeweils den zweiten Teil des Satzes, und bei den Konzerten, die *Rammstein* nach der Veröffentlichung des Albums 2019 gaben, konnte man zahlreiche männliche Fans hören, die in durchaus unkritischer Weise »Deutschland! Deutschland! Deutschland!« skandierten.

Widersprüchliche Gefühle und ambivalente Beziehungen sind auch in den anderen Liedern des »Rammstein« betitelten Albums ein wiederkehrendes Leitmotiv. *Rammstein* wissen nicht nur nicht so genau, was sie von Deutschland zu halten haben. Es geht ihnen auch mit allem anderen so, zum Beispiel mit Sex, Schmerz, Freude, Glück, Tätowierungen, Schönheit, Prostitution und Vergewaltigungen. In dem Lied »Was ich liebe« singt Till Lindemann in programmatischer Weise, dass er es nicht liebt, wenn er etwas liebt: »Ich mag es nicht, wenn ich was mag / Was ich liebe, das wird verderben / Was ich liebe, das muss auch sterben.« In dem Lied »Sex« werden die Hörerinnen und Hörer mit den widersprüchlichen Empfindungen des Sängers zu Fragen des sexuellen Begehrens konfrontiert. Einerseits wird ihm »schlecht« beim Blick auf ein »Geschlecht«, andererseits befindet er: »Wir leben nur einmal / Wir lieben das Leben / Wir lieben die Liebe / Wir lieben Sex«, woraufhin der Gesang in ein heiteres Brunftlachen mündet wie es einst bei Fred Bertelmann in seinem Hit »Der lachende Vagabund« aus dem Jahr 1958 zu hören war.

Passend zu den ambivalenten Gefühlen, die sich durch das gesamte Album ziehen, ist ein beliebtes rhetorisches Stilmittel das Oxymoron, die Zusammenstellung zweier sich widersprechender Begriffe in einem Wort oder in einer Wendung. So ist es auch in dem Lied »Weit weg«, in dem Till Lindemann die erotischen Fantasien eines jungen Mannes besingt, der mit einem Fernrohr eine sich entkleidende Frau im Nachbarhaus ausspäht. Diese ist gleichermaßen weit weg und ganz nah: »Ganz nah / So weit weg von ihr / So nah / Weit weit weg [...]«.

In dem Lied »Tattoo« spielt Lindemann mit bekannten deutschen Sprichwörtern und verkehrt sie ins Absurde: »Wer schön sein muss, der will auch leiden / Und auch der Tod kann uns nicht scheiden«, was gleichzeitig auf eine interessante Resonanzschleife hinweist: Denn damit bezieht er sich wiederum auf den wesentlich von Rammstein inspirierten Gothic-Rock-Schlagersänger Der Graf von der Gruppe *Unheilig*, der sich in seinem Lied »Die Weisheiten des Lebens« schon im Jahr 2014 mit der bewusstseinserweiternden Kraft solcher Sprichwörter befasste: »Träume nicht dein Leben, sondern lebe deinen Traum / Der Klügere gibt nach, in der Ruhe liegt die Kraft / Ehrlich währt am längsten, Fragen kostet nichts [...] / Die Weisheiten des Lebens / Sind die Worte unserer Väter / Die uns trösten und beflügeln [...] / Und ewiglich bestehen / Ein Vermächtnis aus vergangener Zeit / Das unsere Welt zusammenhält.«

Was die Welt von Rammstein zusammenhält, ist nun das, was Welten im Allgemeinen gerade nicht zusammenhält – die Feier des Selbstwiderspruchs und die generelle Unfähigkeit, sich zu entscheiden oder auch nur Klarheit über die eigenen Bedürfnisse und Gefühle zu erhalten. Das hat seine sprachlich interessanten Aspekte. Manchmal würde man sich dennoch wünschen, dass Till Lindemann beim Texten etwas innovativer wäre: In der Wahl der rhetorischen Mittel ähnelte auf dem Album »Rammstein« ein Song dem nächsten, was auf Dauer doch etwas ermüdend ist. Das Deutsche bietet eine reiche Auswahl an Stilfiguren, die zur Verfügung gestanden hätten. Vielleicht könnte man sagen: In Fragen der stilistischen Varianz hat Lindemann die Möglichkeiten der deutschen Dichtkunst und das Vermächtnis seiner Väter noch nicht ganz ausgeschöpft.

Zumindest in einem Song nahm das Grübeln über den deutschen Nationalcharakter auf dem »Rammstein«-Album noch eine überraschende Wende: In dem Stück »Ausländer« schlug Till Lindemann nämlich den Bogen zur Fernweh-Romantik des deutschen Schlagers der 1950er-Jahre. Das Lied handelt davon, dass er unentwegt unterwegs ist: »Ich reise viel, ich reise gern / Fern und nah und nah und fern / Ich bin zuhause überall / Meine Sprache, international / Ich mache es gern jedem recht / Ja, mein Sprachschatz ist nicht schlecht.« Er wandert frei über alle Länder- und Sprachgrenzen hinweg und spricht Spanisch, Französisch, Italienisch, Englisch und Russisch: »Ich bin Ausländer / Mi amor, mon chéri / Ausländer / Ciao, ragazza, take a chance on me / Ich bin Ausländer / Mon amour, ja ljubil tebja / Ein Ausländer / Come on, baby, c'est, c'est, c'est la vie.« Der Grund für seine Liebe zu Mobilität und Internationalismus liegt in den dadurch vervielfachten Gelegenheiten, mit immer anderen und neuen Frauen (oder wem auch immer) zu kopulieren: »Ich bin kein Mann für eine Nacht / Ich bleibe höchstens ein, zwei Stunden / Bevor die Sonne wieder lacht / Bin ich doch schon längst verschwunden.« Die endlose Reise rund um die Welt ist für Till Lindemann identisch mit der endlosen Reise durch die Betten der Welt.

Man kann dieses Stück aber auch als Antwort auf einen Schlager betrachten, der ein Jahr zuvor, 2018, erschienen war, und zwar »194 Länder« von Mark Forster – seinerseits einer der erfolgreichsten deutschen Popmusiker der 2010er-Jahre. Auch Mark Forster reist sehr gern um die Welt; in dem genannten Lied heißt es in der ersten Strophe: »Ich war in den Hills von L.A. / Zwischen den größten Legenden der Welt / Ich war am Hafen Marseilles / Aß den Fisch dort direkt aus der See / Ich war am Herzen Ugandas / Genoss die Wärme der Nächte Kampalas / Bin durch die Hügel gewandert / Auf dem irischen Wicklow bei Dublin.« Doch wohin er auch kommt, niemals bricht er – anders als das lyrische Ich in den Texten des *Rammstein*-Sängers Till Lindemann – mit der monogamen Treue: »Es gibt 194 Länder, ich will jedes davon seh'n / Sechseinhalbtausend Sprachen, ich versuch' sie zu versteh'n / Die ganze Welt voll Abenteuer, will so viel wie's geht erleben / Aber dich, Baby, dich, nur dich, gibt's halt einmal für mich.«

Helene Fischer, *In Extremo, Schandmaul, Santiano*: Elektropop und Fernwehromantik

Die bedeutendste Popsängerin der 2010er-Jahre, Helene Fischer, wiederum besang in ihrem 2021 erschienenen Stück »Vamos a Marte« im Duett mit dem weltweit erfolgreichen puerto-ricanischen Latin-Pop-Sänger Luis Fonsi die Freuden eines Urlaubsflirts während des Sommerurlaubs. Sie beginnt in der ersten Strophe auf Deutsch: »Wir schauen uns an / Ein bisschen zu lang / Und irgendwann / Wird aus deinem Blick ein / Vamos a bailar bebé / Was du meinst, kann ich in deinen Augen sehen.« Dann entgegnet Luis Fonsi auf Spanisch: »Vamos a Marte / Déjame llevarte / Hablamos un lenguaje / Sin palabras«, was auf Deutsch etwa bedeutet: »Lass uns zum Mars gehen / Lass mich dich mitnehmen / Wir sprechen eine Sprache / Ohne Worte.« Und Helene Fischer fasst auf Deutsch-Spanisch zusammen: »Vamos a Marte / Wir sprechen eine Sprache [...] / Keine Wörter können beschreiben / Was ich mit dir fühl / Vamos a Marte / Wir sprechen eine Sprache – ohne Worte.«

Eine Sprache ohne Worte: In dieser Formulierung spiegelt sich auch der Traum vom Internationalismus wider, der das Schaffen von Helene Fischer in der Zeit ihrer größten Erfolge prägte. Sie begann ihre Karriere im Feld des traditionellen deutschen Schlagers, mit einer Musik, zu der man gut in Bierzelten mitklatschen konnte und die sich auch in Fernsehsendungen mit »volkstümlicher Musik« gut in das Programm fügte. Anfang der 10er-Jahre begann sie aber, sich einen moderneren, kosmopolitischen Anstrich zu geben. Sie versetzte ihre Musik mit elektronischen Rhythmen – wie bei ihrem bislang größten Erfolg, dem von Kristina Bach getexteten Lied »Atemlos durch die Nacht« aus dem Jahr 2013 –, und bei ihren Konzerten hüpfte sie in heiter-eklektischer Weise zwischen ihren eigenen Liedern und Funk-Rock-, Disco- und Metal-Zitaten hin und her, coverte englischsprachige Lieder von Daft Punk, Céline Dion und Prince und bot »Atemlos durch die Nacht« in Bassmusikremixen und Techno-Versionen dar, die man sich auch gut in einer Stranddisco auf Ibiza vorstellen könnte.

Auf ihrem Album »Helene Fischer« aus dem Jahr 2017 variierte sie diesen musikalischen Eklektizismus als eine Art »Hopping« zwischen verschiedenen Urlaubsdestinationen. Das Stück »Schon lang nicht mehr getanzt« blickte mit seinen Akkordeoneinsätzen nach Frankreich. »Viva La Vida« war wiederum ein argentinischer Tango mit flott hineinhupenden Bläsern: »Heyo! Ale-aleo!«, hieß es im Refrain: »Ein Gefühl, ein Moment, alles dreht, alles brennt / Heyo! Ale-aleo! / Das ist unsere Zeit, wir sind unsterblich heut / Ein viva la vida! / Ein Hoch auf diesen Tag / Weil ich das Leben so mag!« Während »Sonne auf der Haut« (Refrain: »Oh-oh-oh-oh-oh, oh-oh-oh-oh-oh-oh / Oh-oh-oh-oh, Sonne auf der Haut!«) die heiteren Ferientage in etwas rätselhafter Weise mit einem Dudelsackleitmotiv beschwor – aber auch in Schottland kann man sicher mal Glück mit dem Wetter haben. Das Credo, das all diese Lieder zusammenhält, formulierte Fischer schließlich in »Mit dem Wind«: »Egal wohin, egal wie weit / An jedem Ort zu Hause sein / Komm, ziehen wir mit dem Wind! […] / Ganz egal, wo wir am Ende stehen / Der Weg war unser Ziel.«

Wie schon im achten Kapitel bemerkt, schlossen die erfolgreichsten Rockbands der 2010er-Jahre in Deutschland an die »typisch« deutschen und regionalen Musik- und Text-Traditionen an, die schon vom Krautrock der 1970er wiederentdeckt worden waren. Das galt auch für die große Szene der sogenannten Mittelalterbands, für *In Extremo*, *Schandmaul* oder *Saltatio Mortis*, die ihre Rockmusik mit mittelalterlichen Instrumentenklängen anreicherten und sich dabei auf Gruppen wie *Ougenweide* bezogen. Insbesondere die norddeutschen Shanty-Rocker von *Santiano*, die seit ihrem Debüt »Bis ans Ende der Welt« aus dem Jahr 2012 fünf Nummer-eins-Alben veröffentlichten, lassen sich als direkte Erben der Seemannslieder von Achim Reichel betrachten – und haben auch auf Plattdeutsch das Lied »Fresenhof« von Knut Kiesewetter neu interpretiert. Zu all diesen traditionalistischen Ausdeutungen der deutschsprachigen Musik, aber auch zu jenem ambivalenten Patriotismus, den *Rammstein* jenseits von Stücken wie »Ausländer« pflegen, bietet Helene Fischer scheinbar ein Komplement: Sie bindet ihre Version des Schlagers wieder an eine Art Internationalismus und an die Fernwehromantik der deutschsprachigen Musik in den 50er-Jahren. Das Wort »Deutschland« ist in ihren Texten bislang kein einziges Mal vorgekommen.

Auch in anderer Beziehung ist sie ein Einzelfall: Fischer wurde 1984 als zweites Kind einer russlanddeutschen Familie im sibirischen Krasnojarsk geboren und übersiedelte im Alter von vier Jahren 1988 nach Westdeutschland. Obwohl sie also eine Person mit Migrationshintergrund ist, spielt – anders als in den Songs vieler migrantisch geprägter Rapper, die in der einen oder anderen Weise von ihrer Angehörigkeit zu einer marginalisierten Gruppe berichten – ihre Biografie in ihrer Musik keine Rolle, weil diese generell keine persönliche Note besitzt. Denn sie schreibt ihre Songs nicht selbst, vielmehr werden diese von einem großen Ensemble von Songschreibern und -schreiberinnen entwickelt. An jedem einzelnen Stück sind bis zu zehn Autoren und Autorinnen beteiligt. Der Kosmopolitismus, der dabei entsteht, ist diffus; Fischers Musik ist nicht »deutsch«, aber auch nicht »nicht deutsch«. In Stücken wie »Mit dem Wind« feiert sie inhaltlich eine nomadische Existenz, aber dieses Nomadische beschränkt sich darauf, dass sie in den Ferien gerne andere Länder besucht, um dann wieder glücklich nach Hause zurückzukehren – ganz so, wie es von den Interpreten und Interpretinnen des Schlagers der 50er-Jahre beschworen wurde.

In gewisser Weise ähneln ihre Texte dann aber doch jenen von *Santiano*: Auch in diesen erkunden raue Seemänner bei der Fahrt über das Meer die Weiten der Welt, doch sie kehren immer wieder zurück. Die Fernwehromantik bleibt stets mit der Sehnsucht nach der Heimat verbunden: »Vor ewig langer Zeit / Fuhr'n wir aufs Meer hinaus / So fern der Heimat folgten wir dem Wind / Doch jeder Mann an Deck / Sehnt' sich zurück nach Haus / Nach Haus zu Frau und Kind / Dort, wo uns're Herzen sind«, hieß es auf ihrem Album »Mit den Gezeiten« aus dem Jahr 2013 in dem Lied »Rolling Home«. Dabei handelte es sich um eine Variation über jenes Shanty aus dem 19. Jahrhundert, das schon Achim Reichels gleichnamiges Stück aus dem Jahr 1976 inspirierte. Im Refrain heißt es auf Englisch: »We keep on rolling rolling rolling home / Storm along we're rolling home / We keep on rolling rolling rolling home / To the place where we belong / Storm along we're rolling home.«

Auf ihrem Album »Rausch« von 2021 übernahm Helene Fischer dann explizit die Motivik der Seefahrerei. In ihrer zweiten Single-Auskopplung »Volle Kraft voraus« wird eine Trennungs- und Herzschmerzerfahrung in entsprechenden Metaphern beschrieben: »Volle Kraft voraus / Zurück auf's off'ne Meer hinaus / Es tat weh, doch ich muss weiterziehen und du auch.« Und in dem letzten, dramatisch instrumentierten Stück auf dem Album, einem Mutmachsong namens »Nichts auf der Welt«, heißt es: »Nichts auf der Welt hält dich auf / Wenn du fällst, stehst du auf / Und dann geh geradeaus / Deinen Weg über Felsen und Meere / Denn da hinten ist Licht, etwas wartet auf dich / Kommt ein Sturm, spann deine Segel.« Wobei hier ein wenig seglerische Beratung vielleicht hilfreich gewesen wäre. Denn man kann Segel setzen oder hissen, bei Sturm am besten reffen oder gar bergen. Aber spannen tut man höchstens ein Sonnensegel über der heimischen Terrasse.

»AUS DER PUSSY«

Kulturelle Aneignung und die Frage der Identität zu Beginn der 2020er-Jahre

Während ich die letzten Zeilen dieses Buchs schreibe, Anfang Januar 2022, werden gerade die Jahrescharts für das abgelaufene Jahr veröffentlicht, also die Liste mit den am meisten gekauften und gestreamten Singles und Alben 2021. Auf Platz 1 findet sich ein englischsprachiges Shanty: Es heißt »Wellerman« und stammt im Original aus den 1860er-Jahren. Ein schottischer Postbote namens Nathan Evans hat es in einem Videoclip auf der Internet-Plattform TikTok neu interpretiert und damit einen globalen Klick-Erfolg erzielt. Daraufhin hat die Band *Santiano* das Stück ein weiteres Mal mit ihm aufgenommen und es auf dem 2021 erschienenen Album der Shantyrocker, »Wenn die Kälte kommt«, veröffentlicht. Das Album rangierte Ende des Jahres auf Platz 5 der deutschen Album-Charts und machte *Santiano* zur erfolgreichsten deutschen Rockgruppe 2021. Es hat sich nichts verändert, seit Rudi Schuricke 75 Jahre zuvor das beliebteste Lied der Deutschen des Jahres 1946 sang: »Capri-Fischer« (siehe Kapitel 1). Wie damals liebt auch heute das deutsche Publikum Popmusik, die vom Fernweh kündet und von der Sehnsucht nach der Fremde, von exotischen Orten wie der Südsee oder der Arktis. In dem programmatischen, auf Plattdeutsch gesungenen Stück »An't Enn vun de Welt« auf dem »Kälte«-Album formulieren *Santiano* diese Sehnsucht 2021 folgendermaßen: »Wi segeln wiet, wiet an't Enn vun de Welt / Nu hör good tou wat düt Leed ju vertellt / Wi segeln wiet, wiet an't Enn vun de Welt / Dor's nix wat uns noch hölt.« Auf Hochdeutsch heißt das in etwa: Wir segeln bis ans Ende der Welt und nichts kann uns aufhalten.

Das erfolgreichste Stück eines deutschen Sängers im Ausland war zum Jahreswechsel 2021/22 ebenfalls ein Shanty. Gesungen wurde es von Achim Reichel, der (siehe Kapitel 9) mit seinem »Dat Shanty Alb'm« 1976 die kurze Renaissance des Plattdeutschen in der deutschen Popmusik einleitete. Im Dezember 2021 lief sein Lied »Aloha heja he« in China im Hintergrund einer Videoreportage über einen populären chinesischen TikTok-Influencer. Daraufhin wurde es millionenfach gestreamt und landete auf Platz 1 der chinesischen Charts der Musikerkennungs-Software Shazam. Dabei war das Stück zu diesem Zeitpunkt schon 30 Jahre alt. Es stammt aus dem Jahr 1991. Darin sang Achim Reichel über die nautischen und erotischen Abenteuer eines Seemanns im Jahr 1910. »Hab die ganze Welt gesehn / Von Singapur bis Aberdeen / Wenn du mich fragst, wo's am schönsten war, / sag ich: Sansibar.« Denn als er mit seinem Schiff dort gerade vor Anker gehen will, halten »tausend Boote« auf sie zu: »In den Booten waren Männer und Frau'n, / ihre Leiber glänzten in der Sonne / und sie sangen ein Lied ... / Aloha heja he aloha heja he aloha heja he«, woraufhin offenbar eine wilde Sexparty beginnt, nach der einzelne Mannschaftsmitglieder von Geschlechtskrankheiten ereilt werden: »Der Steuermann hatte Matrosen am Mast / Und den Zahlenmeister ham' die Gonokokken vernascht / Aber sonst war'n wir bei bester Gesundheit.« (»Matrosen am Mast« ist eine bei Seeleuten übliche Umschreibung für Filzläuse und Gonokokken der medizinische Ausdruck für Tripper.)

Ob das chinesische Publikum sich über den eingängigen Schunkelrhythmus des Stücks und die in seinen Ohren vermutlich skurrile Sprache und Intonation des Sängers hinaus auch für eine Übersetzung des Textes und die thematisierten Orgien und Geschlechtskrankheiten interessierte, ist nicht bekannt. Auf jeden Fall passt die Begeisterung für das Lied zu dem TikTok-Trend, der nach dem Erfolg von »Wellerman« schon Anfang 2021 entstanden war: Auf aller Welt filmten sich junge Menschen beim Nachsingen von Shantys und versahen ihre Interpretationen mit dem Hashtag #shantytok. Es war eine Mode, die – wie alles auf TikTok – schnell wieder vorüberging. Doch ist sie exemplarisch für den Zustand, in den die Popkultur im Verlauf der vergangenen beiden Jahrzehnte eingetreten ist. In dieser Zeit ist Aneignung anderer Kulturen und Sprachen zu einem globalen Phänomen aufgestiegen, man könnte sogar sagen: zu *der* zentralen Kulturtechnik der Globalisierung. Überall auf der Welt imitieren Menschen unentwegt die Musik, Sprache und Inszenierungen anderer Popkulturen. Dabei hat die englischsprachige Popmusik ihre einstige Rolle der Leitkultur eingebüßt. Was angeeignet oder auf TikTok und anderen Social-Media-Kanälen zum Zweck des Vergnügens am Unbekannten und Fremden einfach aufgenommen und zum Teil aus dem Zusammenhang gerissen wird, stammt aus allen Teilen der Welt. Dabei kann es – aus der je eigenen Perspektive des Aneignenden – gar nicht »fremdartig« und »absonderlich« genug sein. »Xenomania« hat der Popkritiker Simon Reynolds diese kulturelle Haltung genannt.[64]

Gleichzeitig ist die popkulturelle Globalisierung dialektisch mit ihrem scheinbaren Gegensatz verbunden: mit der Stärkung regionaler und lokaler Kulturen. Denn in einer globalisierten Welt wächst das Bedürfnis, die eigene Identität an unverwechselbare lokale Kulturtraditionen anzubinden und diese und sich selbst dabei vermeintlich vor dem Verschwinden in einer nivellierten Weltkultur zu bewahren. Die Betonung liegt auf »vermeintlich«, denn das, was man zu retten vorgibt, wird nicht selten erst unter dem Eindruck der Globalisierung als Tradition konstruiert und erfunden. Der Soziologe Roland Robertson hat diese Dialektik schon Ende der 90er-Jahre als »Glokalisierung« bezeichnet.[65] In Deutschland kann man sie etwa am erstaunlichen Erfolg von *Santiano* studieren. Die meistgehörte deutsche Rockband des Jahres 2021 singt – überlieferte, aber vor allem selbst geschriebene – Seemannslieder auf Englisch, Hochdeutsch und wie in dem Stück »An't Enn vun de Welt« auf Plattdeutsch und verbindet damit den Wunsch nach dem Aufbruch in die Welt mit dem sprachlichen Bekenntnis zur Herkunft, zum Regionalen.

Die deutschsprachige Musik der Gegenwart handelt – wie anhand verschiedener Beispiele gezeigt wurde – oft von Herkunft und macht dies auch hörbar: durch die Vermischung des Hochdeutschen mit Dialekten oder Sozio- und Ethnolekten, in denen die Vielstimmigkeit regionaler deutscher Kulturtraditionen ebenso zur Erscheinung gelangt wie die Diversität einer von globalen Migrationsbewegungen gezeichneten Gesellschaft. Im gegenwärtigen Deutschrap hört man, wie in Kapitel 16 beschrieben, viele Wörter mit arabischer, türkischer oder Romani-Herkunft. Es kommen so viele migrantische Stimmen zu Wort wie nie zuvor in der Popmusik dieses Landes. In der Rockmusik, die derweil die Hitparaden anführt, wird wie bei *Santiano* mit norddeutscher Intonation und auf Plattdeutsch gesungen. Oder – wie bei einem anderen äußerst erfolgreichen Rocksänger der 2000er-Jahre, Andreas Gabalier – in einem österreichischen Dialekt, dem Steirischen: »Bratfettn, Leberwurst und Griesnockerlsuppn / Am Stammtisch bei einem Kartenspiel im Wirtshaus hocken / Wienerschnitzel, Preiselbeeren, ein Würstlstand in Wien / Ein Almochsein Häferl Milch von der Sennerin«, heißt es in seinem Lied »Dahoam« aus dem Jahr 2010, und im Refrain: »Des is dahoam, des is dahoam / Ja do, nur do bin i dahoam / I mag die Musi und den Kaiserschmarren / Ja da, nur da bin i dahoam.« Gabalier beschwört die Heimat, um sich (und sein Publikum) gegen die Zumutungen einer Zeit zu verwahren, in der Traditionen verschwinden und Identitäten in Fluss geraten: In den idyllischen Almhütten, in denen er seine Videos inszeniert, scheint die Geschichte stehen geblieben zu sein – dort hat sich die heimische Tradition noch erhalten und ist von äußeren Einflüssen scheinbar unberührt geblieben. Damit zahlt er auf die Ängste und Sehnsüchte eines großen Publikums ein.

Ebow, Nashi44: Hybride Identitäten und die Frage nach der Herkunft

Bei Andreas Gabalier und *Santiano* dient der Gebrauch von Dialekten der Bewahrung einer überkommenen kulturellen Identität, deren Fortbestand als bedroht angesehen wird. Das ist bei den migrantisch geprägten Rappern und Rapperinnen nicht anders, die »ihre« Sprache gegen die Dominanz des von der Mehrheitsgesellschaft gesprochenen grammatikalisch »korrekten« Hochdeutsch in Stellung bringen. Freilich nutzen sie den Gebrauch von Sozio- und Ethnolekten auch zur Erschaffung neuer Identitäten und Sprachen – in einem ähnlichen Sinn, in dem Udo Lindenberg in den 1970er-Jahren eine eigene »Jugendsprache« aus der Vermischung von aktuellem und selbst ausgedachtem Slang, aus deutschen und englischen Wörtern schuf (siehe Kapitel 11). So mischt zum Beispiel die Münchener Rapperin Ebru Düzgün alias Ebow deutsche, englische, kurdische und Slang-Wörter, die ihre Migrationsgeschichte abbilden. »Kanak for Life« heißt ein Song aus dem Jahr 2019: »Kanak for Life / Kanak for Life / Mein Tribe, mein Clan, Aylem / Meine Cousinen, meine Cousengs / Meine Cousinen, meine Cousengs / Meine

Familie, meine Gang.« Der Song handelt von der rassistischen Diskriminierung, die das Leben vieler Migranten und Migrantinnen prägte und prägt. Ähnlich wie die ersten Protagonisten der »Gastarbeiter-Musik« aus den 1970er-Jahren (siehe Kapitel 10) klagt Ebow darüber, dass migrantisch geprägte Menschen für die weiße Mehrheitsgesellschaft die Drecksarbeit machen mussten und müssen, ohne dafür Anerkennung zu erhalten: »In mir drinnen stecken 1000 Leben / 1000 Leben / 1000 Leben / Hab Flure geputzt / Häuser gebaut / Wurde ausgenutzt / Wurde ausgesaugt.« Doch setzt sie gegen diese Diskriminierung den Stolz, den sie aus der inzwischen entstandenen, eigenständigen »Kanak«-Kultur schöpft: »Kanak for Life / Sie kennen den Style / Kennen die Lines / Kennen das Life […] / Von der Farbe meiner Haare / Bis zur Farbe meiner Nikes, ey / Kanak for Life.« Es ist eine eigene Familie, eine eigene Identität, die sie hier beschwört: »Willkommen in meiner Kanak World / An meine Kanak Boys / Kanak Girls / Willkommen in meiner Kanak World.«

»Kanak Life« ist ein Empowerment-Stück im klassischen Sinne und gehört damit zur neuen Generation von Selbstermächtigungsliedern, wie wir sie etwa zuvor (siehe Kapitel 11) bei den Musikerinnen der Neuen Frauenbewegung kennengelernt haben: Aus einem vermeintlichen Makel (dort: dem Frau-Sein oder der lesbischen Sexualität, hier: der migrantischen Herkunft) wird eine emphatische Identitätsbekundung, mit der man sich von der abgelehnten Mehrheitsgesellschaft absetzt. Deutlich wird dies auch in der affirmativen Umnutzung des eigentlich abschätzig gebrauchten Wortes »Kanaken«, wie man es auch in den 1980er-Jahren schon bei dem Rocksänger Cem Karaca und seiner Band *Die Kanaken* fand (siehe Kapitel 10) oder – darauf aufbauend – in dem Roman *Kanak Sprak* des Schriftstellers Feridun Zaimoğlu aus dem Jahr 1995.[66] Die »Kanak World«, die Ebow besingt, ist eine Welt eigenen Rechts und eigener Schönheit und eine, zu der Außenstehende keinen Zutritt haben: »Kanak for Life / Mein Bezirk, meine Blocks / Alles ist meins, alles ist meins / Kanak for Life.«

Der Gebrauch von Plattdeutsch, Steirisch und anderen Dialekten in der Popmusik und der Kunst im Allgemeinen wird gemeinhin als konservativ wahrgenommen, während der Gebrauch von sprachlichen Hybriden, die auf Migrationsgeschichten verweisen, als progressiv bewertet wird. Diese Einschätzung deckt sich nur teilweise mit der Realität, wie wir gesehen haben. Die Wiederbelebung deutscher Dialekte in den 1970er-Jahren wurde von vielen Musikerinnen und Musikern als emanzipatorisches, zum Teil explizit linkes Projekt begriffen, während migrantisch geprägte Rapper wie etwa Haftbefehl ihre hybriden Sprachkonstruktionen zum Medium reaktionärer Weltbilder machen (siehe Kapitel 17). Ebows im Hybridslang vorgetragene Beschwörung des »Kanak Life« und die plattdeutsch gesungenen Seefahrerlieder von *Santiano* sind nun weder der einen noch der anderen Kategorie zuzuordnen. Vielmehr spiegeln sie eine Gesellschaft, die keine gemeinsame Sprache mehr spricht oder sprechen möchte. Sie sind Ausdruck einer Zeit, in der die Herkunft aus minoritären Gruppen und Traditionen wieder wesentlich für das eigene Selbstverständnis geworden ist – einerlei, ob diese Herkunft die norddeutsche Waterkant, ein steirisches Dorf oder eine urbane Migrantencommunity ist.

In der deutschsprachigen Popmusik der Gegenwart ist die Bekundung der eigenen Herkunft zu einem zentralen Beweggrund und Motiv des sprachlichen Ausdrucks geworden, es sei denn, dass man eine Thematisierung der Herkunft prinzipiell ablehnt, weil man sie für rassistisch hält. So ist es etwa bei der viet-deutschen Berliner Rapperin Nashi44, deren Stück »Aus der Pussy« ebenfalls 2021 erschien und zu den interessantesten des Jahres gehörte. Darin beklagt sie sich darüber, dass sie wegen ihres »Aussehen[s], das nicht der Norm entspricht« ständig gefragt wird, woher sie kommt: »Ja, ohne Scham / Fragt der Alman / Woher ich kam« [ein Alman ist ein deutscher Mann oder eine deutsche Frau ohne Migrationserfahrung], worauf ihre Antwort lautet: »Ja, ich komme / Aus der Pussy / Aus der Coochie / Aus der Con Chim / Meiner Mutti.«

Nashi44 will nicht nach ihrer Herkunft gefragt werden, weil sie darin eine Reduktion ihrer Persönlichkeit auf die Herkunft erkennt und darin wiederum eine rassistische Typisierung: »Bin keine Projektionsfläche / Für Deine Urlaubsfantasien / Und schon gar nicht verquere Theorien / Von guten und schlechten Migrants / Bis zur Model Minority / Ich mache nicht mit / In deinem Exotisierungsspiel / Denn dein Verhör basiert darauf / Mich ständig zu verfremden / Zu viele kostbare Lebenszeit hab ich darauf verschwendet / Meine Familiengeschichte zu erzählen an Fremde / Dikkah, ich wurde hier geboren / Und werde hier auch enden.«

Von den migrantisch geprägten Musikern der ersten Generation wurde die eigene Identität noch als zerrissen beschrieben: »Wir sind geteilt in zwei Welten / Ich bin Ata und frage Euch / Wo wir jetzt hingehören«, hieß es bei Ozan Ata Canani in dem Lied »Deutsche Freunde« (siehe Kapitel 10). Nashi44 will davon nichts mehr wissen: »Ich wurde hier geboren / Und werde hier auch enden.« Wenn sie einen Ort ihrer Herkunft kennt, dann ist es keine Nation, keine Gegend, kein »Stamm« oder »Clan« wie bei Ebow – sondern wie bei allen Menschen die »Pussy« ihrer Mutter. Wenn die Zerrissenheit der Identität in ihrem Leben ein Thema wird, dann durch Zuschreibungen von außen, die es etwa durch ein musikalisches Empowerment abzuwehren gilt.

So ist ihr Song in mehrfacher Hinsicht interessant. Erstens als Zustandsbeschreibung einer migrantisch geprägten Generation, die sich nicht mehr als »fremd im eigenen Land« (so 1992 der Songtitel von *Advanced Chemistry,* siehe Kapitel 16) empfindet. Denn inzwischen ist dieses »eigene Land« so divers geworden, dass all jene, die sie als Fremde stigmatisieren wollen, ihrerseits selbst als stigmatisierte, von der Geschichte überholte Verlierer (»Almans«) dastehen. Zweitens wird hier ein Verständnis von Identität artikuliert, das sich – anders als im Deutschrap der 2000er- und 2010er-Jahre und etwa auch noch in den Beschwörungen des »Kanak Life« von Ebow – nicht mehr aus dem Rekurs auf Unverwechselbarkeit stiftende kulturelle Traditionen ergibt. Und auch der identitätsstiftenden Kraft der »Familie« oder einer »Gang« wird eine Absage erteilt. Vielmehr gilt nur noch der eigene, individuelle Entwurf der Identität und des Lebens.

Und drittens kann man den Song von Nashi44 auf einer höheren Ebene auch als Kommentar zur deutschsprachigen Popmusik der letzten sieben Jahrzehnte lesen und als Proklamation ihres Endes. Denn wie wir gesehen haben, war die deutsche Popmusik nach dem Zweiten Weltkrieg gar nicht denkbar ohne »Urlaubsfantasien« und »Exotisierungsspiele«. Gerade angesichts des selbst empfundenen Ungenügens an der eigenen Existenz und Kultur brauchte man andere Kulturen und Menschen als »Projektionsflächen«. Dieses Bedürfnis äußerte sich in den Fernwehschlagern der 1950er-Jahre, deren Echo sich in den Liedern von Udo Lindenberg ebenso fand wie heute noch im Shanty-Rock von *Santiano.* Und später in der Sehnsucht der Beatmusiker der 1960er-Jahren, die in der englischsprachigen Kultur jener Zeit eine Projektionsfläche für ihren Wunsch nach dem Anderssein fanden, einem Ausbrechen aus der spießigen, deutsch-traditionalistischen Kultur ihrer Gegenwart. Dabei drang allerdings der Umstand, dass auch die Rock 'n' Roll spielenden Idole jener Zeit, von Elvis über die *Beatles* bis zu den *Rolling Stones*, ihre Musik aus der Aneignung einer rassistisch diskriminierten Kultur gewonnen hatten – nämlich der Schwarzen Tradition, die vom Jazz über den Blues bis zum Rock 'n' Roll reichte –, kaum jemals in das Bewusstsein der deutschen Imitatorinnen und Imitatoren. In dieser Hinsicht lebten ihre musikalischen Aneignungen ebenso wie jene der vorangegangenen Schlager-Generation von klischeehaften Bildern des anderen und erzählten mehr über die Aneignenden als über das Angeeignete.

Generell ist keine Popmusik, keine Kultur ohne das Spiel von Aneignungen, Neu- und Umdeutungen denkbar – also all dessen, was fremd und anders erscheint und deswegen reizvoll ist.[67] Insbesondere die deutsche Popmusik der ersten Nachkriegsjahrzehnte ist nicht denkbar ohne den Versuch, zu einem anderen Selbstverständnis und Ausdruck der eigenen Identität durch die Aneignung von etwas Fremden zu gelangen: »Wann, tuu, zriee, forr, läts go« – das schlecht verstandene und gesprochene Englisch, das kreative Missverständnis einer internationalen Popsprache wurde zur Initialzündung für den Ausbruch aus Beschränkungen der als eng und rückwärtsgewandt empfundenen deutschen Nachkriegskultur. Doch schlägt der emanzipatorische Impuls dieses Ausbruchs überall dort wieder ins Reaktionäre zurück, wo er die fremden Kulturen und Sprachen bloß zum Material der eigenen Identitätsfindung macht – überall dort, wo man sich nicht dafür interessiert, worin der Eigensinn dieser angeeigneten Kulturen besteht: Welches sind die politischen Implikationen und Kämpfe, aus denen das Angeeignete entstanden ist? Wie wird man diesen Implikationen und Kämpfen bei der eigenen Aneignung am besten gerecht – ohne sie bloß zu instrumentalisieren für das, was einem selbst gerade am besten in den Kram der Identitätsfindung passt? In der deutschen Gesellschaft sind in den vergangenen Jahren die

Stimmen jener Menschen immer lauter geworden, die sich dagegen wehren, als Projektionsflächen für exotische Fantasien gebraucht zu werden; ihr Widerspruch prägt das Bild der deutschen Popmusik heute wesentlich mit. Vielleicht kann man aus diesem Widerspruch auch eine ästhetische Utopie ableiten: Die schönste Popmusik, die man sich vorstellen kann, ist eine, die so vielstimmig ist wie die Welt, aus der sie kommt. Und die zugleich darauf hört, welche Erfahrungen, Kämpfe und Eigenheiten sich in den vielen Sprachen verbergen, die sie verwendet. Zu einer wahren Erneuerung des Eigenen in der Aneignung des Fremden kann man nämlich nur finden, wenn man das Fremde in seiner Eigenheit wahrnimmt und respektiert, oder anders gesagt: wenn man eine Fremdsprache nicht nur imitiert, sondern *lernt*.

Damit sind wir am Ende dieser kurzen Geschichte der Sprache im deutschen Pop. Sie hat sich als eine Geschichte der Sprach*en* erwiesen – sie handelte von der Aneignung des anderen, von der Abwehr des Eigenen, von der Erneuerung des Eigenen durch die Auseinandersetzung mit dem Fremden und von der Wiederaneignung dessen, was zu einem gehört, aber fremd zu werden beginnt. Insofern ist es auch die Geschichte einer Gesellschaft und ihrer Kultur, die sich das andere in exotisierenden und oftmals rassistischen Projektionen zurechtlegt – und die erst langsam damit beginnt, durch den Schleier der Projektionen hindurchzublicken auf die Vielfalt und Vielstimmigkeit der realen Welt. »Die guten Bücher sind in einer Art Fremdsprache geschrieben«, hieß es einst bei Marcel Proust.[68] So ist es auch mit den guten Songs: Sie lassen die eigene Sprache fremd werden und weisen dadurch den Weg zu einem anderen Bild von sich selbst.

ANHANG

Danksagung

Danke: an meine Lektorinnen Silke Körber und Juliane von Laffert und an Anna Redenius für die Recherche der Credits. Und danke für Gespräche, Inspirationen, gemeinsame Arbeit an: Georg Müller-Loeffelholz. Roland Owsnitzki. Tobi Müller. Andreas Borcholte. Martin Hossbach. Andre Jürgens. Uwe Schütte. Martin Zeyn. Ulrike Fritzsching. Jasmin Kröger. Bodo Mrozek. Sebastian Zabel. Maurice Summen. Markus Schneider. Christian Buß. Tobias Nagl. Dirk von Lowtzow. Herbert Grönemeyer. Gabi Delgado-López (†). Mareike Hettler. Gayle Tufts. Thomas Meinecke. Rabea Weihser. Katja Lüthge.

ANMERKUNGEN

1 Harald Jähner: »Wolfszeit. Deutschland und die Deutschen 1945–1955«. Berlin 2019, S. 149–161

2 Jähner, »Wolfszeit«, S. 179 f.

3 Anonym: »Musik/Valente. Stimme wie ein Instrument«. In: *Der Spiegel*, 5.4.1955, S. 39–45

4 Vgl. Kaspar Maase: »Amerikanisierung von unten. Demonstrative Vulgarität und kulturelle Hegemonie in der Bundesrepublik der 50er Jahre«, in: Alf Lüdtke, Inge Marßolek, Adelheid von Saldern (Hrsg.): »Amerikanisierung. Traum und Alptraum im Deutschland des 20. Jahrhunderts«. Stuttgart 1996, S. 291–313

5 André Port le roi: »Schlager lügen nicht. Deutscher Schlager und Politik in ihrer Zeit«. Essen 1998, S. 77

6 Ebd.

7 Vgl. dazu ausführlich: Norbert Finke, Reinhard Marheineke: »Karl May auf der Bühne. Band I: Frühe Inszenierungen in der ersten Hälfte des 20. Jahrhunderts sowie Freilichtbühnenerfolge von Rathen über Ratingen bis Bad Segeberg«. Bamberg/Radebeul 2021. S. 309–383

8 Vgl. ausführlich ihre Autobiografie: Marie Nejar: »Mach nicht so traurige Augen, weil du ein Negerlein bist. Meine Jugend im Dritten Reich«. Reinbek bei Hamburg 2007

9 Nejar: »Mach nicht so traurige Augen ...«, a. a. O., S. 223

10 Vgl. Jean-Pierre Ziegler: »Freund der Nation. Roberto Blanco war lange Deutschlands bekanntester Schwarzer – von Rassismus will der Sänger nichts wissen«. In: *Der Spiegel*, 28.11.2020, S. 124

11 Elmar Kraushaar: »Freddy Quinn. Ein unwahrscheinliches Leben«. Zürich 2011, S.116

12 Port le roi: »Schlager lügen nicht«, a. a. O., S. 59

13 Teddy Hoersch (Hrsg.): Bravo 1956–2006. München 2006, S. 250

14 Hoersch: »Bravo«, S. 249

15 Zitiert nach: https://www.bz-berlin.de/artikel-archiv/king-bill-haley-blutige-schlacht-im-sportpalast, letzter Abruf am 2.1.2022. Zur Bedeutung der ersten Deutschlandauftritte Bill Haleys vgl. ausführlich: Bodo Mrozek: »Jugend Pop Kultur. Eine transnationale Geschichte«. Berlin 2019, S. 175–182

16 Vgl. ausführlich: Jon Savage: »Teenage. Die Erfindung der Jugend (1875–1945)«. Aus dem Englischen von Conny Lösch. Frankfurt a. M. 2008

17 Rüdiger Bloemeke: »Der Anfang vom Untergang des Abendlandes. Wie die Rockmusik nach Deutschland kam«. Löhrbach 1998, S. 10

18 Frank Apunkt Schneider: »Deutschpop halt's Maul! Für eine Ästhetik der Verkrampfung«. Mainz 2015, S. 30

19 Schneider: »Deutschpop ...«, a. a. O., S. 31

20 Martin Bauer, Stefan Mörchen: »Good Vibrations. Ein Gespräch mit Wolfgang Kraushaar über Popkultur und Protestbewegung«. In: Mittelweg 36, Heft 4–5/2016, S. 50–80, hier S. 54

21 Ebd.

22 Zitiert nach: Günter Ehnert: »Rock in Deutschland. Lexikon deutscher Rockgruppen und Interpreten«. Hamburg 1979, S. 77

23 Ehnert: »Rock in Deutschland«, a. a. O., S. 115

24 Günter Wallraff: »13 unerwünschte Reportagen«. Köln 1969

25 Zitiert nach: Ulrich Weißgerber: »Giftige Worte der SED-Diktatur. Sprache als Instrument von Machtausübung und Ausgrenzung in der SBZ und der DDR«. Münster 2010, S. 78

26 Vgl. zu den politischen Vorgängen ausführlich: Bodo Mrozek: »Jugend Pop Kultur«, a. a. O., S. 667 ff.

27 Zitiert nach Susanne Binas-Preisendörfer: »Klangliche Repräsentationen des ›Mauerfalls‹ in ausgewählten Hörfunkreportagen, Fernsehdokumentationen und fiktionalen Filmen«. In: Anna Langenbruch (Hrsg.): »Klang als Geschichtsmedium. Perspektiven für eine auditive Geschichtsschreibung«. Bielefeld 2018, S. 183–220, hier S. 198

28 Zu Gerulf Pannach vgl. ausführlich: Salli Sallmann (Hrsg.): »Als ich wie ein Vogel war. Gerulf Pannach: Die Texte«. Berlin 2021

29 Nina Hagen: Bekenntnisse. München 2010, S. 165

30 Martin Machowecz: »Ich frech im Mini. Angela Merkel lässt bei ihrem Zapfenstreich Punk von Nina Hagen spielen. Das beweist: Sie hat nicht vergessen, woher sie kommt.« In: *Die Zeit*, Nr. 49/2021, S. 65

31 Zitiert nach: *Berliner Zeitung*, 03.12.2021, S. 4

32 Jens Balzer: »Musikalischer Materialismus«. In: Christoph Tannert (Hrsg.): »Halleluwah! Hommage à Can«. Stuttgart 2011, S. 11–15, hier S. 12

33 Horst Dieter Schlosser: »Das Mittelalter im Lied deutscher Jugendbewegungen. Vom Zupfgeigenhansl zur Ougenweide«. In: Jahrbuch für Volksliedforschung (1985), S. 54–67, hier S.66

34 Albrecht Koch: »Angriff auf's Schlaraffenland. 20 Jahre deutschsprachiger Popmusik«. Frankfurt a. M. / Berlin 1987, S. 231

35 Koch: »Angriff ...«, a. a. O., S. 236

36 Nedim Hazar: »Deutschlandlieder – Almanya Türküleri: Zur Kultur der türkeistämmigen Community seit dem Anwerbeabkommen 1961«. Berlin 2021, S. 81

37 Hazar: »Deutschlandlieder«, a. a. O., S. 82

38 Zitiert nach Alexander J. Seiler: »Siamo italiani – Die Italiener. Gespräche mit italienischen Arbeitern in der Schweiz«. Zürich 1965, S. 7

39 Jens Balzer: »Das Alterswerk als Debüt. Mehr als 30 Jahre nach seinen ersten Auftritten veröffentlicht der bedeutende Rock-Künstler Ozan Ata Canani endlich ein Album: ›Warte mein Land, warte‹«. In: *Die Zeit*, 2.6.2021, S. 50

40 Ehnert: »Rock in Deutschland ...«, a. a. O., S. 150

41 Koch: »Angriff auf's Schlaraffenland ...«, a. a. O., S. 67

42 Matthias Heine: »Krass. 500 Jahre deutsche Jugendsprache. Eine Kulturgeschichte«. Berlin 2021, S. 210

43 Heine: »Krass«, a. a. O., S. 211

44 Heine: »Krass«, a. a. O., S. 213

45 Zitiert nach Ehnert: »Rock in Deutschland …«, a. a. O., S. 151

46 Vgl. ausführlich: Jens Balzer: »Das entfesselte Jahrzehnt«. S. 120–138

47 Jens Balzer: »It's not about coming, it's about not coming«. Liner Notes zu: Deutsch Amerikanische Freundschaft: »Das ist DAF«. Grönland Records, Berlin 2017

48 Ebd.

49 Vgl. dazu und zur musikalischen Widerspiegelung des Softies etwa bei Reinhard Mey (»Annabelle, ach Annabelle«) ausführlich: Jens Balzer: »Das entfesselte Jahrzehnt. Sound und Geist der 70er«. Berlin 2019, S. 240–254

50 Bodo Mrozek: »Irgendwas muss geschehen. Interview mit der Band Planlos«. In: Michael Boehlke, Henryk Gericke: »Ostpunk! Too Much Future«. Berlin 2005, S. 47–62, hier S. 49

51 In: Margarete Wohlan, Henryk Gericke und Thomas Thyssen: »Punkrock in der DDR. Too Much Future«. Radiofeature, Deutschlandfunk Kultur, 15.11.2020, www.deutschlandfunkkultur.de/punkrock-in-der-ddr-too-much-future-100.html (abgerufen am 22.12.2021)

52 Ebd.

53 Susanne Binas-Preisendörfer: »Im musikalischen Niemandsland. Unerhörte Produktionen am Rande der Rockkultur«. www.soundexchange.eu/#germany_de?id=51 (abgerufen am 22.12.21)

54 Frank Apunkt Schneider: »Es ist sehr finster im Fisch, aber es ist noch jemand drin … Die Unwahrscheinlichkeit der AG Geige«. In: Zonic – Kulturelle Randstandsblicke und Involvierungsmomente, Nr. 22 (2013). Zitiert nach: http://www.aggeigefilm.de/presse.html (abgerufen am 6.1.2022)

55 Vgl. Jens Balzer, Martin Hossbach: »Die Tocotronic Chroniken«. Berlin 2015, S. 8

56 Zitiert nach: Jan Wehn, Davide Bortot: »Könnt ihr uns hören? Eine Oral History des deutschen Rap«. Berlin 2019, S. 37

57 Ebd.

58 Zum politischen Selbstverständnis des US-amerikanischen Hip-Hop der 80er-Jahre vgl. ausführlich: Jens Balzer: »High Energy. Die Achtziger – das pulsierende Jahrzehnt«. Berlin 2021, S. 292–305

59 Kofi Yakpo: »›Denn ich bin kein Einzelfall, sondern einer von vielen.‹ Afro-deutsche Rapkünstler in der Hip-Hop-Gründerzeit«. In: Bundeszentrale für politische Bildung (Hrsg.): Dossier Afrikanische Diaspora in Deutschland. https://www.bpb.de/gesellschaft/migration/afrikanische-diaspora/59580/afro-deutsche-rapkuenstler?p=0 (abgerufen am 08.12.2021)

60 Philipp Killmann: »Sinti im Rap. Die Erfindung der Babo-Sprache«. https://allgood.de/features/reportagen/sinti-im-rap-die-entdeckung-der-chabo-sprache-12/ (abgerufen am 09.12.2021).

61 Heike Wiese: »Kiezdeutsch. Ein neuer Dialekt entsteht«. München 2012.

62 Murat Güngör, Hannes Loh: »Vom Gastarbeiter zum Gangsta-Rapper. HipHop, Migration und Empowerment«. In: Martin Seeliger, Marc Dietrich: »Deutscher Gangsta-Rap II: Popkultur als Kampf um Anerkennung und Integration«. Bielefeld 2017, S. 193–220, hier S. 210

63 Michael Butter: »Antisemitische Verschwörungstheorien in Geschichte und Gegenwart«. In Bundeszentrale für politische Bildung: Dossier Antisemitismus. https://www.bpb.de/politik/extremismus/antisemitismus/321665/antisemitische-verschwoerungstheorien (abgerufen am 10.12.2021)

64 Simon Reynolds: »Xenomania: Nothing is Foreign in an Internet Age« (2013). Zitiert nach: reynoldsretro.blogspot.com/2013/06/xenomania-nothing-is-foreign-in.html (letzter Abruf am 17.1.2022)

65 Roland Robertson: »Glokalisierung – Homogenität und Heterogenität in Raum und Zeit«. In: Ulrich Beck (Hg.): »Perspektiven der Weltgesellschaft«. Frankfurt a. M. 1998, S. 192–220. Vgl. daran anschließend: Gabriele Klein: »Popmusik für den Dancefloor. Kulturelle Identität in ›glokalen‹ Popmusikindustrien«. In: Rainer Bayreuther / Detlef Altenburg: »Musik und kulturelle Identität«, Band 1. Kassel 2012, S. 505 – 512

66 Zaimoğlu, Feridun: »Kanak Sprak – 24 Misstöne vom Rande der Gesellschaft«. Berlin 1995

67 Siehe dazu ausführlich: Jens Balzer: »Ethik der Appropriation«. Berlin 2022

68 »Les beaux livres sont écrits dans une sorte de langue étrangère«. Marcel Proust: »Contre Sainte-Beuve«. Paris 1965, S. 297

TEXTZITATNACHWEISE

Advanced Chemistry: »Fremd im eigenen Land«. Text: Toni Landomini, Kofi Yakpo, Frederik Hahn

AG Geige: »Fischleim«. Text: Jan Kummer »Kosmonauten«. Text: Frank Bretschneider »Triebwerk«. Text: Jan Kummer

Alexandra: »Wild ist das Land«. Text: Alexandra

Ambros, Wolfgang: »Da Hofa«. Text: Josef Prokopetz

Amon Düül II: »Kanaan«. Text: Chris Karrer; »Phallus Dei«. Text: Chris Karrer

Backus, Gus: »Mein Schimmel wartet im Himmel«. Text: Charly Niessen, Claus Ritter

Beatles: »Komm, gib mir deine Hand«. Text: John Winston Lennon, Paul James McCartney, Jean Nicolar, Heinz Hellmer; »Sie liebt dich«. Text: John Winston Lennon, Paul James McCartney, Jean Nicolas, Lawrence Montague; »Hippy Hippy Shake«. Text: Chan Romero; »Twist and Shout«. Text: Bert Russell, Phil Madley

Beatus: »Ich mach da nicht mit«. Text: Beatus

Betonromantik: »DDR Terrorstaat«. Text: Mike Göde, Michael Kobs

Billy Mo: »Ich kauf mir lieber einen Tirolerhut«. Text: Franz Rüger

Blanco, Roberto: »Ob schwarz, ob weiß«. Text: Heino Gaze

Blumfeld: »Verstärker«. Text: Joachim Distelmeyer;

»Zeittotschläger«. Text: Joachim Distelmeyer

Böhse Onkelz: »Deutschland«.
Text: Matthias Röhr, Kavin Russell, Peter Schorowsky, Stephan Weidner

Bots: »Das weiche Wasser«.
Text: Dieter Dehm;
»Was wollen wir trinken«.
Text: Johan Hans Sanders

Brandin, Ruth: » Mich hat noch keiner beim Twist geküsst«. Text: Wolfgang Brandenstein

Bushido: »Berlin«. Text: Anis Ferchichi; »Taliban«. Text: Anis Mohamed Youssef Ferchichi, Saad El-Haddad

Bushido und King Orgasmus One: »Drogen, Sex, Gangbang«. Text: Anis Mohamed Youssef Ferchichi, Manuel Romeike

Can: »Yoo Doo Right«. Text: Holger Czukay, Michael Karoli, Jaki Liebezeit, Malcom R. Mooney, Irmin Schmidt

Canani, Ozan Ata: »Deutsche Freunde«.
Text: Ata Canani
»Warte mein Land, warte«. Text: Ata Canani

Carol, René: »Buona Notte, Angelo Mio«.
Text: Bruno Pallesi, Danpa
»Im Hafen von Adano«. Text: Harold Fields, Don Pelosi, Kurt Feltz

Cindy und Bert, »Der Hund von Baskerville«. Text: Terrende Butler, Frank Iommi, John Osbourne, William T. Ward, Bert Berges;
»Immer wieder sonntags«. Text: Jonny Halvey

Derdiyoklar: »Liebe Gabi«. Text: Ali Ekber Aydogan

Deutsch Amerikanische Freundschaft:
»Der Mussolini«. Text: Gabi Delgado Lopez;
»Der Räuber und der Prinz«. Text: Gabi Delgado Lopez;

Domdey, Angi: »Liebende aller Länder vereinigt euch«. Text: Angi Domdey;
»Pazifistenlied«. Text: Angi Domdey

Drews, Jürgen: »Ein Bett im Kornfeld«.
Text: Larry E. Williams, Michael Kunze

Ebow: »Kanak for Life«. Text: Ebru Düzgün

Einstürzende Neubauten: »Draußen ist feindlich«. Text: Blixa Bargeld, Andrew Chudy, Frank Martin Strauß, Mark Chung, Alexander Hacke;
»Negativ Nein«. Text: Blixa Bargeld, Andrew Chudy, Frank Martin Strauß, Mark Chung, Alexander Hacke;
»Steh auf Berlin«. Text: Blixa Bargeld, Andrew Chudy, Frank Martin Strauß

Eko Fresh: »Straßendeutsch«. Text: Ekrem Bora

Enigma: »Sadness Part 1«. Text: M. C. Curly, David Fairstein

Erde, Die: »Leben den Lebenden«. Text: Tobias Gruben

Falco: »Der Kommissar«.
Text: Johann Hölzel

Fantastischen Vier, Die: »Sie ist weg«.
Text: Michael DJ Beck, Thomas Dürr, Andreas Rieke, Michael B. Schmidt

Fehlfarben: »Apokalypse«. Text: Uwe Bauer, Frank Fenstermacher, Michael Kamner, George Nicolaidis Lygon, Thomas Schwebel, Peter Hein

Fettes Brot: »Nordisch by Nature«.
Text: Boris Lauterbach, Martin Schrader, Björn Warns, Mario von Hacht, Tobias Schmidt, Mirko Alexander, Jan Phillip Eissfeldt, Rene Garzombke, Stefan Kozalla, Daniel Sommer, Sebastian Hackert, Marc Riedel, Gunnar Kornagel, Barry Alan Gibb, Maurice Ernest Gibb, Robin Hugh Gibb

Fischer, Helene: »Nichts auf der Welt«.
Text: Konstantin Scherer, Robin Häfs,

Matthias Zürkler, Christoph Cronauer, Daniel Cronauer, Benjamin Bistram, Vincent Stein, Helene Fischer;
»Sonne auf der Haut«. Text: Kristina Bach, Fredrik Hakan Bostrom;
»Viva la Vida«. Text: Oliver Lukas, Sasa Lenders, Miha Hercog;
»Volle Kraft voraus«. Text: Helene Fischer, Robin Häfs, Farsad Zoroofchi, Malte Kuhn, Banjamin Asare;
»Mit dem Wind«. Text: Billy Mann, Ingrid Ellen Egbert Michaelson, Fabian F. R. Römer, Henrik Böhl

Fischer, Helene und Fonsi, Luis: »Vamos a Marte«. Text: Juan Carlos Arauzo, José Cano Carrilero, Chris Cronauer, Daniel Cronauer, Helene Fischer, Luis Fonsi, Robin Haefs, Eduardo Ruiz, Konstantin Scherer, Vincent Stein, Nico Wellenbrink, Matthias Zürkler

Floh de Cologne: »Sei ruhig, Fließbandbaby«. Text: Gerd Ulrich Wollschon

Flying Lesbians: »Frauen kommt her«. Text: Emily Pankhurst;
»Matriarchats-Blues«. Text: Emily Pankhurst

Forster, Mark: »194 Länder«. Text: Mark Cwiertnia, Konstantin Scherer, Vincent Stein, Philipp Steinke, Daniel Nitt, Robin Häfs

Franke, Renée: »Mister Patton aus Manhattan«. Text: Robert Charles Guidry

Fresh Familee: »Ahmet Gündüz«. Text: Tahir Cevik

Gabalier, Andreas: »Dahoam«. Text: Andreas Gabalier

Gott, Karel: »Rot und Schwarz«. Text: Mick Jagger, Keith Richard, Heinz Korn

Grönemeyer, Herbert: »Bochum«. Text: Herbert Arthur Grönemeyer;
»Currywurst«. Text: Horst Krause, Diether Krebs;
»Flugzeuge in meinem Bauch«. Text: Herbert Arthus Grönemeyer;
»Männer«. Text: Herbert Arthur Grönemeyer

Grumbkow, Christian von: »Requiem für einen Wicht«. Text: Christian von Grumbkow

Guru Guru: »Der Elektrolurch«. Text: Axel Genrich, Many Neumeier, Bruno Schaab

Haftbefehl: »Chabos wissen wer der Babo ist«. Text: Aykut Anhan, Farid Bang;
»Hang the Bankers«. Text: Aykut Anhan, Olexiy Kosarev

Hagen, Nina: »Du hast den Farbfilm vergessen«. Text: Kurt Demmler

Hallervorden, Dieter und Feddersen, Helga: »Die Wanne ist voll«. Text: John Clifford Farrar, Frank Dostal

Heintje: »Mama«. Text: Bruno Cherubini

Hula Hawaiian Quartett: » Vaya con dios«. Text: Larry Russell, Kurt Feltz, Inez James, Buddy Pepper
»Jim, Jonny und Jonas«. Text: Heinzli, Johnny Bond

Ihre Kinder: »Leere Hände«. Text: Sonny Hennig

Jürgens, Udo: »Griechischer Wein«. Text: Michael Kunze

Karaca, Cem: »Mein Deutscher Freund«. Text: Beate Fischer;
»Willkommen«. Text: Harry Boeseke, Martin Burkert

Kiesewetter, Knut: » Mien Gott, he kann keen Plattdüütsch mehr un he versteiht uns nicht«. Text: Knut Kiesewetter

Kilima Hawaiians: »Es hängt ein Pferdehalfter an der Wand«. Text: Carson J. Robison, Rolf Winn

King Orgasmus One: »Du Nichts, Ich Mann«. Text: Manuel Romeike

Klaus Renft Combo: »Ketten warden knapper«. Text: Gerulf Pannach;
»Rockballade vom kleinen Otto«.
Text: Gerulf Pannach, Thomas Schoppe

Kollegah: »Apokalypse«. Text: Kollegah

Kollegah und Farid Bang: »0815«.
Text: Farid Bang, Kollegah

Konkret Finn: »Ich diss dich«. Text: Emzee Iz, Tony Wolz

Kraftwerk: »Die Roboter«. Text: Ralf Hütter;
»Radio-Aktivität«. Text: Ralf Hütter, Florian Schneider Esleben, Emil Schult

Kraus, Peter: »O wie gut«. Text: Otis Blackwell, Elvis A. Presley, Karl Peter Mösser;
»Tutti Frutti«. Text: Richard W. Penniman, Dorothy Bostrie, Joe Lubin;
»Wenn Teenager träumen«. Text: David S. Gilliam, Hans Bradtke

Kraus, Peter und Froboess, Conny: »Teenager-Melodie«. Text: Aldo von Pinelli, Peter Ström, Werner Scharfenberger

Lassie Singers: »Liebe wird oft überbewertet«. Text: Cristiane Elisabeth Rösinger
»Pärchenlüge«. Text: Kathrin Fitzner, Herman Herrmann, Almut Klotz, Cristiane Elisabeth Rösinger, Heinrich Weiß

Lauer, Martin: »Sein bester Pferd«. Text: Kurt Feltz

Lind, Gitta: »Im Café de la Paix in Paris«.
Text: Heino Gaze, Fritz Schulz-Reichel

Lindenberg, Udo: »Bodo Ballermann«.
Text: Udo Lindenberg;
»Boogie Woogie Mädchen«.
Text: Udo Lindenberg;
»Daumen im Wind«. Text: Udo Lindenberg;
»Lolita«. Text: Udo Lindenberg;
»Nina«. Text: Udo Lindenberg;
»Rudi Ratlos«. Text: Udo Lindenberg

Lindenberg, Udo und Kravetz, Pascal: »Wozu sind Kriege da«. Text: Udo Lindenberg

Low, Bruce: »Bin nur ein Jonny«.
Text: Alfred Grünwald, Fritz Löhner-Beda;
»Negerwiegenlied«. Text: George H. Clutsam, Franz Hanemann;
»Tabak und Rum«. Text: Harold W. Marquess, Heinzli

Maffay, Peter: »Und es war Sommer«.
Text: Christian Heilburg

Mann, Barry: »Who put the Bomp«.
Text: Barry Mann, Gerry Goffin

Modern Talking: »Cheri Cheri Lady«.
Text: Dieter Bohlen;
»You're my Heart You're my Soul«.
Text: Steven Benson

Naidoo, Xavier: »Ich mach da nicht mit«.
Text: Xavier Naidoo

Namenlos: »MfS«. Text: Michael Horschig

Nashi44: »Aus der Pussy«. Text: Kim-Thu Emmeli Wittnebel

Nejar, Marie: »Ein kleiner Negerjunge träumt von einer Schneeballschlacht«.
Text: Rudolf Günter Loose, Siegfried Gauerke

Nicole: »Ein bischen Frieden«. Text: Bernd Meinunger

Nina Hagen Band: »Pank«. Text: Ariane Forster, Catharina Hagen;
»Unbeschreiblich weiblich«. Text: Nina Hagen

Novalis: »Wann nicht mehr Zahlen und Figuren«. Text: Georg Philipp Friedrich von Hardenberg alias Novalis

Östro 430: »Sexueller Notstand«.
Text: Bettina Flörchinger, Martina Weith, Marita Welling, Olivia Casali

Otto, »Schwamm-drüber-Blues«. Text: Bernd Eilert, Robert Gernhardt, Peter Knorr

Ougenweide: »Es fur ein Pawr gen Holcz«. Text: Achim Reichel, Olaf Casalich, Wolfgang von Henko, Frank Andreas Wulff Raven, Stafen Wulf, Jürgen Isenbart, Renate Kollmorgen
»Merseburger Zaubersprüche«. Text: Frank Andreas Wulff Raven, Benjamin Metzner, Thomas Trosien Heimann

Peter Alexander, »Das tu' ich alles aus Liebe«. Text: Kurt Feltz

Planlos: »Schlange«. Text: Michael Kobs, Bernd Michael Lade, Michael Böhlke, Daniel Kaiser
»Überall wohin's dich führt«. Text: Bernd Michael Lade

Presley, Elvis: »Wooden Heart«. Text: Fred Wise, Kathleen G Kay Twomey, Ben Weisman, Berthold Kämpfert

Prinz Pi: »Ich gehe«. Text: Prinz Pi

Puhdys: »Türen öffnen sich zur Stadt«. Text: Wolfgang Tilgner

Quinn, Freddy: »Der Legionär«. Text: Lotar Olias, Peter Mösser;
»Heimatlos«. Text: Lotar Olias, Peter Mösser;
Heimweh«. Text: Terry Gilkyson, Richard Dehr, Frank Miller;
»Istanbul ist weit«. Text: Arnie Ralf, Leo Leandros
»Junge komm bald wieder«. Text: Walter Rothenburg;
»Unter fremden Sternen«. Text: Aldo von Pinelli

Rammstein: »Ausländer«. Text: Richard Kruspe, Christian Doktor, Till Lindemann, Raul Landers, Oliver Riedel, Christoph Doom Schneider;
»Deutschland«. Text: Richard Kruspe, Christian Doktor, Till Lindemann, Raul Landers, Oliver Riedel, Christoph Doom Schneider
»Sex«. Text: Richard Kruspe, Christian Doktor, Till Lindemann, Raul Landers, Oliver Riedel, Christoph Doom Schneider;
»Tattoo«. Text: Richard Kruspe, Christian Doktor, Till Lindemann, Raul Landers, Oliver Riedel, Christoph Doom Schneider;
»Was ich liebe«. Text: Richard Kruspe, Christian Doktor, Till Lindemann, Raul Landers, Oliver Riedel, Christoph Doom Schneider;
»Weit weg«. Text: Richard Kruspe, Christian Doktor, Till Lindemann, Raul Landers, Oliver Riedel, Christoph Doom Schneider

Reichel, Achim: »Aloha heja he«. Text: Achim Reichel;
»Rolling Home«. Text: Achim Reichel

Richard, Cliff: »Rote Lippen soll man küssen«. Text: Jerry Leiber, Mike Stoller, Hans Bradtke

Rumpf, Inga: »Second-Hand Mädchen«. Text: Inga Rumpf

S.Y.P.H.: »Zurück zum Beton«. Text: Harry Rag

Sandra: »Maria Magdalena«. Text: James Palmer, William Richard, Hubert Kemmler

Santiano, »Rolling Home«. Text: Hartmut Krech, Mark Nissen, Lukas Hainer
»An't Enn vun de Welt«. Text: Frank Ramond, Björn Both

Schleimkeim: »Norm«. Text: Dieter Ehrlich;
»Spione im Café«. Text: Dieter Ehrlich

Schneewittchen: »Der Mann ist ein Lustobjekt«. Text: Holger Güßefeld;
»Schneewitchen zerschlag deinen Sarg«. Text: Bruni Regenbogen

Schuricke, Rudi: »Capri Fischer«. Text: Ralph Maria Siegel, Heinz Ehme

Scirocco: »Sagen meine Tanten«. Text: Regina Scheer

Slime: »Bullenschweine«. Text: Michael Mayer-Poes;
»Deutschland«. Text: Michael Mayer-Poes

Sparifankal: »Di Schui brend«. Text: Carl Ludwig Reichert

Süverkrüp, Dieter: »Erschröckliche Moritat vom Kryptokommunisten«. Text: Dieter Süverkrüp

Süverkrüp, Dieter und Floh de Cologne: »Vietnam-Zyklus«. Text: Dieter Süverkrüp

The Bellamy Brothers: »Let Your Love Flow«. Text: Larry E. Williams

The Lords: »Shakin' All Over«. Text: Johnny Kidd

The Monks: »Higgle-dy Piggle-dy«. Text: Larry R. Spangler, Roger Johnston, Gary A. Burger, Dave Day, Thomas Edward Shaw
»We Do Wie Du«. Text: Larry R. Spangler, Roger Johnston, Gary A. Burger, Dave Day, Thomas Edward Shaw;

The Rattles: »La La La«. Text: Paul Clarence

The Yankees: »halbstark«. Text: Frank Bartelt

Tic Tac Toe: »Ich find dich scheiße«. Text: Thorsten Börger, Liane Wiegelmann, Claudia Alexandra Wohlframm;
»Mr. Wichtig«. Text: Thorsten Börger, Liane Wiegelmann, Claudia Alexandra Wohlframm

Tocotronic: »Freiburg«. Text: Dirk von Lowtzow, Arne Zank, Jan Klaas Müller
»Hoffnung«. Text: Dirk von Lowtzow, Arne Zank, Jan Klaas Müller;
»Ich möchte Teil einer Jugendbewegung sein«. Text: Dirk von Lowtzow, Arne Zank, Jan Klaas Müller;
»Neues vom Trickster«. Text: Dirk von Lowtzow;
»Über Sex kann man nur auf Englisch singen«. Text: Dirk von Lowtzow, Arne Zank, Jan Klaas Müler

Ton Steine Scherben: »Der Traum ist aus«. Text: Ralph Moebius;
»Ich will nicht werden was mein Alter ist». Text: Ralph Moebius;
»Keine Macht für Niemand«. Text: Ralph Moebius;
»Macht kaputt, was euch kaputt macht«. Text: Ralph Moebius

Torriani, Vico: »Ananas aus Caracas«. Text: Hans Bradtke, Erwin Halletz;
»Santa Lucia«. Text: Teodoro Cottrau;
»Schön und Kaffeebraun«. Text: John H. Mercer, Hans Bradtke;
»Kalkutta liegt am Ganges«. Text: Hans Bradtke, Hermann Gaze

Trio: »Da Da Da«. Text: Kralle Stephan Remmler

Türköz, Metin: »Guten Morgen Mayistero«. Text: Metin Türköz

Ukvali: »Killumination«. Text: Lee Rufus Cooper, Inconnu Compositeur Auteur

Unheilig: »Die Weisheiten des Lebens«. Text: Der Graf, Markus Tombült, Henning Verlage

Valente, Caterina: »Ganz Paris träumt von der Liebe«. Text: Cole Porter, Kurt Feltz;
»Tipitipitipso«. Text: Kurt Feltz, Heinz Gietz

Werding, Juliane: »Am Tag als Conny Kramer starb«. Text: Jaime Robbie Robertson, Hans Ulrich Weigel

Zwitschermaschine: »Geh über die Grenze«. Text: Sascha Anderson;
»Jeder Satellit hat einen Killersatelliten«. Text: Sascha Anderson

LITERATUR ZUM WEITERLESEN

Michael Ahlers / Christoph Jacke (Hg.): »Perspectives on German Popular Music«. London 2018

Max Annas / Ralph Christoph (Hg.): »Neue Soundtracks für den Volksempfänger. Nazirock, Jugendkultur und rechter Mainstream«. Berlin / Amsterdam 1993

Jens Balzer: »Pop. Ein Panorama der Gegenwart«. Berlin 2016

Jens Balzer: »Pop und Populismus«. Hamburg 2019

Jens Balzer / Martin Hossbach: »Die Tocotronic Chroniken«. Berlin 2015

Rüdiger Bloemeke: »Der Anfang vom Untergang des Abendlandes. Wie die Rockmusik nach Deutschland kam«. Löhrbach 1998

Michael Boehlke / Henryk Gericke: »Ostpunk! Too Much Future«. Berlin 2005

Davide Bortot / Jan Wehn: »Könnt ihr uns hören? Eine Oral History des deutschen Rap«. Berlin 2019

Nicolai Busch / Heidi Süß (Hg.): »Rap. Politisch. Rechts? Ästhetische Konservatismen im Deutschrap«. Weinheim / Basel 2021

Christoph Dallach: »Future Sounds. Wie ein paar Krautrocker die Popwelt revolutionierten«. Berlin 2021

Gazal / Sookee (Hg.): »Awesome HipHop Humans«. Mainz 2021

Kersty und Sandra Grether (Hg.): »Ich brauche eine Genie Songbook«. Berlin 2021

Nina Hagen: »Bekenntnisse«. München 2010

Nadim Hazar: »Deutschlandlieder – Almanya Türküleri: Zur Kultur der türkeistämmigen Community seit dem Anwerbeabkommen 1961«. Berlin 2021

Teddy Hoersch (Hg.): *Bravo* 1956–2006. München 2006

Albrecht Koch: »Angriff auf's Schlaraffenland. 20 Jahre deutschsprachiger Popmusik«. Frankfurt a. M./ Berlin 1987

Elmar Kraushaar: »Freddy Quinn. Ein unwahrscheinliches Leben«. Zürich 2011

Bodo Mrozek: »Jugend Pop Kultur. Eine transnationale Geschichte«. Berlin 2019

Marie Nejar: »Mach nicht so traurige Augen, weil du ein Negerlein bist. Meine Jugend im Dritten Reich«. Reinbek bei Hamburg 2007

Sebastian Peters: »Ein Lied mehr zur Lage der Nation: Politische Inhalte in deutschsprachigen Popsongs«. Berlin 2010

André Port le roi: »Schlager lügen nicht. Deutscher Schlager und Politik in ihrer Zeit«. Essen 1998

Achim Reichel: »Ich hab das Paradies gesehen. Mein Leben«. Hamburg 2020

Salli Sallmann (Hg.): »Als ich wie ein Vogel war. Gerulf Pannach: Die Texte«. Berlin 2021

Frank Apunkt Schneider: »Deutschpop halt's Maul! Für eine Ästhetik der Verkrampfung«. Mainz 2015

Uwe Schütte: »Kraftwerk. Future Music from Germany«. London 2020

Uwe Schütte (Hg.): »German Pop Music. A Companion«. Berlin/Boston 2017

Uwe Schütte (Hg.): »The Cambridge Companion to Krautrock«. Cambridge 2022

Jürgen Teipel: »Verschwende deine Jugend. Ein Doku-Roman über den deutschen Punk und New Wave«. Frankfurt a. M. 2001

INTERPRETEN-REGISTER

U

V

W

X

Z

Bibliographisches Institut GmbH, Mecklenburgische Straße 53, 14197 Berlin

Redaktion Silke Körber, Juliane von Laffert, Anna Redenius
Herstellung Alfred Trinnes
Layout Schimmelpenninck.Gestaltung, Berlin
Satz L101 Mediengestaltung, Fürstenwalde
Umschlaggestaltung zero.media.net, München
Umschlagabbildung FinePic, München
Druck und Bindung Livonia Print, Riga
Printed in Latvia

ISBN 978-3-411-75669-8
Auch als E-Book erhältlich unter: ISBN 978-3-411-91393-0
www.duden.de

PEFC/12-31-006

PEFC zertifiziert
Dieses Produkt stammt aus nachhaltig bewirtschafteten Wäldern und kontrollierten Quellen.

www.pefc.de